# DBT®

# 情绪
## 调节手册

### 讲义与练习单

## DBT® SKILLS
## TRAINING
### Handouts and Worksheets

[美] 玛莎·M. 莱恩汉

Marsha M. Linehan 著

祝卓宏 朱卓影 陈珏 曹静 译

北京联合出版公司

**图书在版编目（CIP）数据**

DBT® 情绪调节手册：全两册 /（美）玛莎·M.莱
恩汉著；祝卓宏等译. -- 北京：北京联合出版公司，
2022.3（2024.1重印）

ISBN 978-7-5596-5689-6

Ⅰ.①D… Ⅱ.①玛… ②祝… Ⅲ.①心理学—研究
Ⅳ.①B84

中国版本图书馆CIP数据核字(2021)第239179号

北京市版权局著作权登记号：图字01-2021-6314号

**DBT® 情绪调节手册：全两册**

著　　者：(美) 玛莎·M.莱恩汉
译　　者：祝卓宏　朱卓影　陈　珏　曹　静
出 品 人：赵红仕
责任编辑：孙志文
封面设计：门乃婷工作室
装帧设计：季　群　涂依一

北京联合出版公司出版
（北京市西城区德外大街83号楼9层　100088）
北京联合天畅文化传播公司发行
北京中科印刷有限公司印刷　新华书店经销
字数1000千字　710毫米×1000毫米　1/16　73.5印张
2022年3月第1版　2024年1月第2次印刷
ISBN 978-7-5596-5689-6
定价：380.00元（全两册）

# 前　言

自从 1993 年《DBT® 情绪调节手册》第一版问世以来，辩证行为疗法在不同疾病中的运用取得了惊人的进展。我的先导性研究和第一份辩证行为治疗研究，着眼于有高度自杀倾向的成人。如今，有研究表明，辩证行为疗法不仅可以运用于青少年自杀，而且对于成人的边缘型人格障碍、饮食障碍、难治性抑郁症（treatment-resistant depression）也有着明显的疗效。并不是有精神疾病的人群才能从辩证行为疗法中受益，中小学生也可以借此获益良多，人们发现在企业中运用辩证行为技能可以使工作环境大大改善。在生活中，使用辩证行为疗法也是多有助益，我自己很感激这些技能，因为它们使我的生活变得不那么艰难。曾有人问我："这些技能不是母亲的应做之事吗？"我总是回答："是的，但是大多数母亲并不曾教授她们的孩子这些技能，而且她们的上一代也没有教授过，或者也不会教她们这些。"

通过阅读关于循证行为干预的治疗手册和治疗文献，我发展了许多技能。在写作中，我回顾了治疗师的治疗过程，在书中的讲义及练习单中重新整理了这些指导语，并且为治疗师撰写了教学笔记。例如，"相反行为"技能，以治疗焦虑症的暴露疗法为基础，我使之概念化，从而可以使它运用于焦虑之外的其他情绪治疗。"核对事实"是认知疗法的核心策略。不同的技能有不同的来源。比如，正念技能是我在天主教学校十八年、在夏勒姆学院的灵性指导课程中的默观祷告练习培训中发掘的，之后的三十五年里，我从禅学学生到现在当禅学教师又加以提炼，当然部分也取自接纳承诺疗法（ACT）。整体来说，DBT 技能是治疗师教授来访者做有效治疗的方法。有些技能则是对整个治疗方案的调整，例如新的"逐步讲解噩梦应对步骤"本是一项情绪调节技能，而现在调整为一系列的步骤。其他技能来自于认知和社会心理学的研究，还有一些来自同事们治疗新族群所开发的新技能。

我很高兴向来访者们呈现这本技能训练手册，其中包括了我至今所研发的所有DBT讲义（我常用的标准讲义会加上★）和练习单（敬请期待更多）。你可能不需要运用所有技能，每一个技能对部分人有效，但并非对每个人都适用。在实践中，成人、青少年、父母亲、朋友、家人、高风险与低风险的人们都使用过这些技能，我希望这些技能为你所用。如果在技能训练课程中并没有你需要的技能，使用你的人际效能技能（请参考人际效能模块中的 DEAR MAN、GIVE、FAST 技能）跟你的技能训练师或其他老师沟通下。如果打算自行练习，我必须告诉你，这本技能手册还没有在自助练习中运用过。我希望在自己或技能训练师的帮助下，你可以善用技能。

# 目　录

本书介绍……………………………………………………………………………… 1

## 通用技能：介绍与行为分析

### 通用讲义

介绍讲义

★ 通用讲义 1：技能训练的目标（通用练习单 1）………………………………… 4

★ 通用讲义 1a：解决任意问题的选项 ……………………………………………… 5

通用讲义 2：概论——技能训练介绍 ……………………………………………… 6

★ 通用讲义 3：技能训练的准则 …………………………………………………… 7

★ 通用讲义 4：技能训练的假设 …………………………………………………… 8

通用讲义 5：生物社会理论 ………………………………………………………… 9


行为分析讲义

通用讲义 6：概论——行为分析（通用练习单 2、3）…………………………… 12

通用讲义 7：链锁分析（通用练习单 2、2a）…………………………………… 13

通用讲义 7a：链锁分析，分解步骤（通用练习单 2、2a）…………………… 14

通用讲义 8：遗漏环节分析（通用练习单 3）…………………………………… 16

### 通用练习单

介绍练习单

通用练习单 1：使用技能的利弊分析（通用讲义 1）………………………… 18

行为分析练习单

通用练习单 2：问题行为的链锁分析（通用讲义 7、7a）⋯⋯⋯⋯⋯ 20

通用练习单 2a：范例——问题行为的链锁分析（通用讲义 7、7a）⋯⋯⋯⋯ 24

通用练习单 3：遗漏环节分析（通用讲义 8）⋯⋯⋯⋯⋯⋯⋯⋯⋯⋯⋯ 27

# 正念技能

## 正念讲义

### 目标与定义讲义

★ 正念讲义 1：练习正念的目标（正念练习单 1）⋯⋯⋯⋯⋯⋯⋯⋯⋯ 36

正念讲义 1a：正念的定义 ⋯⋯⋯⋯⋯⋯⋯⋯⋯⋯⋯⋯⋯⋯⋯⋯⋯⋯ 37

### 正念核心技能讲义

正念讲义 2：概论——正念核心技能（正念练习单 2—2c、3）⋯⋯⋯⋯⋯ 40

★ 正念讲义 3：智慧心念——心的状态（正念练习单 3）⋯⋯⋯⋯⋯⋯ 41

正念讲义 3a：练习智慧心念的方法（正念练习单 3）⋯⋯⋯⋯⋯⋯⋯⋯ 42

★ 正念讲义 4：掌握你的心——"是什么"（What）技能

（正念练习单 2—2c、4—4b）⋯⋯⋯⋯⋯⋯⋯⋯⋯⋯ 44

正念讲义 4a：练习观察的方法（正念练习单 2—2c、4—4b）⋯⋯⋯⋯⋯ 45

正念讲义 4b：练习描述的方法（正念练习单 2—2c、4—4b）⋯⋯⋯⋯⋯ 49

正念讲义 4c：练习参与的方法（正念练习单 2—2c、4—4b）⋯⋯⋯⋯⋯ 50

★ 正念讲义 5：掌握你的心——"怎样做"（How）技能

（正念练习单 2—2c、5—5c）⋯⋯⋯⋯⋯⋯⋯⋯⋯⋯ 51

正念讲义 5a：练习不评判的方法（正念练习单 2—2c、5—5c）⋯⋯⋯⋯ 52

正念讲义 5b：练习专一地做的方法（正念练习单 2—2c、5—5c）⋯⋯⋯ 53

正念讲义 5c：练习有效地做的方法（正念练习单 2—2c、5—5c）⋯⋯⋯ 54

### 正念技能的其他观点讲义

正念讲义 6：概论——正念技能的其他观点（正念练习单 6—10b）⋯⋯⋯ 56

正念讲义 7：练习正念的目标——灵性观点（正念练习单 1）⋯⋯⋯⋯⋯ 57

正念讲义 7a：智慧心念——灵性观点 ⋯⋯⋯⋯⋯⋯⋯⋯⋯⋯⋯⋯⋯ 58

正念讲义 8：用慈爱练习来增加爱与悲悯心（正念练习单 6）…………………… 59

正念讲义 9：善巧方便——平衡有为之心与无为之心（正念练习单 7—9）…… 60

正念讲义 9a：练习平衡有为之心与无为之心的方法（正念练习单 7—9）…… 61

正念讲义 10：行中庸之道——整合相反的两极（正念练习单 10—10b）…… 63

## 正念练习单

### 正念核心技能练习单

正念练习单 1：练习正念技能的利弊（正念讲义 1、7）………………… 66

正念练习单 2：正念核心技能的练习（正念讲义 2—5c）………………… 67

正念练习单 2a：正念核心技能的练习（正念讲义 2—5c）……………… 68

正念练习单 2b：正念核心技能的练习（正念讲义 2—5c）……………… 69

正念练习单 2c：正念核心技能的记录日历（正念讲义 2—5c）………… 70

正念练习单 3：练习智慧心念（正念讲义 3、3a）………………………… 72

正念练习单 4："是什么"技能——观察、描述、参与（正念讲义 4—4c）…… 73

正念练习单 4a：观察、描述、参与的清单（正念讲义 4—4c）………… 74

正念练习单 4b：观察、描述、参与的记录日历（正念讲义 4—4c）…… 75

正念练习单 5："怎样做"技能——不评判、专一地做、有效地做

（正念讲义 5—5c）……………………………………… 77

正念练习单 5a：不评判、专一地做、有效地做的清单（正念讲义 5—5c）… 78

正念练习单 5b：不评判、专一地做、有效地做的记录日历（正念讲义 5—5c）… 79

正念练习单 5c：不评判的记录日历（正念讲义 5—5c）………………… 81

### 正念技能的其他观点练习单

正念练习单 6：慈爱（正念讲义 8）………………………………………… 84

正念练习单 7：平衡有为之心与无为之心（正念讲义 9、9a）…………… 85

正念练习单 7a：有为之心与无为之心的正念记录日历（正念讲义 9、9a）… 86

正念练习单 8：正面活动的正念记录日历（正念讲义 9、9a）………… 88

正念练习单 9：非正面活动的正念记录日历（正念讲义 9、9a）……… 90

正念练习单 10：行中庸之道达到智慧心念（正念讲义 3、10）……… 92

正念练习单 10a：中庸之道的分析（正念讲义 10）……………………… 93

正念练习单 10b：行中庸之道的记录日历（正念讲义 10）…………… 94

# 人际效能技能

## 人际效能讲义

### 目标与阻碍因素讲义

★ 人际效能讲义 1：人际效能技能的目标（人际效能练习单 1）·············· 104

★ 人际效能讲义 2：阻碍人际效能的因素 ················· 105

人际效能讲义 2a：阻碍人际效能的误解（人际效能练习单 2）·············· 106

### 巧妙地达成目标讲义

人际效能讲义 3：概论——巧妙地达成目标 ················· 108

★ 人际效能讲义 4：澄清人际情境中的目标（人际效能练习单 3）·············· 109

★ 人际效能讲义 5：目标效能的准则——如你所愿

（DEAR MAN）（人际效能练习单 4、5）·············· 110

人际效能讲义 5a：在困难的人际互动中使用 DEAR MAN 技能 ········· 112

★ 人际效能讲义 6：关系效能的准则——维持关系（GIVE）

（人际效能练习单 4、5）·············· 113

人际效能讲义 6a：认可的方式 ················· 114

★ 人际效能讲义 7：自尊效能的准则——尊重自己

（FAST）（人际效能练习单 4、5）·············· 115

★ 人际效能讲义 8：评估你的选择——要求或拒绝的强度

（人际效能练习单 6）················· 116

★ 人际效能讲义 9：疑难解答——当你的努力无效时（人际效能练习单 7）··· 119

### 建立关系与结束伤害性关系讲义

人际效能讲义 10：概论——建立关系与结束伤害性关系 ················· 122

人际效能讲义 11：寻找朋友并让他们喜欢你（人际效能练习单 8）·········· 123

人际效能讲义 11a：明确寻找朋友并让他们喜欢你的技能 ········· 125

人际效能讲义 12：对他人正念（人际效能练习单 9）················· 126

人际效能讲义 12a：明确对他人正念的技能 ················· 127

人际效能讲义 13：结束关系（人际效能练习单 10）················· 128

人际效能讲义 13a： 明确如何结束关系 ································· 129


行中庸之道讲义

人际效能讲义 14： 概论——行中庸之道（人际效能练习单 11—15c）······ 132

人际效能讲义 15： 辩证（人际效能练习单 11—11b）············· 133

人际效能讲义 16： 如何辩证地思考与行动（人际效能练习单 11—11b）··· 134

人际效能讲义 16a： 两极端可能都正确 ····························· 135

人际效能讲义 16b： 需要平衡的重要的两极端 ····················· 136

人际效能讲义 16c： 找出辩证思维 ······························· 137

人际效能讲义 17： 认可（人际效能练习单 12）················· 138

人际效能讲义 18："如何"认可的准则（人际效能练习单 12）··········· 139

人际效能讲义 18a： 找出认可技能 ······························· 140

人际效能讲义 19： 从不被认可中恢复（人际效能练习单 13）········· 141

人际效能讲义 19a： 找出自我认可的地方 ························· 143

人际效能讲义 20： 提升期望行为可能性的策略（人际效能练习单 14）······ 144

人际效能讲义 21： 减少或停止不想要的行为的策略

（人际效能练习单 15）··························· 145

人际效能讲义 22： 有效使用行为改变策略的建议

（人际效能练习单 14、15）····················· 146

人际效能讲义 22a： 找出有效的行为改变策略 ····················· 147

# 人际效能练习单

目标与阻碍因素练习单

人际效能练习单 1： 使用人际效能技能的利弊（人际效能讲义 1）········· 150

人际效能练习单 2： 挑战阻碍人际效能的误解（人际效能讲义 2a）·········· 151


巧妙地达成目标练习单

人际效能练习单 3： 澄清人际情境中的优先顺序（人际效能讲义 4）········ 154

人际效能练习单 4： 写下人际效能的脚本（人际效能讲义 5、6、7）········ 155

人际效能练习单 5： 追踪人际效能技能的使用（人际效能讲义 5、6、7）··· 156

人际效能练习单6：分钱游戏——弄清楚要求或拒绝的强度

　　　　　　（人际效能讲义8）·················· 157

人际效能练习单7：解决人际效能技能中的难题（人际效能讲义9）········ 159


建立关系与结束伤害性关系练习单

人际效能练习单8：寻找朋友并让他们喜欢你（人际效能讲义11）·········· 162

人际效能练习单9：对他人正念（人际效能讲义12）················ 163

人际效能练习单10：结束关系（人际效能讲义13）················· 164


行中庸之道练习单

人际效能练习单11：练习辩证（人际效能讲义15、16）·············· 168

人际效能练习单11a：辩证清单（人际效能讲义15、16）············· 169

人际效能练习单11b：注意到自己不辩证的时刻

　　　　　　（人际效能讲义15、16）··············· 170

人际效能练习单12：认可他人（人际效能讲义17、18）············· 171

人际效能练习单13：自我认可与自尊（人际效能讲义19）············ 172

人际效能练习单14：通过强化来改变行为（人际效能讲义20、22）········ 173

人际效能练习单15：通过削弱或惩罚来改变行为（人际效能讲义21、22）1 74

# 情绪调节技能

## 情绪调节讲义

★ 情绪调节讲义1：情绪调节的目标（情绪调节练习单1）·················· 184


了解并命名情绪讲义

情绪调节讲义2：概论——了解并命名情绪

　　　　　　（情绪调节练习单2—4a、16）··············· 186

★ 情绪调节讲义3：情绪的功能（情绪调节练习单2、2a—c）········· 187

★ 情绪调节讲义4：造成情绪调节困难的因素（情绪调节练习单3、16）···· 188

情绪调节讲义4a：关于情绪的误区（情绪调节练习单3）············· 189

★ 情绪调节讲义5：描述情绪的模式图（情绪调节练习单4、4a）········ 190

★ 情绪调节讲义6：描述情绪的方法（情绪调节练习单4、4a）········ 191

改变情绪反应讲义

情绪调节讲义 7：概论——改变情绪反应（情绪调节练习单 5—8）………… 202

★ 情绪调节讲义 8：核对事实（情绪调节练习单 5）……………… 203

情绪调节讲义 8a：范例——符合事实的情绪（情绪调节练习单 5）……… 204

★ 情绪调节讲义 9：相反行为与问题解决——决定要用哪一个

（情绪调节练习单 6）……………………… 205

★ 情绪调节讲义 10：相反行为（情绪调节练习单 7）…………… 206

★ 情绪调节讲义 11：找出相反行为（情绪调节练习单 7）………… 207

★ 情绪调节讲义 12：问题解决（情绪调节练习单 8）…………… 216

★ 情绪调节讲义 13：复习相反行为与问题解决（情绪调节练习单 6—8）…… 217


减少情绪心念的易感性讲义

情绪调节讲义 14：概论——减少情绪心念的易感性，建立值得过的人生

（情绪调节练习单 9—14b）………………… 222

★ 情绪调节讲义 15：积累正面情绪（短期）（情绪调节练习单 9、10、13）… 223

★ 情绪调节讲义 16：愉快的事情清单（情绪调节练习单 9、10、13）……… 224

★ 情绪调节讲义 17：积累正面情绪（长期）

（情绪调节练习单 9、11—11b、13）………… 227

★ 情绪调节讲义 18：价值观与优先顺序清单

（情绪调节练习单 10、12、13）…………… 228

★ 情绪调节讲义 19：培养自我掌控与提前应对技能

（情绪调节练习单 12、13）………………… 231

★ 情绪调节讲义 20：要照顾你的心，先照顾你的身体

（情绪调节练习单 9、14）………………… 232

情绪调节讲义 20a：逐步讲解噩梦应对步骤（情绪调节练习单 14a）……… 233

情绪调节讲义 20b：睡眠卫生指南（情绪调节练习单 14b）…………… 234


管理极端情绪讲义

情绪调节讲义 21：概论——管理极端情绪（情绪调节练习单 15、16）…… 236

★ 情绪调节讲义 22：对当下的情绪保持正念——放下受苦情绪

（情绪调节练习单 15）·············· 237

情绪调节讲义 23：管理极端情绪 ·················· 238

★ 情绪调节讲义 24：情绪调节技能的疑难解答（情绪调节练习单 16）········ 239

情绪调节讲义 25：复习情绪调节技能 ·················· 241

## 情绪调节练习单

情绪调节练习单 1：改变情绪的利弊分析（情绪调节讲义 1）·············· 244

了解并命名情绪练习单

情绪调节练习单 2：情绪可以为我们做什么（情绪调节讲义 3）·········· 246

情绪调节练习单 2a：范例——指出情绪可以为我做什么（情绪调节讲义 3）247

情绪调节练习单 2b：情绪日记（情绪调节讲义 3）·················· 248

情绪调节练习单 2c：范例——情绪日记（情绪调节讲义 3）·············· 249

情绪调节练习单 3：关于情绪的误区（情绪调节讲义 4a）·············· 250

情绪调节练习单 4：观察与描述情绪（情绪调节讲义 5、6）·············· 252

情绪调节练习单 4a：观察与描述情绪（情绪调节讲义 5、6）·············· 253

改变情绪反应练习单

情绪调节练习单 5：核对事实（情绪调节讲义 8、8a）················· 256

情绪调节练习单 6：找出如何改变不想要的情绪（情绪调节讲义 9）······ 258

情绪调节练习单 7：用相反行为改变情绪（情绪调节讲义 10、11）······· 259

情绪调节练习单 8：用问题解决改变情绪（情绪调节讲义 12）·············· 260

减少情绪心念的易感性练习单

情绪调节练习单 9：减少情绪心念易感性的步骤

（情绪调节讲义 14—20）·············· 264

情绪调节练习单 10：正面活动日记（情绪调节讲义 15、16）·············· 266

情绪调节练习单 11：从价值观展开特定的行动步骤

（情绪调节讲义 17—18）·············· 267

情绪调节练习单 11a：从价值观展开特定的行动步骤

（情绪调节讲义 17—18）……………………………… 270

情绪调节练习单 11b：价值观与优先顺序日记（情绪调节讲义 17—18）… 271

情绪调节练习单 12：建立自我掌控与提前应对（情绪调节讲义 19）……… 272

情绪调节练习单 13：每天练习 ABC 组合技能（情绪调节讲义 19）……… 273

情绪调节练习单 14：练习 PLEASE 技能（情绪调节讲义 20）………… 274

情绪调节练习单 14a：噩梦体验表格（情绪调节讲义 20a）………… 275

情情绪调节练习单 14b：睡眠卫生指南 ……………………………… 278

管理极端情绪练习单

情绪调节练习单 15：对当下的情绪保持正念（情绪调节讲义 21、22）…… 280

情绪调节练习单 16：情绪调节技能的疑难解答（情绪调节讲义 24）…… 281

# 痛苦忍受技能

## 痛苦忍受讲义

★ 痛苦忍受讲义 1：痛苦忍受的目标 ………………………………… 290

危机生存技能讲义

痛苦忍受讲义 2：概论——危机生存技能（痛苦忍受练习单 1—7b）……… 292

★ 痛苦忍受讲义 3：何时使用危机生存技能 ……………………… 293

★ 痛苦忍受技能 4：STOP（立即停止）技能（痛苦忍受练习单 2、2a）……… 294

★ 痛苦忍受讲义 5：利弊分析（痛苦忍受练习单 3、3a）……………… 295

★ 痛苦忍受讲义 6：TIP 技能——改变身体化学状况（痛苦忍受练习单 4）…… 296

痛苦忍受讲义 6a：使用冷水法，分解步骤（痛苦忍受练习单 4）……… 297

痛苦忍受讲义 6b：配对式肌肉放松，分解步骤（痛苦忍受练习单 4a）…… 298

痛苦忍受讲义 6c：有效地重新思考与配对式放松，分解步骤

（痛苦忍受练习单 4b）……………………………… 299

★ 痛苦忍受讲义 7：转移注意力（痛苦忍受练习单 5—5b）……… 300

★ 痛苦忍受讲义 8：自我安抚（痛苦忍受练习单 6—6b）……… 301

痛苦忍受讲义 8a：身体扫描冥想，分解步骤（痛苦忍受练习单 6c）……… 302

★ 痛苦忍受讲义 9：改善当下（痛苦忍受练习单 7—7b）……… 303

痛苦忍受讲义 9a：感官觉察，分解步骤 ························ 304

接纳现实技能讲义

★ 痛苦忍受讲义 10：概论——接纳现实技能（痛苦忍受练习单 8—15a）······ 306

★ 痛苦忍受讲义 11：全然接纳（痛苦忍受练习单 8—9a） ············· 307

痛苦忍受讲义 11a：干扰全然接纳的因素 ················· 308

痛苦忍受讲义 11b：练习全然接纳，分解步骤（痛苦忍受练习单 9、9a）··· 309

★ 痛苦忍受讲义 12：转念（痛苦忍受练习单 8、8a、10） ············ 310

★ 痛苦忍受讲义 13：我愿意（痛苦忍受练习单 8、8a、10） ··········· 311

★ 痛苦忍受讲义 14：浅笑与愿意的手势（痛苦忍受练习单 8、8a、11）····· 312

痛苦忍受讲义 14a：练习浅笑与愿意的手势（痛苦忍受练习单 10） ······· 313

★ 痛苦忍受讲义 15：对当下的想法保持正念

（痛苦忍受练习单 8、8a、12）·············· 315

痛苦忍受讲义 15a：练习对想法正念（痛苦忍受练习单 8、8a、12）······· 316

当危机是上瘾行为时的技能讲义

痛苦忍受讲义 16：概论——如果危机是上瘾行为

（痛苦忍受练习单 13—18）················ 320

痛苦忍受讲义 16a：常见的上瘾行为 ··················· 321

痛苦忍受讲义 17：辩证式戒瘾（痛苦忍受练习单 14）············· 322

痛苦忍受讲义 17a：计划辩证式戒瘾（痛苦忍受练习单 14） ·········· 323

痛苦忍受讲义 18：澄明心（痛苦忍受练习单 15） ·············· 324

痛苦忍受讲义 18a：成瘾心与戒瘾心的行为模式特征（痛苦忍受练习单 16）·· 325

痛苦忍受讲义 19：社群强化（痛苦忍受练习单 16） ············· 326

痛苦忍受讲义 20：斩断牵连，重建新世界（痛苦忍受练习单 17）········ 327

痛苦忍受讲义 21：替代性反叛与适应性否认（痛苦忍受练习单 18）······· 328

**痛苦忍受练习单**

危机生存技能练习单

痛苦忍受练习单 1：危机生存技能（痛苦忍受讲义 2—9a）·············· 330

痛苦忍受练习单 1a：危机生存技能（痛苦忍受讲义 2—9a）…………… 331

痛苦忍受练习单 1b：危机生存技能（痛苦忍受讲义 2—9a）…………… 332

痛苦忍受练习单 2：练习 STOP（立即停止）技能（痛苦忍受讲义 4）…… 333

痛苦忍受练习单 2a：练习 STOP（立即停止）技能（痛苦忍受讲义 4）…… 334

痛苦忍受练习单 3：在受危机冲动影响前，分析利弊（痛苦忍受讲义 5）… 335

痛苦忍受练习单 3a：在受危机冲动影响前，分析利弊（痛苦忍受讲义 5）… 336

痛苦忍受练习单 4：使用 TIP 技能改变身体化学状况

（痛苦忍受讲义 6—6b）…………… 337

痛苦忍受练习单 4a：配对式肌肉放松（痛苦忍受讲义 6b）…………… 338

痛苦忍受练习单 4b：有效地重新思考与配对式放松（痛苦忍受讲义 6c）… 339

痛苦忍受练习单 5：转移注意力（ACCEPTS 技能）（痛苦忍受讲义 7）…… 340

痛苦忍受练习单 5a：转移注意力（ACCEPTS 技能）（痛苦忍受讲义 7）… 341

痛苦忍受练习单 5b：转移注意力（ACCEPTS 技能）（痛苦忍受讲义 7）… 342

痛苦忍受练习单 6：自我安抚（痛苦忍受讲义 8）…………………… 343

痛苦忍受练习单 6a：自我安抚（痛苦忍受讲义 8）…………………… 344

痛苦忍受练习单 6b：自我安抚（痛苦忍受讲义 8）…………………… 345

痛苦忍受练习单 6c：身体扫描冥想，分解步骤（痛苦忍受讲义 8a）……… 346

痛苦忍受练习单 7：改善当下（痛苦忍受讲义 9）…………………… 347

痛苦忍受练习单 7a：改善当下（痛苦忍受讲义 9）…………………… 348

痛苦忍受练习单 7b：改善当下（痛苦忍受讲义 9）…………………… 349


接纳现实技能练习单

痛苦忍受练习单 8：接纳现实技能（痛苦忍受讲义 10—15a）…………… 352

痛苦忍受练习单 8a：接纳现实技能（痛苦忍受讲义 10—15a）………… 353

痛苦忍受练习单 8b：接纳现实技能（痛苦忍受讲义 10—15a）………… 354

痛苦忍受练习单 9：全然接纳（痛苦忍受讲义 11—11b）……………… 355

痛苦忍受练习单 9a：练习全然接纳（痛苦忍受讲义 11—11b）………… 356

痛苦忍受练习单 10：转念、我愿意、我执意（痛苦忍受讲义 12、13）…… 357

痛苦忍受练习单 11：浅笑与愿意的手势（痛苦忍受讲义 14、14a）……… 358

痛苦忍受练习单 11a：练习浅笑与愿意的手势（痛苦忍受讲义 14、14a）… 359

痛苦忍受练习单 12：对当下的想法保持正念（痛苦忍受讲义 15、15a）… 360

痛苦忍受练习单 12a：练习对想法正念（痛苦忍受讲义 15、15a） ……… 361


当危机是上瘾行为时的技能练习单

痛苦忍受练习单 13：当危机是上瘾行为时的技能

　　　　　　　　　　　（痛苦忍受讲义 16—21） ………………………… 364

痛苦忍受练习单 14：计划辩证式戒瘾（痛苦忍受讲义 17）………………… 365

痛苦忍受练习单 15：从戒瘾心到澄明心（痛苦忍受讲义 18、18a）……… 368

痛苦忍受练习单 16：强化非成瘾行为（痛苦忍受讲义 19）………………… 369

痛苦忍受练习单 17：斩断牵连，重建新世界（痛苦忍受讲义 20）………… 370

痛苦忍受练习单 18：练习替代性反叛与适应性否认（痛苦忍受讲义 21）… 371

# 本书介绍

　　本书所包含的讲义和练习单主要用于辅助辩证行为疗法（Dialectical Behavior Therapy，DBT）的学习。帮助人们提升情绪复原力，拥有高品质的生活，是 DBT 的总目标。DBT 技能，主要在改变和接纳之间寻求平衡，改变那些让你为之痛苦与困扰的行为、情绪、想法与事件。DBT 技能有不同的模块，任何一项培训训练都不可能涵盖本书所有的讲义和练习单。技能训练师或个体治疗师／个案管理者将会根据每个人的治疗方案，帮你找到匹配的讲义和练习单。

## 本书结构

　　本书有五章内容。第一章是通用技能，之后有四大主要的 DBT 技能模块：正念技能、人际效能技能、情绪调节技能及痛苦忍受技能。每个技能模块中都有相应匹配的讲义和练习单。每个或每组技能都有相应的讲义与练习该技能的说明。几乎每个讲义都配有至少一个（通常多于一个）练习单，以便记录技能练习。每一章的介绍概括了讲义及其目的和相应的练习单。

### 通用技能：介绍与行为分析

　　本章将讲述 DBT 技能训练的目标，并帮你梳理出自己的个人目标，也讲授特定治疗方案的治疗形式、规则和会谈次数。本章的讲义和练习单包括技能训练的目标、准则、假设和 DBT 的生物社会理论（biosocial theory）。生物社会理论会告诉你为什么很多人很难管理自己的情绪和行为。同时，本章提供两项行为分析技能的讲义和练习单：链锁分析和遗漏环节分析。这些技能通常在 DBT 个体治疗中教授，也可以在技能训练中随时教授。

## 正念技能

正念模块的讲义和练习单侧重于 DBT 的核心技能：如何在当下保持觉察力，少评判，并活在当下。这也是 DBT 首先传授的第一大类技能，并且也适用于其他所有的 DBT 技能。正念将源自东方和西方灵性传统的冥想练习，具体化为练习技能。但练习和掌握这些技能，不需要有任何灵性或宗教基础。

正念技能的其他观点包括了讲义和练习单的一些次模块。"灵性观点"包括智慧心念与慈爱，主要适用于那些以灵性为精神生活重心的人。这些技能着重于经验终极实在、我们与整个宇宙的密切联结，并由此拥有自由。"善巧方便——平衡有为之心与无为之心"着重于在不偏不倚中寻求平衡，努力达到目标，同时放下内心的执念。"智慧心念——行中庸之道"则是在极端中寻找融合点。

## 人际效能技能

这部分主要讲述有效管理人际冲突、维持和改善与他人（和你亲近及陌生的人）的人际关系。目标与阻碍因素之后有三组主要的形式。第一组侧重于有技能地达成目标，与之相应的方法有要求你想要的、拒绝你不想要的，既保持自尊又以其他人可以接纳的方式去实现。建立关系与结束伤害性关系的讲义和练习单，会让你找到潜在的朋友，让人们喜欢你，维持和他人的正面关系，并且及时（在必要时）终止伤害性关系。行中庸之道模块的讲义和练习单，侧重于让你的人际关系趋于中庸，平衡你与自己的关系，以及你与他人的关系。

## 情绪调节技能

这部分侧重于情绪管理，虽然情绪无法完全为我们所掌控。在某种程度上，我们就是自己，情绪也是我们的一部分；然而，我们可以学习更多掌握情绪的方法。这部分共有四个板块：第一个板块为了解并命名情绪。情绪有着重要的功能，不明白情绪本身的好处，就很难改变它。第二个板块为改变情绪反应的方法。这些讲义和练习单可帮你减少痛苦和降低情绪反应的强度，如愤怒、悲伤、羞愧等，也教你如何改变那些导致痛苦或不想要的情绪的情境。第三个板块为减少情绪心念的易感性，包括提升情绪复原力，让你减少痛苦或情绪化。最后是管理极端情绪的讲义和练习单。

## 痛苦忍受技能

这部分讲授了在危机中学习容忍与生存，让事态趋于良性发展。主要包括两大部分：一是危机生存技能，适用于当情况无法立刻转好时，如何度过令你痛苦的事件、冲动和情绪；二是接纳现实技能，有助于减少痛苦，接纳无法预期的生活。此模块还包括一组特定的讲义和练习单，处理成瘾行为。

## 讲义和练习单的编号

在每一章中，每个模块都是讲义在前，练习单在后。

每个讲义有一个数字编号，有些还有英文字母编号，英文字母是相同数字编号讲义下的补充说明，例如，正念讲义 3 是智慧心念技能的主要讲义，正念讲义 3a 则是智慧心念的补充与列表（练习单编号是独立的顺序，如下文所述）。多数讲义都有相匹配的练习单，以便可以记录技能练习。在目录中，相关的练习单以编号置于讲义之后，讲义本身也以编号列出。

许多讲义都有多个可替代的练习单，有的练习单涵盖本小节中的所有技能，也有些只是涵盖个别技能。例如，正念练习单 2、2a、2b 和 2c 对应的都是相同的正念核心技能，所以每个练习单都有相同的编号 2；但是每个练习单的格式稍有不同，不同练习单就是不同的练习。在目录中，相关的讲义都按编号列在练习单后，练习单本身也列出编号。

不是所有的 DBT 技能训练课程都会讲授这些模块或该模块中的技能，即使包括了所有模块的训练课程，也不一定会用到这本书的每个讲义及练习单，但是你会多次使用到某些练习单。

# 通用技能：介绍与行为分析

## 讲义及练习单介绍

　　本章包括两组讲义和练习单。第一组是介绍，通常在新的技能团体的第一阶段进行或者有新成员加入一个已经开展的技能团体时进行。介绍的目的是使团体成员之间互相认识，并熟悉技能训练导师，并让成员们了解该技能训练项目的形式、规则和时间。通用讲义 1—5 及通用练习单 1，包括了以上这些议题。第二组是行为分析，在通用讲义 6—8 与其相应的练习单里有具体的分析，包括了行为分析的两种重要通用技能：链锁分析和遗漏环节分析。

## 介绍

　　· **通用讲义 1：技能训练的目标。** 本讲义主要罗列 DBT 技能训练的一般目标与特定目标。通过这份讲义，我们可以去思考从技能训练中获益的方法，以及你最感兴趣的部分。当你无法确定练习 DBT 技能是否能从中受益时，可以使用**通用练习单 1：使用技能的利弊分析**。一定要将使用技能和不使用技能的利弊填写完整。

　　· **通用讲义 1a：解决任意问题的选项。** 虽然有许多事情会造成痛苦，但我们应对痛苦的方式是有限的。我们可以解决造成痛苦的问题，也可以尝试通过改变对痛苦的情绪反应让自己感觉好一点。或者，我们可以接纳并忍受这些问题和我们的反应。每一种选项都需要用到一项或更多的 DBT 技能。最后的选项是留在痛苦中（或让事情变得更糟糕），不使用任何技能。

·**通用讲义 3：技能训练的准则。**这份讲义罗列了标准的 DBT 技能训练项目的规则，即技能训练团体中的成员们需要遵守的行为准则。有些项目可能会根据需要调整规则。

·**通用讲义 4：技能训练的假设。**假设是不能被证实的信念。在 DBT 技能训练中，所有团体成员和技能训练师都必须遵循这些假设。

·**通用讲义 5：生物社会理论。**生物社会理论主要解释了为什么有人会感觉管理自己的情绪和行为很困难。DBT 技能针对此类群体，有很好的效果。

## 行为分析

·**通用讲义 6：概论——行为分析。**本讲义概述了行为分析的两种通用技能：链锁分析和遗漏环节分析。

·**通用讲义 7：链锁分析。**任何行为都是由一系列环环相扣的环节组成的，都是在链锁中接连发生，彼此"链接"，一个连接引发另一个连接。链锁分析会告诉你是什么造成和延续了这个行为。本讲义将会提供一系列问题来解构这些相连问题的链接（如："在那之前发生了什么？接下来发生了什么？"），也会帮你找出导致问题行为的因素和让行为难以改变的因素。如果你想改变自己的行为，弄清楚这些问题（链锁分析）是很重要的。

·**通用讲义 7a：链锁分析，分解步骤。**本讲义非常详细地解释了如何做一次链锁分析。**通用练习单 2：问题行为的链锁分析**是做链锁分析的练习单，与相同步骤的通用讲义 7 和 7a 搭配使用。**通用练习单 2a：范例——问题行为的链锁分析**是通用练习单 2 的完整示例。

·**通用讲义 8：遗漏环节分析。**遗漏环节分析可以用来找出阻挡你实施有效行为的因素。使用遗漏环节分析来确定为什么你需要做、希望做、同意做或别人希望你做的事情没有发生。**通用练习单 3：遗漏环节分析**可以与这份讲义配合使用。

# 通用讲义

## 介绍讲义

# 技能训练的目标

## 通用目标

当你困扰于自己的行为、情绪和想法时，可以学着去改变。

## 明确的目标

**要减少的行为：**

☐ 无法正念；空虚；和自己及他人失去联结；妄下结论。

☐ 人际冲突与压力；孤单感、寂寞感。

☐ 失去复原力；很难改变。

☐ 情绪起伏不定，有极端情绪；看心情而为；难以调节情绪。

☐ 很冲动；不愿意思考；难以接纳既成事实；偏执；成瘾。

**要增加的技能：**

☐ 正念技能

☐ 人际效能技能

☐ 情绪调节技能

☐ 痛苦忍受技能

## 个人目标

**要减少的行为：**

1. _____

2. _____

3. _____

**要增加的技能：**

1. _____

2. _____

3. _____

# 解决任意问题的选项

## 遇到问题时，你的选择是什么？

**1. 解决问题**

改变……或是逃避、离开，或努力摆脱困境。

**2. 自我安抚**

改变（或调节）对问题的情绪反应。

**3. 接纳问题的存在**

全然接纳问题以及你的应对方式。

**4. 停留在痛苦之中**

或让事情变得更糟！

**1. 解决问题：**

使用人际效能技能

行中庸之道（来自人际效能技能）

使用问题解决技能（来自情绪调节技能）

**2. 自我安抚：**

使用情绪调节技能

**3. 接纳问题的存在：**

使用痛苦忍受技能与正念技能

**4. 停留在痛苦之中：**

不使用任何技能

# 概论——技能训练介绍

技能训练的准则

技能训练的假设

情绪和行为失调的
生物社会理论

# 技能训练的准则

1. **退出技能训练，并不意味着不再需要技能训练。**

   a.连续缺席四次，视为中止训练和治疗。

2. **参加技能训练的学员要相互支持，且：**

   a.其他学员的姓名与课程资料不能泄露出去。

   b.准时参加训练，善始善终。

   c.课程期间努力练习技能。

   d.认可（validate）彼此，避免互相批评，并对彼此保有善意。

   e.被求助时，要给予不夹带批评的帮助和反馈。

   f.若寻求帮助，要接纳他人的帮助。

3. **参加技能训练团体的学员：**

   a.预知上课会迟到或缺席时，要打电话告知。

4. **学员不得诱导他人从事问题行为，以及：**

   a.不得吸食毒品，喝酒后不可参加训练。

   b.如果服用药物，确认自己是清醒的再参加训练。

   c.不管是过去还是现在的问题行为，但凡会影响他人，都不得讨论。

5. **在训练之外，彼此不得有私密关系（私下往来且不能让团体知道的关系）：**

   a.不得跟团体中的人保持性关系或私人关系。

   b.不得涉入危险行为、犯罪或吸毒。

**其他的团体准则或注意事项：**

_____

_____

_____

# 技能训练的假设

**假设是一种不能被证实的信念。**
**但是无论如何,我们都愿意遵守。**

**1. 每个人都尽量做到最好。**

在任何时候,每个人都竭力做到最好。

**2. 每个人都想改进。**

每个人都想改善生活,拥有快乐。

**3. 每个人都需要做得更好、更努力、更有动力改变。**[*]

虽然每个人都努力做到最好并希望做到更好,但这并不意味着问题能得到解决。

**4. 问题不一定是自己造成的,但不管怎样还是要解决。**[**]

必须改变自己的行为反应,并改变自己的环境,才能让生活得以改变。

**5. 新的行为技能必须在相关情境中获取。**

新的行为技能必须在相关的情境下练习,不只是在初次学习技能的环境。

**6. 所有行为(行动、想法、情绪)都有其原因。**

行动、想法、情绪总有其原因,即使我们并不知道那是什么。

**7. 与其评判与指责,不如找出原因。**

评判和指责很容易,但如果我们想改变,就必须改变其事件链锁。

[*] 注:但是,如果进展是稳定的且进步速度也合理,那么可能并不需要毅力和动力。
[**] 注:父母或照顾者必须给孩子以必要的协助,以便孩子完成这项任务。

# 生物社会理论

## 控制情绪和行动为什么这么难？

---

**情绪易感性是一种先天基因：**

**有些人生下来就是如此。**

☐ 他们对情绪刺激更为**敏感**，能注意到其他人没注意到的细微情绪。

　☐ 与其他人相比，他们**更容易**体会到情绪。

　☐ 在别人看来，他们的情绪反应很奇怪，**经常无缘由地爆发**。

☐ 他们的情绪表达**更为激烈**。

　☐ 情绪来袭时，他们就像一头狮子那样凶猛。

　☐ 而且他们的情绪会**持续很长时间**。

---

**冲动也是先天基因：**

**有些人就是比其他人更容易冲动。**

☐ 他们觉得冲动行为是**很难抑制**的。

　☐ 他们经常冲动行事，然后让自己陷入**困境**。

　☐ 有时，他们的行为**毫无逻辑**。

☐ 他们觉得自己**很难提高效率**。

　☐ 情绪**阻碍**了他们的目标如期实现。

　☐ 他们总是会**情绪上头**，冲动行事。

（接下页）

### 不被认可（invalidating）会让情绪变得非常难以调整。

☐如果不被认可，你的情绪便很难被理解。

　☐你的情绪经常**不被接纳**，被视为怪异的、错误的或糟糕的。

　☐你的情绪反应经常被忽略，你无法得到帮助。

　☐你经常会被告知："不要像小孩子一样！""不要哭了。""胆子这么小，要学会自己解决问题。""一般人不会像你这么悲伤的。"

☐不认可你的人，**经常尽力做到最好**。

　☐他们**可能不知道**如何去认可（传达理解），或是不知道认可有多么重要；或者，他们**可能害怕**如果认可你的情绪，你的情绪不但没有减少，反而会更激动。

　☐他们本身**可能正在承受压力**或者时间紧迫，或者他们自己占有的资源太少。

　☐有可能只是你无法适应目前的**社会环境**，你像玫瑰花园里的一朵郁金香。

---

### 对于一个想学调节情绪和行动的人来说，不被认可的社会环境是个大问题。

☐你身边的环境可能会使你的**情绪更加失控**，更冲动行事。

　☐如果对方让步是因为你情绪失控，那么对于你来说掌控情绪势必更难。

　☐如果有人要求你改变但是却不提供方法，你想改变会更加困难。

---

### 这是人与社会环境交互作用的结果。

☐先天基因和社会环境都会影响个人。

☐个人反过来也会影响到他或她所处的社会环境。

☐社会环境中的各个因素又会共同影响着个人。

☐如此相互影响，等等。

行为分析

讲义

# 概论——行为分析

## 找出问题行为的原因和解决问题的方法

---

### 链锁分析（Chain Analysis）
### 用于当你做出无效行为时

链锁分析用于分析无效行为的事件链锁，以及哪些后果导致这些无效行为难以改变，还有助于找出修复伤害的方法。

---

### 遗漏环节分析（Missing-links Analysis）
### 用于当你无法做出有效行为时

这个环节可以帮你找出你需要做、希望做、答应做、别人期望你但你却未做的原因，还可以帮助你解决未来的问题。

---

# 链锁分析

## 要了解行为，就需要链锁分析

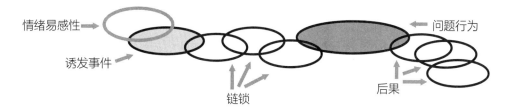

**步骤1：** 描述具体的**问题行为**。

**步骤2：** 描述**诱发事件**，它是如何引发问题行为的。

**步骤3：** 描述**情绪易感性**。情绪易感性是指在诱发事件发生前，引发问题行为的原因。

**步骤4：** 详细描述导致问题行为的事件**链锁**。

**步骤5：** 描述问题行为的**后果**。

## 改变行为：

**步骤6：** 描述可以替代事件链锁中问题连接的**技能**行为。

**步骤7：** 制订预防计划，降低对压力事件的**情绪易感性**。

**步骤8：** **修复**问题行为带来的严重的或有深远影响的后果。

# 链锁分析，分解步骤

1. **要描述具体问题行为**（如：暴饮暴食或酗酒、对孩子吼叫、摔椅子、极端的情绪爆发、解离、团体治疗缺席或迟到、拖延或拒绝做技能练习等）。

   A.要非常具体、详尽，不模棱两可。

   B.确实找出你所做、所说、所想，或者所感觉到的东西（如果感觉是目标的问题行为）。

   C.描述那些重要行为的发生强度，以及其他重要特征。

   D.详细描述问题行为，要形象生动。

   E.如果问题是某些事你没有去做，问问自己是否：（a）要不要做，自己并不知道（它没有进入短期记忆）；（b）忘记去做，后来也没有想过要做（它没有进入长期记忆）；（c）当你想到它时，你迟迟不去做；（d）即便想到了要做，但却拒绝去做；或（e）你是强烈拒绝去做，或者有一些想法或情绪干扰你去做。如果你的状况是（a）或（b），请跳到步骤6（解决方案）；否则，继续步骤2。

2. **描述引发整个行为链锁的具体诱发事件**。即使你似乎看不出来是该环境事件"引发"了问题行为，也要从你的环境中某些启动该链锁的环境事件开始思考。我们可能探询任何行为、想法、感觉或体验，可以询问以下问题找到诱发事件的问题：

   A.具体是什么事情导致了链锁反应？

   B.导致问题行为的事件顺序是什么？问题是什么时候开始的？

   C.在问题行为想法或冲动发生的前一刻，发生了什么？

   D.当时你正在做／想／感觉／想象什么？

   E.为什么在那一天而不是前一天发生了问题行为？

3. **描述诱发事件之前的特定易感因素**。哪些因素或事件使你面对诱发事件更容易产生一系列的情绪反应？核查一下下列因素：

   A.身体是否有恙；饮食或睡眠是否有问题；是否受伤。

   B.是否服用药物或饮酒；是否滥用处方药物。

   C.是否有压力事件（不论是正面或负面）。

   D.强烈的情绪，如悲伤、愤怒、恐惧、孤独。

   E.之前的压力行为是否还延续着影响。

4. **详细描述导致问题行为的事件链锁**。想象你的问题行为是链锁到环境中的诱发事件。链锁有多长？它的发展趋势是什么？连接的环节是什么？列出事件**链锁中的所有环节**。尽量具体，就像写一个剧本。链锁的连接环节可能是：

   A.你的肢体语言或你做的事情。

   B.此刻你的身体感觉或（心情）感受。

   C.你对此的认知（例如：信念、期望或想法）。

   D.与之相关的事件或其他事宜。

   E.你所体验到的感觉和情绪。

   诱发事件发生之后，你有什么具体的想法（或信念）、感觉或行为？在那之后呢？再之后是什么想法？等等。

   · 在你写完之后，看看链锁中的各个环节链。当时可能会有其他的想法、感觉或行为吗？在同样的情境下，其他人是不是有截然不同的想法、感觉或行为？如果是这样，请说出其中的原因。

   · 对于链中的各个环节，问问自己是否可以描述得更详细。

5. **具体描述问题行为的后果**。（其他人的当时反应与之后的反应是什么？感受是什么？之后呢？该行为对你和你所处的环境有何影响？）

6. 针对每个环节，**详细描述**你的预防措施。哪些关键环节导致了问题行为的产生？（也就是说，如果你能把控这些环节，问题行为就有可能避免发生。）

   A.回到诱发事件的行为链锁。如果你有可以避免问题行为的方法，请在该环节打圈。

   B.在事件链锁的各个环节中，你可有办法避免问题行为？你可能会采取什么样的应对行为或技能行为？

7. **详细描述预防策略**，即如何减少你的情绪易感性以免触发问题行为的事件链锁。

8. **描述你准备做什么来修复**问题行为带来的严重的或有深远影响的后果。

   A.分析：你真的伤害了什么？在哪些方面你可以修复？

   B.审视一下自己对他人或自己的既成伤害。试着努力去修复。（不要用鲜花来修补你所打破的窗户！修复背叛，需要在漫长的时间里积累信任，这不是情书和不断道歉可以修复的。借助成功来修复失败，而不是责骂自己。）

# 遗漏环节分析

**询问下列问题，以此发现没有产生需要或期望的有效行为的原因。**

---

1. 你知道你需要或期望什么样的有效行为吗（布置了什么技能作业，使用什么样的技能，等等）？

   如果答案是"否"，那么问自己是什么阻碍你去了解自己需要和期望的。答案有可能是不专心、指导语不清晰、一开始就不知道指导语，或变得太不堪负荷及毫无头绪等。

   **应对方法：** 解决阻碍你的问题。例如：你可能需要专注一些，或没有头绪时你需要去澄清、请教其他人或查找更多信息等。

---

2. 如果问题1的答案是"是"，那么问自己是否愿意采取你需要或期望的有效行为？

   如果问题2的答案是"否"，那么问自己是什么阻碍了你自主自愿地去采取有效行为。可能包括任性而为、能力缺乏或情绪不佳。

   **应对方法：** 解决阻碍你意愿的问题。例如：你可能需要练习全然接纳、做利弊分析、练习相反行为等。

---

3. 如果问题2你的答案是"是"，那么接着问自己是否想过要去实践那些需要或期望的有效行为？

   如果问题3你回答"否"，那么——

   **应对方法：** 让采取有效行为的想法进入你的大脑。例如：你可以把它记在日历上、设置闹钟提醒自己、把技能笔记本放在床边、练习提前应对困难情境（见情绪调节讲义19）等等。

---

4. 如果问题3你的答案是"是"，那么接着问自己是什么阻碍了你立刻采取你需要或期望的有效行为？答案可能是拖延、继续延误、没有心情做、忘记了方法、认为反正没有人会在乎（或没有人会发现）等。

   **应对方法：** 解决阻碍你的问题。例如：你可以为期望行为设立奖励、练习相反行为、做利弊分析等。

---

# 通用练习单

## 介绍练习单

# 使用技能的利弊分析

截止日期：＿＿＿＿＿＿ 姓名：＿＿＿＿＿ 开始日期：＿＿＿＿＿＿

使用此练习单来厘清使用技能（即有技能地行动）对目标的利弊进行分析。梳理出最适合自己的方法，才能得到想要的。这一点非常重要，有助于目标的达成。

| 描述情境或问题： |
| --- |
| 描述你在此情境中的目标： |

在当下的环境中，对使用技能的利弊进行分析。

然后，列出不使用技能或没有完整使用技能的利弊。

对照实际情况，以确认你的分析是符合客观事实的。

如果需要更多空间，也可以在练习单背面写。

| | 使用技能 | 不使用技能 |
| --- | --- | --- |
| 利 | ＿＿＿＿＿＿＿＿<br>＿＿＿＿＿＿＿＿<br>＿＿＿＿＿＿＿＿<br>＿＿＿＿＿＿＿＿ | ＿＿＿＿＿＿＿＿<br>＿＿＿＿＿＿＿＿<br>＿＿＿＿＿＿＿＿<br>＿＿＿＿＿＿＿＿ |
| | 使用技能 | 不使用技能 |
| 弊 | ＿＿＿＿＿＿＿＿<br>＿＿＿＿＿＿＿＿<br>＿＿＿＿＿＿＿＿<br>＿＿＿＿＿＿＿＿ | ＿＿＿＿＿＿＿＿<br>＿＿＿＿＿＿＿＿<br>＿＿＿＿＿＿＿＿<br>＿＿＿＿＿＿＿＿ |

此种情境中，你的决定是什么？＿＿＿＿＿＿＿＿＿＿＿＿＿＿

＿＿＿＿＿＿＿＿＿＿＿＿＿＿＿＿＿＿＿＿＿＿＿＿＿＿＿

这是最好的决定吗（在智慧心念之中）？＿＿＿＿＿＿＿＿＿＿

＿＿＿＿＿＿＿＿＿＿＿＿＿＿＿＿＿＿＿＿＿＿＿＿＿＿＿

行为分析
练习单

# 问题行为的链锁分析

截止日期：_____ 姓名：_____ 开始日期：_____

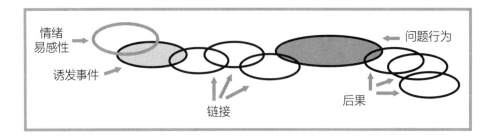

---

1. 我要分析的**问题行为**具体是什么？

---

2. 引起我问题行为的**诱发事件**是什么？包括问题行为**发生前**的事件和我

脑子里出现的想法。

发生诱发事件的时间：_____

---

3. 描述我自己发生了什么事或/和环境中的什么事情让我变得**很易感**。

使我易感性增高的事件出现的日期：_____

（接下页）

事件链锁中的环节：行为（行动、身体感觉、认知／想法、感受）以及（在环境中的）事件

环节中的可能类型：

A.行动（Action）

B.身体感觉（Body sensations）

C.认知／想法（Cognitions/ Thoughts）

E.事件（Events）

F.感受（Feelings）

| 4.列出**事件链锁**（确实发生的特定行为与环境事件）。利用上面的ABC—EF列表。 | 6.列出新的、更有效的行为**替代**无效行为。利用上面的ABC—EF列表。 |
|---|---|
| 第1个＿＿＿＿＿＿＿＿＿ | 第1个＿＿＿＿＿＿＿＿＿ |
| 第2个＿＿＿＿＿＿＿＿＿ ＿＿＿＿＿＿＿＿＿＿＿＿ | 第2个＿＿＿＿＿＿＿＿＿ ＿＿＿＿＿＿＿＿＿＿＿＿ |
| 第3个＿＿＿＿＿＿＿＿＿ ＿＿＿＿＿＿＿＿＿＿＿＿ | 第3个＿＿＿＿＿＿＿＿＿ ＿＿＿＿＿＿＿＿＿＿＿＿ |
| 第4个＿＿＿＿＿＿＿＿＿ ＿＿＿＿＿＿＿＿＿＿＿＿ | 第4个＿＿＿＿＿＿＿＿＿ ＿＿＿＿＿＿＿＿＿＿＿＿ |
| 第5个＿＿＿＿＿＿＿＿＿ ＿＿＿＿＿＿＿＿＿＿＿＿ | 第5个＿＿＿＿＿＿＿＿＿ ＿＿＿＿＿＿＿＿＿＿＿＿ |
| 第6个＿＿＿＿＿＿＿＿＿ ＿＿＿＿＿＿＿＿＿＿＿＿ | 第6个＿＿＿＿＿＿＿＿＿ ＿＿＿＿＿＿＿＿＿＿＿＿ |
| 第7个＿＿＿＿＿＿＿＿＿ ＿＿＿＿＿＿＿＿＿＿＿＿ | 第7个＿＿＿＿＿＿＿＿＿ ＿＿＿＿＿＿＿＿＿＿＿＿ |
| 第8个＿＿＿＿＿＿＿＿＿ ＿＿＿＿＿＿＿＿＿＿＿＿ | 第8个＿＿＿＿＿＿＿＿＿ ＿＿＿＿＿＿＿＿＿＿＿＿ |
| 第9个＿＿＿＿＿＿＿＿＿ ＿＿＿＿＿＿＿＿＿＿＿＿ | 第9个＿＿＿＿＿＿＿＿＿ ＿＿＿＿＿＿＿＿＿＿＿＿ |

（接下页）

事件链锁中的环节：行为（行动、身体感觉、认知／想法、感受）以及（在环境中的）事件

**环节中的可能类型：**

A.行动（**A**ction）

B.身体感觉（**B**ody sensations）

C.认知／想法（**C**ognitions/ Thoughts）

E.事件（**E**vents）

F.感受（**F**eelings）

---

4. 列出**事件链锁**（确实发生的特定行为与环境事件）。利用上面的ABC—EF列表。

第10个 _____

_____

第11个 _____

_____

第12个 _____

_____

第13个 _____

_____

第14个 _____

_____

第15个 _____

_____

第16个 _____

_____

第17个 _____

_____

6. 列出新的、更有效的行为**替代**无效行为。利用上面的ABC—EF列表。

第10个 _____

_____

第11个 _____

_____

第12个 _____

_____

第13个 _____

_____

第14个 _____

_____

第15个 _____

_____

第16个 _____

_____

第17个 _____

_____

（接下页）

5. 环境中的后果具体是什么？

我自己的部分呢？

我的问题行为会导致什么后果？

7. 预防计划：

在未来，减少我的情绪易感性的方法是：

预防诱发事件再次发生的方法是：

8. 对伤害的修复、修正及过度修正计划：

# 范例——问题行为的链锁分析

截止日期: _____ 姓名: _____ 开始日期: _____

问题行为: _____

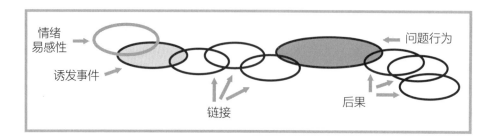

---

1. 要分析的主要**问题行为**是什么？

   酒喝得太多而且酒驾。

---

2. 引起我问题行为的**诱发事件**是什么？包括问题行为发生前的事件和我
   脑子里出现的想法。

   发生诱发事件的时间: _____星期一_____

   住在另一个城市的姐姐打电话给我，说下周无法来看我，无法履行承
   诺了，因为她要陪丈夫参加一个重要的商务宴会。

---

3. 描述产生**情绪易感性**的因素。

   我从什么时候开始易感性增高: _____星期日_____

   男朋友告诉我，他下个月出差。

（接下页）

事件链锁中的环节：行为（行动、身体感觉、认知／想法、感受）以及（在环境中的）事件

环节中的可能类型：

A.行动（Action）

B.身体感觉（Body sensations）

C.认知／想法（Cognitions/ Thoughts）

E.事件（Events）

F.感受（Feelings）

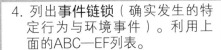

| 4. 列出**事件链锁**（确实发生的特定行为与环境事件）。利用上面的ABC—EF列表。 | 6.列出新的、更有效的行为**替代**无效的行为。利用上面的ABC—EF列表。 |
|---|---|
| 第1个　我觉得很受伤并在电话中对着姐姐大喊大叫。 | 第1个　仔细听听姐姐为什么无法前来的原因。 |
| 第2个　我认为"真的无法接受这种情况，在这个世界上没有人爱我"。 | 第2个　时刻谨记姐姐和男友都是爱我的。 |
| 第3个　挂掉姐姐的电话，我非常羞愧。 | 第3个　核对事实：姐姐在这件事情上是拒绝我吗？ |
| 第4个　我认为"自己毫无存在的价值，没有人愿意来看望我"。 | 第4个　打电话给姐姐道歉（因为我知道她能理解我的感受）。 |
| 第5个　我想看会儿电视，但是没有发现我喜欢的节目。 | 第5个　下载一部电影、玩猜谜游戏或打电话给朋友。 |
| 第6个　我有些焦虑和激动，并想着"我再也无法忍受了"。 | 第6个　试着借助改变身体化学状况技能（TIP）来调节情绪。 |
| 第7个　我打算喝杯葡萄酒缓解下情绪，但最后喝了整整两瓶。 | 第7个　去街上散步并外带晚餐，因为我不想在公众场合喝太多。 |
| 第8个　我开车去夜店。 | 第8个　打电话给我男友让他过来。 |
| 第9个　我被警察拦下了，开了酒驾罚单，并带去了拘留所。 | 第9个　泡个澡，再尝试使用改变身体化学状况技能（TIP）；反复核对事实；记住这些情绪将会过去；向我的治疗师求助。 |

（接下页）

5. 环境中的后果具体是什么？

短期：我不得不在拘留所待上一晚。

长期：男朋友失去对我的信任，姐姐也很烦恼重重。

**我自己的部分呢？**

短期：感到羞愧且极度愤怒。

长期：我的驾照可能被吊销，我不得不支付更多的汽车保险费用。

**我的问题行为会导致什么后果？**

它给我留下一个拘留记录；我的姐姐可能会感觉内疚，觉得是由于她让我伤心而造成的后果。

7. 预防计划：

**在未来，减少我的情绪易感性的方法是：**

拟订应对男朋友出差时的计划。

**预防诱发事件再次发生的方法是：**

诱发事件是无法阻止的，所以要练习提前应对，并学会一个人在家独处时如何进行调节。

8. 对伤害的修复、修正及过度修正计划：

向姐姐道歉，并向她重申她拥有改变计划的合理权利。和她再次确认下次的拜访时间；询问如果自己去拜访她，她是否方便。

# 遗漏环节分析

## 这一环节可以了解遗漏的有效行为

截止日期：_____　　　姓名：_____　　　开始日期：_____

遗漏的行为：_____

首先弄清楚你需要做、希望做、同意做或别人希望你做的事情。然后使用问题解决技能，以便下一次你更有可能做到需要做或想要做的事情。

1. 我是否知道哪些是需要做或被期望去做的有效行为？ 是___ 否___
   如果问题1的**答案为"否"**，是什么阻碍了你的认知？_____

   _____

   **解决方法：**_____

2. 如果问题1的**答案是"是"**，我是否愿意去做需要做的事情？ 是___ 否___
   如果问题2的**答案是"否"**，在想做需要去做的事情上，有什么阻碍因素？

   _____

   **解决方法：**_____

   _____

3. 如果问题2的**答案是"是"**，心中出现过需要做或被期望去做的想法吗？
   是___ 否___
   如果问题3的**答案是"否"**，请描述解决方法：_____

   _____

4. 如果问题3的**答案是"是"**，是什么阻碍我立刻去做、需要做或希望做的
   事？_____

   **解决方法：**_____

   _____

# 正念技能

## 讲义及练习单介绍

正念技能是一种把注意力聚焦于当下的行为，即不带评判并且不固守在任何一个时刻。一个拥有正念的人既对此时的自己有着清醒的认知，也对周围事物有着清晰的了解。与"自动导航"或者被习惯主导相反，正念的目标是拥有高质量的觉察，是一种清醒的状态。正念技能的练习是为了让我们用"不评判"（nonjudgmentally）、"专一地做"（one-mindfully）、"有效地做"（effectively）来观察、描述和参与每天的生活（使用善巧方便），涵盖一系列的练习。我们可以将正念与执着进行对比，后者是进入了一种状态：好像如果我们足够执着，就能阻止此时此刻发生变化。当我们以正念为生活准则时，就会注意到每个时间点像潮汐一样都是流动的。

### 目标与定义

· **正念讲义 1：练习正念的目标。**很多人练习正念技能是为了减少痛苦（suffering），增加快乐，增加对于心的控制。有些人则是为了体验真实的本来面目。正念技能需要练习、练习，再练习。

· **正念讲义 1a：正念的定义。**这份讲义提供了正念、正念技能和正念练习的基本定义。

· **正念练习单 1：练习正念技能的利弊。**通过这份练习单，你会弄明白借助正念技能你是否可以获得自己想要的。

## 正念核心技能

讲义及练习单包括七项技能，分属三大类：智慧心念；"是什么"技能，包含观察、描述及参与；"怎样做"技能，包含不评判、专一地做、有效地做。

· **正念练习单 2、2a 和 2b：**正念核心技能的练习提供四种不同的方式来记录七项正念核心技能，这对正在练习中的你来说很有帮助。**正念练习单 2c：正念核心技能** 提供了记录这些技能练习的日历。

### 智慧心念

· **正念讲义 3：智慧心念——心的状态。**智慧心念是我们每个人内在的智慧。当进入内在智慧时，我们就处于智慧当中，在此状态之下，我们会整合对立的事物——包括理性心念和情绪心念。我们对真实的体验是开放的。

· 你可以在**正念练习单 3：练习智慧心念**（**正念讲义 3a：练习智慧心念的方法**提供练习方法）中记录练习成果。练习单 3 要求评估练习智慧心念的效果，而不是让你平静或让你感觉更好的效果。

### 正念"是什么"技能

· **正念讲义 4：掌握你的心——"是什么"（What）技能。**"是什么"技能是指练习时你看到了什么（观察），对此你是怎么描述的（描述），你参与其中没有（参与），并且一次只能做一件事。"观察"是有意识地关注当下，"描述"则需要把你所观察到的用语言表达出来，"参与"是完全投入所参与的活动中，与你正在做的事情融为一体。

· **正念讲义 4a：练习观察的方法。正念讲义 4b：练习描述的方法。正念讲义 4c：练习参与的方法。**这些讲义提供练习"是什么"技能的方法。刚开始学习时，技能训练师可能会课后布置一或两个特定技能练习。

·正念练习单 4、4a 和 4b 提供三种不同格式的练习单，以记录练习过程。练习单 4 适用于"是什么"正念技能练习，在两次课程间只需练习两次时可使用该练习单。练习单 4a 提供多种练习，以检核清单的格式呈现。练习单 4b 主要适用于把体验描述得更仔细的人。

### 正念"怎样做"技能

·正念讲义 5：掌握你的心——"怎样做"（How）技能。"怎样做"技能教授的是观察、描述和参与的方式，方法分别是不评判、专一地做及有效地做。"是什么"技能通常一个时间点只能练习一个，"怎样做"技能却可以一起练习。

·正念讲义 5a：练习不评判的方法。正念讲义 5b：练习专一地做的方法。正念讲义 5c：练习有效地做的方法。这些讲义提供练习"怎样做"技能的方法，技能训练师可能会在每次课后布置一或两个特定技能练习。

·正念练习单 5："怎样做"技能——不评判、专一地做、有效地做，这个表单只提供一周做两个练习的记录日历。正念练习单 5a：不评判、专一地做、有效地做的清单，提供检核清单格式来记录"怎样做"技能的练习。正念练习单 5b：不评判、专一地做、有效地做的记录日历，提供每日检查表。正念练习单 5c：不评判的记录日历，记录不评判练习的进阶练习单。

## 正念技能的其他观点

这里有另外三类从不同的正念观点获得的讲义及练习单，包括正念练习——灵性观点；善巧方便——平衡有为之心（doing mind）与无为之心（being mind）；智慧心念——行中庸之道（middle path）。有些 DBT 技能训练课程可能会涵盖一种或多种这类技能训练。

·正念讲义 6：概论——正念技能的其他观点，这份讲义简要介绍了三种额外的正念技能。

正念练习——灵性观点

·**正念讲义7：练习正念的目标——灵性观点。**对于看重精神生活的人而言，练习需要纳入灵性观点。正念起源于跨文化的灵性修炼活动，非常古老，而在现代生活中，正念常以默观祷告或冥想练习的方式展现。

·**正念讲义7a：智慧心念——灵性观点。**展示了不同形式的灵性观点练习，包含了用以体会到超自然联结的某些方式。与很多灵性或宗教的修行相比，正念练习也有其共通之处，都涵盖了静默（silence）、静心（quieting the mind）、专注（attentiveness）、内观（inwardness）及感受性（receptivity），这些都是深度灵性体验的特征。

·**正念讲义8：用慈爱练习来增加爱与悲悯心。**愤怒、怨恨、敌意或邪恶都会给自己或他人带来痛苦。慈爱（loving kindness）是一种古老的灵性冥想练习，类似于祈福。练习者反复背诵一些特定的正面词语或语句，以培养悲悯心（compassion）和爱的感受，用以对抗负面情绪。练习者可以使用**正念练习单6：慈爱**，这份练习单提供描述两次慈爱练习的机会。

善巧方便——平衡有为之心与无为之心

·**正念讲义9：善巧方便——平衡有为之心与无为之心。**"善巧方便"是禅宗中的一个术语，指的是任何能帮助从经验到现实的方法——或者，用DBT术语来说，就是完全进入智慧心念的状态。极端状态会干扰善巧方便或智慧心念，因此有为之心和无为之心都是一种心理状态。有为之心着重于达到目标，无为之心着重于体验本身，有些类似理性心念与情绪心念的关系。生活需要我们去平衡，一方面努力达成目标，另一方面又要忘记目标。

·**正念讲义9a：练习平衡有为之心与无为之心的方法。**这份讲义列出练习的具体方法，对于那些已经接受过几次正念训练的人特别有用。

·**正念练习单7a：有为之心与无为之心的正念记录日历。**正念练习单

8：正面活动的正念记录日历。正念练习单 9：非正面活动的正念记录日历。这些练习单都是日历形式，让来访者记录每天的正念练习，比如疲惫状态下（练习单 7a）、正面活动（练习单 8）及非正面活动（练习单 9）。

### 智慧心念——行中庸之道

·正念讲义 10：行中庸之道——整合相反的两极。智慧心念为折中之道，处于这种情境之中，我们将想法从"两者只能择其一"（either-or）改变为"两者共存"（both-and），也就是综合（synthesis）两种情况。我们处于极端状态之中，会极有可能扭曲事实。这份讲义对于已经有过一次以上正念训练的人来说会很有用。

·正念练习单 10：行中庸之道达到智慧心念。这份练习单列出了多种可能会失去平衡的两极化观点，并提供记录练习的空间。

·正念练习单 10a：中庸之道的分析。这份练习单有助于你思考是否失去了平衡，比如生活的状态偏离你的中心，背离了智慧心念。

·正念练习单 10b：行中庸之道的记录日历。这份练习单不同于练习单 10，可用来记录每天的练习，也可以与练习单 10a 一起使用。

# 正念讲义

## 目标与定义讲义

# 练习正念的目标

## 减少痛苦，增加快乐

☐ 减轻疼痛、紧张和压力。

☐ 其他：＿＿＿＿＿＿＿＿＿＿＿＿＿＿＿＿＿＿＿＿＿＿＿

## 增加对于心的控制

☐ 让你的心不再被控制。

☐ 其他：＿＿＿＿＿＿＿＿＿＿＿＿＿＿＿＿＿＿＿＿＿＿＿

## 体验现实本来的样子

☐ 打开视野，体验生活。

☐ 可以体验到的现实包括：

　· 和宇宙联结。

　· 基本的良善本质（goodness）。

　· 本质的正当性。

☐ 其他：＿＿＿＿＿＿＿＿＿＿＿＿＿＿＿＿＿＿＿＿＿＿＿

# 正念的定义

## 什么是正念？

· 有意识地觉察当下这一刻。

（从不自觉或机械式的反复行为当中苏醒，参与临在自己的生命中。）

· 不评判或不拒绝当下。

（注意到后果，并了解益处与损害，却不去判断价值、回避、压抑或阻挡当下。）

· 不执着于当下。

（专注于每个崭新的当下体验，而不会因紧抓过去或未来而忽视当下。）

## 什么是正念技能？

· 正念技能是指组合在一起构成正念的某些特定的行为。

## 什么是正念练习？

· 正念和正念技能的练习是随时随地的。它需要有意地对当下保持觉察，不去评判或执着不放。

· 冥想。在规定的时间内以坐姿、站姿或卧姿练习正念技能，就是冥想；练习冥想时，我们会把注意力投放在身体感觉、情绪、想法或呼吸上，或者任何觉察之物。冥想有很多种形式，其中最大的差异是打开思维或把注意力集中在心思上。若是集中，只需要选一个集中之物即可。

· 默观祷告（contemplative prayer）。这是充满灵性的正念练习，如基督徒的归心祷告、天主教的玫瑰经、犹太教的示玛（Shema）、伊斯兰教的苏菲派功修、印度教的胜王瑜伽，都是默观祷告。

· 正念活动有多种形式，例如：瑜伽、武术（气功、太极、合气道、空手道）及灵性舞蹈。爬山、骑马、走路也可算作正念活动。

# 正念核心技能
## 讲义

# 概论——正念核心技能

智慧心念——

心的状态

"是什么"（What）技能

（练习正念时所要做的）——

观察、描述、参与

"怎样做"（How）技能

（练习正念的步骤）——

不评判、专一地做、有效地做

# 智慧心念——心的状态

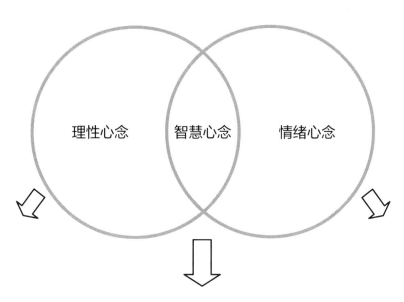

理性心念　　　智慧心念　　　情绪心念

"理性心念"
（Reasonable
Mind）是：
冷静的
理性的
任务导向的

"智慧心念"
（Wise Mind）是：

每个人内心都有的智慧

兼顾"理性心念"与
"情绪心念"的价值

"情绪心念"
（Emotional
Mind）是：
热情的
看重感觉的
情绪导向的

在理性心念中，你
会受到事实、理
性、逻辑和务实的
控制，价值观和感
受都不再重要。

把左右脑结合起来

是一种中庸之道

在情绪心念中，人借
助情绪、感觉或冲动
来行动或表达，事
实、理性和逻辑居于
次要地位。

# 练习智慧心念的方法

一般来说，正念技能是需要反复练习的。任何新技能，都需要在平时就开始练习，直到练得熟能生巧，那么当需要的时候才能用得上。尝试在闭上眼睛及睁开眼睛两种情况下练习。

1. □ **抛进湖中的石头**。想象自己是一块光滑的小石头，在一个晴朗的天气里，在湖边被轻轻抛入湖中。你感受到湖水的宁静与清澈，慢慢地，你沉入湖底的泥沙中。

   · 慢慢地盘旋，石头沉入湖底，注意你所看到的、感受到的。你到达湖底时，将注意力放在自己的内在。

   · 注意湖的静谧，觉察在湖底深处的安宁和平静。

   · 抵达自己的中心时，注意力要停留。

2. □ **走下内在的回旋梯**。想象你的内在安放了一个回旋梯，你从最高处开始往下，以非常缓慢的速度走向内在的中心点，慢慢走入自己的深处。

   · 注意所感受到的，如果需要，可以中途坐下来休息，或者拿盏灯，不要强迫自己往下走。当走到自己的中心时，注意那里的宁静感，将注意力停留在那里。也许，那里是你的肠子或腹部。

3. □ **吸进"智慧"，呼出"心念"**。吸气时，默念"智慧"；吐气时，默念"心念"。

   · 先把气息集中在"智慧"这个词上，然后再把气息集中在"心念"这个词上。

   · 坚持下去，直到感觉自己在智慧心念当中。

4. □ **问智慧心念一个问题**。吸气时，平静地问智慧心念一个问题。

   · 吐气，聆听答案。

   · 聆听，但不要告诉自己答案，只是聆听。

   · 每次吸气都可以提问，如果没有得到答案，可以下次再试。

（接下页）

5. □ **问自己这是智慧心念吗？** 吸气时，自问智慧心念告诉自己要这样做／想／计划吗？

　　• 吐气，聆听答案。

　　• 聆听，但不要告诉自己答案，只是聆听。

　　• 持续在吸气时提问；若没有得到答案，可以下次再试。

6. □ **关注呼吸，将注意力停留在身体的中心。**

　　• 完全吸进空气，注意并跟随气息进入身体。

　　• 将注意力停留在身体的中心，在你吐气到底部时，关注腹腔神经丛的位置。

　　• 吸气吸到满，把注意力停留在前额的中心（第三只眼的位置）。

　　• 让注意力停留在你身体的中心，正常呼吸。

　　• 持续对当下的觉察。

7. □ **扩展觉知。** 吸气，并将注意力集中在身体的中心。

　　• 吐气，持续关注自身中心，同时将关注的重心投放周围的环境中。

　　• 在此时此刻持续练习。

8. □ **进入呼吸间的停顿之中。**

　　• 吸气，吸到满时注意停顿（呼吸的顶端）。

　　• 吐气，吐到底时注意停顿（呼吸的底端）。

　　• 每次的停顿，都想象"掉进"那个停顿的中心位置。

9. □ **其他的智慧心念练习：** _____

_____

_____

_____

_____

# 掌握你的心——"是什么"（What）技能

## 观察

☐ 借助眼睛、耳朵、鼻子、皮肤、舌头，关注身体的感觉。

☐ 将注意力停留在此刻。

☐ 控制注意力，而不是控制你所见到的。什么也不推开，什么也不抓住。

☐ 练习静观：静静地看着想法进入心智大门，然后又飘走了，就像空中的云朵一样。注意，你内心的感受会时有变化，像海浪般此起彼伏。

☐ 关注自己的内在的同时兼顾外在。

## 描述

☐ 用语言描述自己的感受。要承认自己的想法、感受和肢体语言。例如：在心里说，"悲伤正在围绕着我"，或"我的胃部肌肉在抽筋"，或"我脑中突然出现'我做不来'的想法"。

☐ 给感受命名。为感受命名，比如单纯称心中的想法只是"一个想法"，感受只是"感受"，行动也只是"行动"。

☐ 将分析及观点与事实分开。只描述你注意到的"时间、地点、人物和事件"，只是描述事实。

☐ 记住，感觉不到的，便无法描述。

## 参与

☐ 完全沉浸在当下。不要把自己和正在发生的事件与互动分开。

☐ 将注意力停留在此刻，把自己完全抛下，沉醉于当下之事。

☐ 用出于智慧心念的直觉去行动，在每个情境中，只做需要做的事。这就宛如技能纯熟的舞者，听着音乐，可以很自然地和舞伴翩翩起舞。

☐ 顺其自然，以自发随性的态度去应对。

# 练习观察的方法

## 回归感官

**注意：观察是将心带回到自己的身体，找到内心的感觉。**

**用眼睛观察：**

1. □ 躺在地上看天上的云。
2. □ 慢步前行，停下来看看花儿、树木及自然风景。
3. □ 置身于户外，随意看看路过的人和物，不要转头或用目光追随他们。
4. □ 关注他人的面部表情或动作，但不要加以判断与推测。
5. □ 只关注某人或动物的眼睛、嘴唇或手。
6. □ 捡起一片树叶、花朵或小石子，观察并试着关注细节。
7. □ 花几分钟时间找件美丽的东西来观看。
8. □ 其他：_____

**观察声音：**

9. □ 停留在那里，什么也不做，除了聆听。聆听周围的声音，以及在这其中的宁静。
10. □ 如果有人在说话，聆听他们的语调、流畅性与起伏、发音是否清晰，以及说话时的停顿。
11. □ 倾听乐曲，体会音符的出现及其间隔，随着呼吸的进行，试着将音符呼进呼出。
12. □ 其他：_____

**观察周围的气味：**

13. □ 吸气时留意周围的气味。用鼻子闻闻它的气味，然后把东西拿走看看还有气味吗？
14. □ 吃东西时，注意食物的气味；烹饪时，留意香料或其他原料的气味；洗澡时，闻闻肥皂或沐浴露的香味；外出时，留意空气的气味；看见花朵时，闻闻花香。
15. □ 其他：_____

**观察味觉以及进食的动作：**

16. □ 把食物放进嘴里，慢慢品尝，把它含在嘴里，试着品味食物的感觉。
17. □ 舔舔棒棒糖或其他东西，注意它的味道。
18. □ 用餐时（仅仅吃一个菜），注意力集中在食物的味道上。
19. □ 其他：_____

**观察想做某件事的冲动：**

20. □ "冲动冲浪"（Urge-surf）。冲动就像一块冲浪板，想象你站在板子上冲浪前行。
21. □ 注意任何想逃离某事或某人的冲动。
22. □ 扫描全身并关注自己的感觉，看看身体的哪个部位产生了冲动。
23. □ 咀嚼食物时，看看是不是有吞下的冲动。
24. □ 其他：_____

（接下页）

**观察皮肤的触觉：**

25. □ 用手指尖轻触上唇。
    - 停止触碰，注意嘴唇的感觉，看看什么时候这种感觉才会消失。
26. □ 走路时，注意你的脚碰触到地面，以及脚抬起来又放下去的感觉。
    有时可以放慢速度，然后注意此时的感觉；有时则可以加快速度，然后注意此时的感觉。
27. □ 坐在椅子上时，注意大腿、膝盖的感觉，以及背部的感觉。
28. □ 把注意力放在任何与自己有接触的东西上。
    - 试着去感受鞋子里的脚，以及身体与衣服的接触。
    - 体会手臂碰触椅子的感觉。
    - 注意来自手部的感觉。
29. □ 触摸墙壁、布料、桌面、宠物、水果等物品。
    - 注意它们的质感，注意触碰到皮肤的感觉。
    - 尝试用另外一个身体部位去接触。
    - 再次关注自己的感觉。
30. □ 将注意力聚集在胸部、胃部或肩膀，注意它们的感觉。
31. □ 将注意力聚集于身体紧绷部位。
32. □ 将注意力聚集于双眼之间。
33. □ 其他：＿＿＿＿＿＿＿＿＿＿＿＿＿＿＿＿＿

**观察你的呼吸：** 平静地呼吸，并将注意力集中于——

34. □ 腹部的起伏。
    - 吸气时腹部鼓起，以便空气进入肺的下半部。
    - 当肺的上半部充满空气时，胸腔随之鼓起。
    - 吐气时，先关注腹部，然后关注胸部。别让自己过于劳累。
35. □ 呼吸停顿。
    - 吸气时，当肺部充满空气时注意短暂停顿。
    - 吐气时，当空气全部排出时注意短暂停顿。
36. □ 吸气与吐气时，注意鼻子的感觉。
    - 闭上嘴巴，通过鼻子呼吸，当气流进出时注意鼻孔的感觉。
37. □ 缓慢走路时的呼吸与正常呼吸。
    - 第一，用步数测量呼气和吸气的时间，多测量几次。
    - 接着，试着在呼气时多迈一步来拉长呼气时间，但不要刻意增加吸气的时间，让呼吸来得自然一些。
    - 然后，仔细观察吸气，是否有想拉长吸气时间的想法。
    - 观察吸气是否因此也需要增加一步的时间。
    - 只有在你觉得舒服的情况下才拉长吸气的时间。
    - 像这样呼吸二十次，之后恢复正常。
38. □ 听音乐时练习你的呼吸。
    - 深深地、轻柔地、均匀地呼吸。
    - 跟随你的呼吸，掌控它，同时对音乐的旋律与情境保持觉察。
    - 不要沉浸在音乐中，要做呼吸和自己的主人。
39. □ 和朋友聊天时注意自己的呼吸，像听音乐时那样。
40. □ 其他：＿＿＿＿＿＿＿＿＿＿＿＿＿＿＿＿＿

（接下页）

## 观察想法从你的心中出入：

41. ☐ 注意那些涌动在心中的想法。
    - 问自己："这个想法来自何方？"
    - 然后关注那些想法，看看它们是否进入你的心中，进入到心中何处。
42. ☐ 关注心中的各种想法，也关注每个想法之间的间隙。
43. ☐ 将心比作天空，而想法是一片片的云。
    - 当想法（云）飘移时，让它飘移出你的心中。
    - 想象这些想法就像叶子漂浮在流动的小溪上，或者如同湖上的小舟，或者如同疾驰而过的火车。
44. ☐ 当你注意到忧虑反复重现，将注意力转移到身体的感觉（当下最明显的那些）上，然后停留在此，观察自己的忧虑，直到其消失。
45. ☐ 回到你的心中，就仿佛你在山顶，而心是山下的一块大石头。
    - 关注你的心，当你注视着它时心中会有什么想法。
    - 停止练习前，重返内心。
46. ☐ 注意觉察涌入心中的头两个想法。
47. ☐ 其他：_____

## 想象你的心是——

48. ☐ 传送带，而想法与感觉从传送带上过来。
    - 将想法与感觉通通放入箱子中，然后放在传送带上，让它带走。
49. ☐ 传送带，将随之而来的想法与感觉分类。
    - 将传送带带来的想法或感觉，比如忧虑的想法、关于过去的想法、关于妈妈的想法、计划做什么的想法、生气的感觉、难过的感觉分类并贴上标签。
    - 将它们放在旁边的箱子里，以后再处置。
50. ☐ 一条河，而想法与感觉是顺流而下的小船。
    - 想象自己坐在草地上，注视着小船从眼前经过。
    - 当小船经过时，描述小船或者给它贴上标签。
    - 不要尝试跳上小船。
51. ☐ 一条铁轨，而想法与感觉是疾驰而来的火车。
    - 当火车疾驰而来时，描述每辆火车或给它贴上标签。不要尝试跳上火车。
52. ☐ 其他：_____

## 通过扩展觉察来观察：

53. ☐ 吸气，注意观察你的呼吸。然后带着觉察继续呼吸，在下一次呼吸时注意你的手。然后带着觉察注意两者，再下一次呼吸时扩展到去注意声音。
    - 在同一时间点，继续关注这三者。
    - 在不同时间点保持对这三者的觉察，并将这种觉察力带到其他东西上。
54. ☐ 将注意力锁定在正在做的事情上，慢慢将之扩展到所存在的空间。
55. ☐ 拥抱一棵树，并且感受其感觉。
    - 躺在床上，试着拥抱被子与毛毯，或其他舒服的物品。
    - 当你感到孤单，渴望爱与被爱时，试着做这些练习。
56. ☐ 其他：_____

（接下页）

**对你的感官开放你的心：**

57. ☐ 在走路时，尽可能打开所有的感官。
    - 注意听到、看到、感觉到的一切。
    - 改变步伐时，注意身体重心的移动。
    - 转身时，注意身体的感觉。

58. ☐ 注意吃进去的每口食物，吃完一口要暂停一下。
    - 吃之前先用鼻子闻一闻、用耳朵听一听，一切就绪再开始吃。
    - 注意食物的味道、质地、温度，包括牙齿咀嚼食物时的声音。
    - 咀嚼时，注意食物的味道、质地、温度与声音的变化，直到完全咽下。

59. ☐ 把注意力集中在每个进入心中的感觉。
    - 把注意力集中在视觉、嗅觉、触觉、听觉、味觉，或是当时的想法上。
    - 注意到这些感觉的出现和离去。
    - 在个别的感觉出现时，让注意力集中于此。
    - 带着好奇心关注和接纳每种感觉。感受其独特性。

60. ☐ 活在当下。
    - 花些时间去关注你能察觉到的每种感觉。
    - 试着用一句话描述每种感觉："我能感觉到椅子；椅子能感觉到我。我能听到加热器；加热器能听到我。我能看到墙；墙也能看到我。我能听到胃的蠕动声；胃也能听到我。"

61. ☐ 当一种感觉在心中出现时，关注它，然后进行描述，例如："难过的感觉在我心中浮现。"

62. ☐ 当一个想法在心中出现时，关注它，然后进行描述，例如："我心中出现了'这里是热的'的想法。"

63. ☐ 花一些时间练习"无为"（nothing-to-do）之心。
    - 对此刻所体会的全然觉察，注意你的各种感觉及所存在的空间。

64. ☐ 找一个小物体，将它放在桌上或你的膝上观察，确保这个物体你能握住。先保持其稳固，然后拿起来并转动它，从不同角度、不同光线下观察它的形状、颜色、大小，以及其他肉眼可及的特性。
    - 然后注意此时的手指与手，注意此时它们的感觉，以及此物的质地、温度与触觉。
    - 放下这个物体，闭上眼睛，缓慢而深沉地呼吸。
    - 然后，睁开双眼，用不同的视角再次观察此物。以全新的心去感受新的质地与感觉，用手指探索此物。
    - 放下此物，再一次将你的心集中在呼吸上。

65. ☐ 其他：_____

（接下页）

# 练习描述的方法

**练习描述你所看到的：**

1. □ 躺在地上，看着天空的云，描述云的样子。

2. □ 坐在忙碌的街道旁或公园长椅上，描述路过的每个人的一个特征。

3. □ 观察一片叶子、一滴水、一只宠物或其他动物等大自然中的东西。尽量描述得详细点。

4. □ 尽可能精确复述别人刚对你说过的话，并确认其正确性。

5. □ 试着描述一个人的各种表情，比如生气、害怕或难过。观察并描述当时的情形，以及他们额头、眉毛、眼睛、鼻子、嘴巴、脸颊等的位置。

6. □ 具体描述已经完成或正在做的事情，不要描述行为意图或没有看到的情况。不要加以评价。

7. □ 其他：＿＿＿＿＿＿＿＿＿＿＿＿＿＿＿＿＿＿＿＿＿＿＿

**练习描述想法与感受：**

8. □ 描述你心中涌动的感受："我的心中充满了愤怒。"

9. □ 如果感觉心中情绪比较激烈，请试着描述你的想法："我感受到X，但我的想法是Y。"

10. □ 别人做了一件事或者说了一句话后，描述下自己的感受："你做X，但我觉得是Y。"

11. □ 当看到别人做的事情时，描述自己的想法与感受："当你做X，我觉得是Y，而我的想法是Z。""当X发生时，我觉得是Y，而我的想法是Z。"

12. □ 感受到强烈情绪时，尽可能详细描述你的想法。

13. □ 其他：＿＿＿＿＿＿＿＿＿＿＿＿＿＿＿＿＿＿＿＿＿＿＿

**练习描述你的呼吸：**

14. □ 吸气时，告诉自己"我正在吸气，第1次"；呼气时，告诉自己"我在呼气，第1次"。记得从腹部呼吸。开始第二次呼吸时，告诉自己"我正在吸气，第2次"，并缓慢地呼气，告诉自己"我在呼气，第2次"，反复这样做，直到可以数至10。数到10之后，重新从1开始。练习中，如果忘记自己数到哪儿，从1开始即可。

15. □ 开始轻柔而正常地吸气（从腹部），在心中描述："我在正常吸气。"带着觉察呼气，接着描述："我正在正常地呼气。"像这样，做三组呼吸动作。在第四组呼吸时，拉长吸气，在心中描述："我正在长长地吸气。"带着觉察呼气，接着描述："我正在长长地呼气。"像这样，做三组。

16. □ 随着呼进呼出的气流，对自己说："我正在吸气，我会关注自己的吸气直到这个动作停止。我正在呼气，我会持续观察自己的呼气直到这个动作结束。"

17. □ 其他：＿＿＿＿＿＿＿＿＿＿＿＿＿＿＿＿＿＿＿＿＿＿＿

# 练习参与的方法

**带着觉察参与和宇宙之间的联结：**

1. ☐ 当身体与某个物体接触时（比如地板或地面、空气、椅子或扶手、被单与床单、衣服等），将注意力集中在这种接触的感觉上。试着多个角度去思考你与此物的连接，以及它对你的接纳。思考物体与自己的连接，也就是思考于你而言该物体有什么用途，思考该物体的善意。体验该物体的触感，将注意力全部集中在该物体的善意上，直到内心涌出被联结或被爱、被照顾的感觉。

   举例：将注意力集中在脚所接触的地面上，想想地面善意地支撑着你，为你提供一条可以靠近其他物体的路径，不让你远离正确轨道。将注意力集中在你所坐的这张椅子上，想想椅子怎么接纳你，支撑你的背部，让你免于摔倒。将注意力集中在被单与床单上，想想被单与床单在拥抱着你、围绕着你，让你感到温暖和舒适。想想房间的墙壁，它把大风、寒冷及雨挡在墙外，想想墙壁如何通过地板和空气与你产生联结，体会你与墙壁的联结，它提供了一个地方让你拥有了安全感。和一棵树拥抱，思考你与树如何产生联结，你和树都有生命，你们被太阳温暖、被空气包围、被地球支持；尝试去体验树对你的爱，它为你提供倚靠和遮蔽。

2. ☐ 随着音乐跳舞。

3. ☐ 跟着音乐唱歌。

4. ☐ 洗澡时唱歌。

5. ☐ 边看电视边载歌载舞。

6. ☐ 起床时，还未洗漱就唱歌或跳舞。

7. ☐ 去有唱诗班的教堂，加入歌唱。

8. ☐ 和朋友唱卡拉OK，或在卡拉OK店唱歌。

9. ☐ 将注意力全部集中在他人分享的内容中。

10. ☐ 专注于正在做的事情，比如跑步、骑车、溜冰、走路。

11. ☐ 做一项运动，并投入其中。

12. ☐ 变身为呼吸计数器，当你数"1"时变成"1"，数"2"时变成"2"，以此类推。

13. ☐ 反复以慢速说出某个字，将自己变成那个字。

14. ☐ 参加一个即兴演出。

15. ☐ 参加一个舞蹈课程。

16. ☐ 其他：_____

# 掌握你的心——"怎样做"（How）技能

## 不评判

☐ **只看，不加评判。**仅仅关注事实。

☐ **接纳当下的每个存在。**就像草坪上铺开的毯子一样，接纳雨露和阳光，也接纳每片掉落其上的叶子。

☐ **理解**有益和有害、安全和威胁的区别，但不评判它们。

☐ **承认**你的价值观念、你的希望、你的情绪反应，但不评判它们。

☐ 当你发现自己在评判时，**不要评判你的评判。**

## 专一地做

☐ **全然临在当下。**就是"此刻"临在于我们的生命和所做的事情。

☐ **一次只做一件事。**自己想要去的地方、想要做的事情，能让自己分心的地方和事情，都要关注。把自己从分心的事情上拉回来，一次只做一件事。

- 吃饭时就吃饭。
- 走路时就走路。
- 烦恼时就烦恼。
- 计划时就计划。
- 当你需要记住时，就去记。

☐ **不要分心。**如果其他的行动、想法、强烈的情绪分散了你的注意力，将自己带回到事情本身上来（要不停地重复这样的过程）。

☐ **专注。**如果发现自己正在做两件事，马上停止，一次只做一件事（与一心多用相反）。

## 有效地做

☐ **专注于当下的目标，**去做能够达到目标的事。

☐ **专注于可行的方法**（不要让情绪阻碍可行的方法）。

☐ **按照规则行事。**

☐ **尽可能有技能地应对，**让自己适应环境，而不是期待情况趋于理想、公平。

☐ **放下你的执念并且接纳现状。**

# 练习不评判的方法

**切勿比较、评判和假设：**

1. □ 观察自己想评判的想法，在心里说"我心中出现了想评判的想法"。

2. □ **计算上述想法出现的次数**（可以把物体或纸张从这个袋子移到另一个袋子，用计步器计数，或记在纸上）。

3. □ 用不评判的想法替代想评判的想法。

   **用陈述事实替代评判的方法：**

   ① **描述**关于事件的事实，只陈述你看到的。

   ② **依据**事实描述这个事件的后果。

   ③ **描述**你对事实的感受（请记住，是你的情绪而非评判）。

4. □ 观察你评判时的面部表情、姿势、声音语调（包含脑海中的声音语调）。

5. □ 改变你想评判时的表情、姿势和声音语调。

6. □ **以不评判的方式**，非常具体地和他人分享现在或过去的既成事实，注意，只说你直接观察到的。

7. □ **不加评判地**写出一个诱发情绪的事情。

8. □ 详细记录一天中发生的重要事件，并描述当下发生的事，和你的想法、感受、行动，注意只是记录，不加评判。不要分析事情发生的原因，或你有这样的想法、感觉、行动的原因。只关注看到的事实。

9. □ 想象一个让你勃然大怒的人，回想因他而引起的巨大愤怒，接着尝试变身为此人，从对方的角度看待生活，以及与之相应他的感受、想法、恐惧、希望与期望，想象他的过去与过去之事，试着对此人进行了解。

10. □ 当你想评判时，**练习浅笑及／或愿意的手势**（见痛苦忍受讲义14：浅笑与愿意的手势）。

11. □ 其他：_____

# 练习专一地做的方法

1. □ **泡茶或泡咖啡时保持觉察。**为访客或自己泡一杯茶或一杯咖啡。注意每个细节，别让任何细节从你眼前溜走，注意手握着壶柄的感觉，注意茶水或咖啡的香气、热度。密切关注每个动作，慢慢地、深沉地呼吸；如果注意力分散，试着用呼吸把自己拉回来。

2. □ **洗碗时保持觉察。**关注正在清洗的碗盘，就好像每个碗盘都是冥想的对象。想象每个碗盘都是神圣的。为避免分心，跟随自己的呼吸，不要太急躁，把洗碗视为当下最重要的事。

3. □ **手洗衣物时保持觉察。**衣服不要一次洗太多，三到四件即可。洗衣服时，要选择舒适的站姿或坐姿，以免背痛。洗衣服时，将注意力放在手或手臂的动作上。当你搓洗完衣服时，会感觉身心如同这些衣物般洁净。同时在这个过程中保持浅笑，并用呼吸拉回你飘移的思绪。

4. □ **打扫房间时保持觉察。**把清洁工作分成不同类别：整理杂物、收拾书籍、刷洗厕所、刷洗浴室、扫地、擦灰尘。每个类别的工作都要留出比平常多出三倍的时间，动作也要比平时慢一些。将注意力集中在你正在做的事情上，比如说：将书放在书架上，看着这本书，注意书的类型，知道自己正在将书放回书架，并注意自己正有意识地将书放在书架上的某个位置上，知道自己的手伸向一本书。避免动作太直接粗暴，借着呼吸保持觉察，特别是你的心又在游离时。

5. □ **慢慢来，带着觉察沐浴。**自己可以洗个30—45分钟的澡，不要有匆忙感，从准备洗澡水到穿衣服，动作都要轻而慢，留心每个细节，把注意力放在身体的每一部分，不要害怕，注意水流过身体的感觉。洗完澡后，会感觉到身心清爽，跟随自己的呼吸，想象自己正身处荷花池中。

6. □ **冥想时保持觉察。**选个舒服的坐姿，坐在地板上，背挺直，也可以坐在椅子上，双脚平放在地上。眼睛闭上或微微睁开，同时注意附近的某个物体。呼吸时心中平缓地默念"一"，吸气时在心中默念"一"，呼气时默念"一"，试着把全部注意力放在"一"这个字上。如果发现自己想移动，试着保持不动，只是平静地观察自己的这个想法。如果中途想停下来，只要关注这种感觉即可。

7. □ 其他：_____

# 练习有效地做的方法

1. □ 当你发现自己因某个人或某件事生气或产生敌意时，要保持关注并且问自己："这样做有用吗？"

2. □ 当发现自己想要的是"对的"而非有效的方法，对自己保持关注。放弃"对的"做法，试着采用有效的方法。

3. □ 注意自己的执念，问自己："这样做有用吗？"

4. □ 放下执念，代之以有效的方法，注意两者的差别。

5. □ 当你感到生气、产生敌意或想做没用的事时，练习"愿意的手势"。

6. □ 其他：＿＿＿＿＿＿＿＿＿＿＿＿＿＿＿＿＿＿＿＿＿＿＿＿

# 正念技能的其他观点
## 讲义

# 概论——正念技能的其他观点

**练习正念的目标——**

灵性观点

**善巧方便——**

以平衡有为之心与无为之心来掌握每天的生活

**智慧心念——**

行中庸之道

# 练习正念的目标——灵性观点

## 去经验：

☐ 通过对事物本质的了解而获得的终极实在，会使人突然觉得与整个宇宙亲密一体，它超越了我们本身的界线，让我们得以存在。

☐ 其他：_____

## 增长智慧：

☐ 让心灵与行动得以提升。

☐ 其他：_____

## 体验自由：

☐ 通过超然于欲望、渴望及强烈情绪，我们将全然接纳存在的现实。

☐ 其他：_____

## 增强爱与悲悯心：

☐ 对自己。

☐ 对他人。

☐ 其他：_____

☐ 其他：_____

# 智慧心念——灵性观点

| 智慧心念如同……<br>**默观练习**<br>正念<br>冥想<br>默观祷告<br>默观活动<br>归心祷告 | 想法、态度与行动使得我们可以表达或体会到以下联结：<br>・神圣的、内在的神性、超自然性的存在。<br>・上帝、大灵、雅威、梵天、安拉、帕瓦蒂伽（印度神）。<br>・终极实在、全我全相、本源、本性、真我、存在的内核、存在的根基 。<br>・无我、空性。 |
| --- | --- |
| 由灵性观点得来的<br>**智慧心念体验** | 意识层面将体验到一种更深层的真实，真实一直存在但却被误解。能感受到个人意识得到了延伸，体验到整体和谐的内在神圣。 |
| **神秘主义观点<br>的智慧心念**<br>（灵性体验的<br>七个特征） | 1. **经验性**：包含对于实相的直接、直观的体验。<br>2. **合一的体验**：能觉察到合一，能近距离觉察到与自己、真实和其他生物的存在。<br>3. **无法言说**：无法用语言获得的真实体验，只能用比喻或故事描述。<br>4. **坚信不疑**：在体验过程中，体验的确定性是完全的、不可否认的、清晰的。<br>5. **务实性**：体验是有利于个人生活福祉的。<br>6. **整合性**：体验到在其之上的和谐的爱、悲悯、同情、仁慈；平息极端情绪。<br>7. **智慧的**：获得直观知识的能力。 |

# 用慈爱练习来增加爱与悲悯心

## 何为慈爱？

慈爱是正念的练习之一，它可以让我们对自己生出更多的爱与悲悯心，由此我们对所爱之人、朋友、让我们恼怒的人、难以相处的人、我们的敌人生出爱与悲悯心，最后是所有众生。

慈爱可以保护我们不产生、不维持对自己和他人的批判、恶意和敌意。

## 慈爱的练习

练习慈爱就像为自己或他人祈祷。当你为自己或他人请求或祈祷某事时，你积极地发出爱和善意的祝福，并在脑海中念诵那些表达对自己和他人善意的词语。

## 慈爱的说明

1. 选择一个练习对象，不要选择一个你不想给予仁慈或者爱的对象。可以从自己开始，如果这样做比较困难，选择一个你一直很爱的对象。

2. 坐着、站着或躺下，先缓慢、深沉地呼吸几次，摊开掌心，温柔地让此人进入你的心里。

3. 反复默念一些温暖的祝福传递慈爱，比如"愿我快乐""愿我平安""愿我身体健康""愿我安全"，或者其他形式的祝福语。以慢速重复这些祝福语，当它们进入心中时，将注意力投入到祝福语的每个字上（如果分心，关注让自己分心的念头，同时慢慢地将注意力拉回）。反复这样做，直到自己被慈爱所包围。

4. 逐步练习将慈爱传递到所爱的人、朋友、让我们恼怒的人、难以相处的人、敌人，最后是所有众生。例如：当你想将慈爱传递给约翰，可以使用类似的描述句，如"愿约翰快乐""愿约翰平安"等等（或者"约翰，愿你快乐""愿你平安"等等）。

5. 每天练习，先练习对自己产生慈爱，然后推延到其他人。

# 善巧方便——平衡有为之心与无为之心

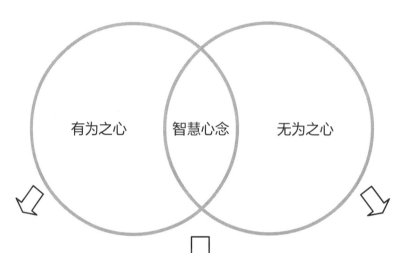

有为之心　　　智慧心念　　　无为之心

"有为之心"是：

· 有分别心

· 有抱负心

· 目标导向

当你拥有有为之心时，会认为自己的想法就是世界的本质，你喜欢解决问题与达成目标。

"智慧心念"是：

· "有为之心"与"无为之心"的平衡

· 行中庸之道

当你拥有智慧心念时，你：

会采取善巧方便。对目标或成就坦然待之，同时整个人全身心地投入目标。

会在行动中增加觉察力。

"无为之心"是：

· 充满好奇心

· 无所作为之心

· 活在当下

当你处在无为之心时，会将想法视为内心的呼唤，专注于生命中的每个时刻，目标反而居于次要地位。

# 练习平衡有为之心与无为之心的方法

正念技能需要反复练习，以下的方法可以为你的练习提供帮助，在日常生活中平衡有为之心与无为之心。

1. □ **阅读**。如果想提升你对正念的渴望，需要找一些有助于练习的文章或语录，把这些语录贴在显眼的位置（如咖啡机旁边）或随身携带，以方便随时阅读。

2. □ **提醒**。在家里、办公室里放一个闹钟，或（如果可行）在手机里设闹钟，提醒自己要进行正念练习。可以设定自动回复以提醒自己；将自己喜欢的短句贴在方便的位置，以提醒自己要做练习。

3. □ **随时保持智慧心念**。以每天的例行活动（例如：刷牙、换衣服、泡咖啡或泡茶、工作）为目标，保持觉察力。

4. □ **"当下这一刻"的智慧心念**。当你觉得劳累时，告诉自己"此刻只需要完成这个任务"，提醒自己此刻只需做这件事情，比如洗一个盘子、走一步路、活动一组肌肉。存在于这个时刻，什么事情都抛下。

（接下页）

5. □ **对生活中的小事保持智慧心念。**注意一天中发生的或愉快或不愉快的事，虽然它们可能只是小事（比如洗手时水的温度、食物的味道、风吹过脸颊的感觉、半路上汽车没油了，或者自己累了）。

6. □ **对需要完成之事保持智慧心念。**当辛苦工作一天后或休息时，对"有待完成之事"及"要做之事"保持觉察力。

7. □ **对"我愿意"保持智慧心念。**当别人要求你做，而且你必须得做，或当你注意到有些事情需要完成时，是练习"我愿意"的最好机会。在工作中要平衡"有为之心"和"无为之心"。

8. □ **三分钟练习：每天练习放慢"有为之心"。**
   • 以一种"完全清醒"（wide-awake）的状态将自己带入当下，然后在智慧心念中问："我现在的体验是什么？我的心中涌出什么想法或画面？"它们只是自己的想法，是你大脑中的神经活动。然后问："我身体里的感觉是什么？"当它们进入你的意识时，注意它们。然后说："好吧，现在就是这样的。"
   • 停留在智慧心念之中，把所有的注意力集中在你的呼吸上，留意气息的进出，前一次呼吸连接着下一次的呼吸。注意胸腔和腹部随着呼吸而变化，一个动作接着一个动作，一个呼吸接着下一个呼吸，让呼吸将你带入当下。
   • 一旦你在某种程度上聚集了自己，你就可以允许自己意识的扩展。除了感知呼吸，还包括对整个身体的感知，你的姿势、你的面部表情、你的手。跟随呼吸，就像你的整个身体都在呼吸一样。当你准备好时，回到活动中，跟随身体的智慧心念在此时此刻行动。

9. □ **其他的智慧心念练习：**_____

# 行中庸之道——整合相反的两极

理性心念 ←————— △ —————→ 情绪心念

能够按照规则做事，有理有据地做决定，

**并且**

即使情绪比较强烈，也不进行否定。

---

有为之心 ←————— △ —————→ 无为之心

做应做之事，无论它是过去之事还是未来之事，

**同时**

每一刻都是独特的，都能体会到其独特性。

---

想要改变这一
刻的强烈渴望 ←————— △ —————→ 全然接纳这一刻

对于内心极度渴望之事，允许自己去追梦，

**并且**

全然接纳当下发生之事。

---

放下自我欲求 ←————— △ —————→ 放纵自我欲求

适度达到目标，

**同时**

满足感官。

---

——————  其他  ——————
←————— △ —————→
——————      ——————

# 正念练习单

## 正念核心技能练习单

# 练习正念技能的利弊

截止日期：_____　　姓名：_____　　开始日期：_____

列出练习的利弊。

列出不练习的利弊。

核对事实，确认你的评估是理性的、客观的。

练习意愿评分（0=没意愿；100=意愿很高）练习前：_____　　练习后：_____

当你有以下情况时，填写此练习单：

· 想让每个时刻在自己眼中都越来越清晰、理性。

· 执拗；沉迷于情绪心念或极端的理性心念。

· 拒绝活在当下，想逃避或试图掌控当下。

· 拒绝放弃对他人或自己的解释，而不是仅仅是描述。

· 拒绝让自己进入当下这个时刻，想当个旁观者。

· 一旦放下评判就感觉到被威胁。

· 不是想找有用的方法，而只是想证明自己是对的。

填写以下表格，同时思考这些问题：

· 过正念的生活是否对自己有利（例如：有效或无效）？

· 拒绝拥有智慧心念，意味着问题的解决还是产生？

· 先观察，不立刻回应，是增加还是减少了你的自由度？

· 如何才能有效处理问题，是执迷于自己的想法还是尽量根据事实描述？

· 反复评判，是能改变你意欲改变的事，还是阻碍了你改变的决心？

· 与证明自己相比，做有效的事重要吗？

| | 保持盲目、评判、无效 | 练习正念技能 |
|---|---|---|
| 利 | _____<br>_____ | _____<br>_____ |
| | 保持盲目、评判、无效 | 练习正念技能 |
| 弊 | _____<br>_____ | _____<br>_____ |

你决定做什么：_____

对于你来说，这是最好的决定吗（在智慧心念里）？_____

列出本周全部符合智慧心念的事：_____

# 正念核心技能的练习

截止日期：＿＿＿＿＿＿＿＿＿　姓名：＿＿＿＿＿＿＿＿　开始日期：＿＿＿＿＿＿＿＿

描述在什么情况下你决定练习正念技能。

**情境1**

| 情境（人、事、时、地） |
| --- |

| □智慧心念<br>□观察<br>□描述<br>□参与<br>□不评判<br>□专一地做<br>□有效地做 | 勾选左侧你所使用的技能，并描述使用过程。 |
| --- | --- |

| 描述使用技能的经验： |
| --- |

练习这种正念技能是否影响以下任何一个方面，哪怕只有一点点。

＿＿＿＿减少痛苦　　　＿＿＿＿增加快乐　　　＿＿＿＿提升专注力

＿＿＿＿减少反应　　　＿＿＿＿增加智慧　　　＿＿＿＿提升体验当下的能力

＿＿＿＿增加联结感　　＿＿＿＿提升个人认可

**情境2**

| 情境（人、事、时、地） |
| --- |

| □智慧心念<br>□观察<br>□描述<br>□参与<br>□不评判<br>□专一地做<br>□有效地做 | 勾选左侧你所使用的技能，并描述使用过程。 |
| --- | --- |

| 描述使用技能的经验： |
| --- |

练习这种正念技能是否影响以下任何一个方面，哪怕只有一点点。

＿＿＿＿减少痛苦　　　＿＿＿＿增加快乐　　　＿＿＿＿提升专注力

＿＿＿＿减少反应　　　＿＿＿＿增加智慧　　　＿＿＿＿提升体验当下的能力

＿＿＿＿增加联结感　　＿＿＿＿提升个人认可

**列出本周全部符合智慧心念的事：**＿＿＿＿＿＿＿＿＿＿＿＿＿＿＿＿＿

# 正念核心技能的练习

截止日期：＿＿＿＿＿＿＿　姓名：＿＿＿＿＿＿　开始日期：＿＿＿＿＿＿

写下你一周所做的每一个正念技能，然后评估你的正念练习体验的质量（请参考下面列表说明）。

| 我无法集中精力，哪怕短暂的一秒钟，只能完全放弃了。 | 多多少少练习了一会儿，能专注在当下。 | 当我回到智慧心念中时，可以自如应对，即使对于需要做之事，也可以自如放下。 |
| --- | --- | --- |

| 1 | 2 | 3 | 4 | 5 |

**日期**　　　　　　智慧心念

＿＿＿＿＿ / ＿＿＿＿＿＿＿＿＿＿＿＿＿＿＿＿＿＿　评分：＿＿＿
＿＿＿＿＿ / ＿＿＿＿＿＿＿＿＿＿＿＿＿＿＿＿＿＿　评分：＿＿＿
＿＿＿＿＿ / ＿＿＿＿＿＿＿＿＿＿＿＿＿＿＿＿＿＿　评分：＿＿＿

**日期**　　　　　　观察

＿＿＿＿＿ / ＿＿＿＿＿＿＿＿＿＿＿＿＿＿＿＿＿＿　评分：＿＿＿
＿＿＿＿＿ / ＿＿＿＿＿＿＿＿＿＿＿＿＿＿＿＿＿＿　评分：＿＿＿
＿＿＿＿＿ / ＿＿＿＿＿＿＿＿＿＿＿＿＿＿＿＿＿＿　评分：＿＿＿

**日期**　　　　　　描述

＿＿＿＿＿ / ＿＿＿＿＿＿＿＿＿＿＿＿＿＿＿＿＿＿　评分：＿＿＿
＿＿＿＿＿ / ＿＿＿＿＿＿＿＿＿＿＿＿＿＿＿＿＿＿　评分：＿＿＿
＿＿＿＿＿ / ＿＿＿＿＿＿＿＿＿＿＿＿＿＿＿＿＿＿　评分：＿＿＿

**日期**　　　　　　参与

＿＿＿＿＿ / ＿＿＿＿＿＿＿＿＿＿＿＿＿＿＿＿＿＿　评分：＿＿＿
＿＿＿＿＿ / ＿＿＿＿＿＿＿＿＿＿＿＿＿＿＿＿＿＿　评分：＿＿＿
＿＿＿＿＿ / ＿＿＿＿＿＿＿＿＿＿＿＿＿＿＿＿＿＿　评分：＿＿＿

**日期**　　　　　　不评判

＿＿＿＿＿ / ＿＿＿＿＿＿＿＿＿＿＿＿＿＿＿＿＿＿　评分：＿＿＿
＿＿＿＿＿ / ＿＿＿＿＿＿＿＿＿＿＿＿＿＿＿＿＿＿　评分：＿＿＿
＿＿＿＿＿ / ＿＿＿＿＿＿＿＿＿＿＿＿＿＿＿＿＿＿　评分：＿＿＿

**日期**　　　　　　专一地做

＿＿＿＿＿ / ＿＿＿＿＿＿＿＿＿＿＿＿＿＿＿＿＿＿　评分：＿＿＿
＿＿＿＿＿ / ＿＿＿＿＿＿＿＿＿＿＿＿＿＿＿＿＿＿　评分：＿＿＿
＿＿＿＿＿ / ＿＿＿＿＿＿＿＿＿＿＿＿＿＿＿＿＿＿　评分：＿＿＿

**日期**　　　　　　有效地做

＿＿＿＿＿ / ＿＿＿＿＿＿＿＿＿＿＿＿＿＿＿＿＿＿　评分：＿＿＿
＿＿＿＿＿ / ＿＿＿＿＿＿＿＿＿＿＿＿＿＿＿＿＿＿　评分：＿＿＿
＿＿＿＿＿ / ＿＿＿＿＿＿＿＿＿＿＿＿＿＿＿＿＿＿　评分：＿＿＿

列出本周全部符合智慧心念的事：＿＿＿＿＿＿＿＿＿＿＿＿＿＿＿

**正念练习单2b**（正念讲义2—5c）

截止日期：_____　　姓名：_____　　开始日期：_____

每个技能练习两次，同时描述过程。

| 什么情况下你练习了这个技能？你都是怎么做的？ | 什么原因使你做的练习（如果有原因的话）？ | 花了多少时间？ | 练习技能前/后评分 | | 结论或问题 |
| --- | --- | --- | --- | --- | --- |
| | | | 专注于我的心的程度（0—100） | 专注于智慧心念的程度（0—100） | |
| 智慧心念 | | | | | |
| 观察 | | | | | |
| 描述 | | | | | |
| 参与 | | | | | |
| 不评判 | | | | | |
| 专一地做 | | | | | |
| 有效地做 | | | | | |

列出本周全部符合智慧心念的事：

# 正念核心技能的记录日历

截止日期：＿＿＿＿＿＿＿＿　姓名：＿＿＿＿＿＿＿＿　开始日期：＿＿＿＿＿＿＿＿

**审视本周练习的技能：**

＿＿＿智慧心念　＿＿＿观察　＿＿＿描述　＿＿＿参与　＿＿＿不评判　＿＿＿专一地做　＿＿＿有效地做

练习的过程中尽量保持觉察，然后记录于下表。

| 技能名称 | 如何练习这个技能 | 练习时身体的感觉、情绪和想法 | 结束后的感受 |
|---|---|---|---|
| 举例：参与 | 我参加一个派对并跟其他人聊了起来。 | 我感到胃痉挛、呼吸急促、口干，害怕别人不喜欢我。不一会儿，我开始享受聊天、浅浅一笑，整个过程很美妙。 | 我觉得自己很棒，自信心也提升了，我想下次还可以再试一次。 |
| 星期一 | | | |
| 星期二 | | | |
| 星期三 | | | |

（接下页）

**正念练习单2c**（第2—2页）

| 技能名称 | 如何练习这个技能 | 练习时身体的感觉、情绪和想法 | 结束后的感受 |
|---|---|---|---|
| 星期四 | | | |
| 星期五 | | | |
| 星期六 | | | |
| 星期日 | | | |

列出本周全部符合智慧心念的事：_____

# 练习智慧心念

截止日期：_____　　姓名：_____　　开始日期：_____

智慧心念的练习：每次做完练习时，勾选练习的项目。

□□□□ 1. 专注于自己的呼吸，将注意力放在身体中央。

□□□□ 2. 将自己想象成湖中的石头。

□□□□ 3. 想象自己跟随内在的回旋梯往下走。

□□□□ 4. 吸气与呼气会有暂停，将自己置于其中。

□□□□ 5. 吸进"智慧"，吐出"心念"。

□□□□ 6. 吸气时问智慧心念一个问题，呼气时仔细倾听其回答。

□□□□ 7. 自问"这是智慧心念吗？"

□□□□ 8. 其他练习（描述）：_____

□□□□ 9. 其他练习（描述）：_____

**描述练习智慧心念的情境及你的练习过程：**

_____

_____

这个练习如何有效地协助你进入智慧心念？

| 没有效果： | 有一点效果： | 很有效： |
|---|---|---|
| 我一分钟都坚持不下去，我分心或放弃了。 | 我能够练习智慧心念，并且有点进入智慧心念了。 | 我进入智慧心念的中心，可以自如地做完需要做的事。 |

　　1　　　　　2　　　　　3　　　　　4　　　　　5

**描述练习智慧心念的情境及你的练习过程：**

_____

_____

这个练习如何有效地协助你进入智慧心念？

| 没有效果： | 有一点效果： | 很有效： |
|---|---|---|
| 我一分钟都坚持不下去，我分心或放弃了。 | 我能够练习智慧心念，并且有点进入智慧心念了。 | 我进入智慧心念的中心，可以自如地做完需要做的事。 |

　　1　　　　　2　　　　　3　　　　　4　　　　　5

**列出本周全部符合智慧心念的事：**_____

# "是什么"技能——观察、描述、参与

截止日期：＿＿＿＿＿＿＿＿　姓名：＿＿＿＿＿＿＿＿　开始日期：＿＿＿＿＿＿＿＿

记录本周的练习。描述两次不同的练习。如果需要写更多，可以写在练习单背面。

＿＿＿＿＿＿＿观察　　＿＿＿＿＿＿＿描述　　＿＿＿＿＿＿＿参与

## 描述练习的情境及练习方法：

＿＿＿＿＿＿＿＿＿＿＿＿＿＿＿＿＿＿＿＿＿＿＿＿＿＿＿＿＿＿＿＿＿＿＿＿＿＿＿＿

＿＿＿＿＿＿＿＿＿＿＿＿＿＿＿＿＿＿＿＿＿＿＿＿＿＿＿＿＿＿＿＿＿＿＿＿＿＿＿＿

＿＿＿＿＿＿＿＿＿＿＿＿＿＿＿＿＿＿＿＿＿＿＿＿＿＿＿＿＿＿＿＿＿＿＿＿＿＿＿＿

＿＿＿＿＿＿＿＿＿＿＿＿＿＿＿＿＿＿＿＿＿＿＿＿＿＿＿＿＿＿＿＿＿＿＿＿＿＿＿＿

练习这种正念技能是否影响以下任何一个方面，哪怕只有一点点。
＿＿＿＿＿减少痛苦　　　＿＿＿＿＿增加快乐　　　＿＿＿＿＿提升专注力
＿＿＿＿＿减少反应　　　＿＿＿＿＿增加智慧　　　＿＿＿＿＿提升体验当下的能力
＿＿＿＿＿增加联结感　　＿＿＿＿＿提升个人认可

## 描述这个技能是否让你变得头脑更清晰：＿＿＿＿＿＿＿＿＿＿＿＿＿＿＿＿＿＿＿＿

＿＿＿＿＿＿＿＿＿＿＿＿＿＿＿＿＿＿＿＿＿＿＿＿＿＿＿＿＿＿＿＿＿＿＿＿＿＿＿＿

## 描述练习技能的情境及练习方法：

＿＿＿＿＿＿＿＿＿＿＿＿＿＿＿＿＿＿＿＿＿＿＿＿＿＿＿＿＿＿＿＿＿＿＿＿＿＿＿＿

＿＿＿＿＿＿＿＿＿＿＿＿＿＿＿＿＿＿＿＿＿＿＿＿＿＿＿＿＿＿＿＿＿＿＿＿＿＿＿＿

＿＿＿＿＿＿＿＿＿＿＿＿＿＿＿＿＿＿＿＿＿＿＿＿＿＿＿＿＿＿＿＿＿＿＿＿＿＿＿＿

练习这种正念技能是否影响以下任何一个方面，哪怕只有一点点。
＿＿＿＿＿减少痛苦　　　＿＿＿＿＿增加快乐　　　＿＿＿＿＿提升专注力
＿＿＿＿＿减少反应　　　＿＿＿＿＿增加智慧　　　＿＿＿＿＿提升体验当下的能力
＿＿＿＿＿增加联结感　　＿＿＿＿＿提升个人认可

## 描述这个技能是否让你变得头脑更清晰：＿＿＿＿＿＿＿＿＿＿＿＿＿＿＿＿＿＿＿＿

＿＿＿＿＿＿＿＿＿＿＿＿＿＿＿＿＿＿＿＿＿＿＿＿＿＿＿＿＿＿＿＿＿＿＿＿＿＿＿＿

## 列出本周全部符合智慧心念的事：

＿＿＿＿＿＿＿＿＿＿＿＿＿＿＿＿＿＿＿＿＿＿＿＿＿＿＿＿＿＿＿＿＿＿＿＿＿＿＿＿

＿＿＿＿＿＿＿＿＿＿＿＿＿＿＿＿＿＿＿＿＿＿＿＿＿＿＿＿＿＿＿＿＿＿＿＿＿＿＿＿

# 观察、描述、参与的清单

截止日期: _____ 姓名: _____ 开始日期: _____
记录你练习的技能。每个技能可以记录四次，超过四次就在□前方打钩，或者写在背面。

**练习观察:** 每次做完练习时，勾选练习的项目。

□□□□ 1. 你所看到的: _____ 用视觉观察，但不总盯着眼前的一切。
□□□□ 2. 声音: _____ 周遭的声音，_____ 某人的声音和语调，_____ 音乐。
□□□□ 3. 周围的气味: _____ 食物的味道，_____ 香皂，走路时周遭的空气。
□□□□ 4. 食物的味道和吃的动作。
□□□□ 5. 想做某事的冲动: _____ 趁着冲动冲浪，_____ 注意想逃避时的冲动，_____ 注意这个冲动停留在身体的哪个部位。
□□□□ 6. 身体感觉: _____ 身体扫描，_____ 走路的感觉，_____ 身体碰触某物。
□□□□ 7. 心里来来去去的想法: _____ 想象心如河流，_____ 想象心如传送带。
□□□□ 8. 呼吸: _____ 注意胃部的活动，_____ 气息从鼻孔进出的感觉。
□□□□ 9. 通过扩展觉察: _____ 对整个身体，_____ 对周遭的空间，_____ 拥抱一棵树。
□□□□ 10. 打开你的心: _____ 注意产生的每种感觉，不执着，让它们流走。
□□□□ 11. 其他（请描述）: _____

**练习描述:** 每次做完练习时，勾选练习的项目。

□□□□ 12. 身体之外，眼之所及。
□□□□ 13. 心中的想法、感受和身体感觉。
□□□□ 14. 你的呼吸。
□□□□ 15. 其他（请描述）: _____

**练习参与:** 每次练习时，勾选练习的项目。

□□□□ 16. 随着音乐起舞。
□□□□ 17. 跟随音乐唱歌。
□□□□ 18. 洗澡时唱歌。
□□□□ 19. 边看电视边载歌载舞。
□□□□ 20. 起床时，还未洗漱就唱歌或跳舞。
□□□□ 21. 去有唱诗班的教堂，加入歌唱。
□□□□ 22. 和朋友唱卡拉OK，或在卡拉OK店唱歌。
□□□□ 23. 将注意力全部集中在他人分享的内容中。
□□□□ 24. 专注于正在做的事情，包括跑步、骑车、溜冰、走路。
□□□□ 25. 做一项运动，并投入其中。
□□□□ 26. 把自己变成呼吸的计数器，当你数"1"时变成"1"、数"2"时变成"2"，以此类推。
□□□□ 27. 反复以慢速说出某个字，将自己变成那个字。
□□□□ 28. 投入社会或者工作，忘记其他。
□□□□ 29. 其他（请描述）: _____

**列出本周全部符合智慧心念的事:** _____

**正念练习单4b**（正念讲义4—4c）（第2—1页）

# 观察、描述、参与的记录日历

截止日期：＿＿＿＿＿

姓名：＿＿＿＿＿＿＿＿＿＿　开始日期：＿＿＿＿＿

至少勾选本周练习的两个技能：＿＿＿观察　＿＿＿描述　＿＿＿参与

练习时尽量保持觉察与正念，并记录下来。

| 技能名称 | 如何练习这个技能 | 练习时身体的感觉、情绪和想法 | 结束后的感受 |
|---|---|---|---|
| 举例：观察 | 我在公园里散步并注意到身边的树。 | 我感到肩膀放松，我满怀好奇去观察树，同时有一些想法冒出来让我分了心；我觉得这些树叶既青翠又清新。 | 我感到放松了一些，我想我应该常出去走走。我也担心下次不能进行这样的练习。 |
| 星期一 | | | |
| 星期二 | | | |
| 星期三 | | | |

（接下页）

75　　正念技能

正念练习单4b（第2—2页）

| 技能名称 | 如何练习这个技能 | 练习时身体的感觉、情绪和想法 | 结束后的感受 |
|---|---|---|---|
| 星期四 | | | |
| 星期五 | | | |
| 星期六 | | | |
| 星期日 | | | |

列出本周全部符合智慧心念心念的事：_____

## "怎样做"技能——不评判、专一地做、有效地做

截止日期：_____ 姓名：_____ 开始日期：_____

确认本周你所做的练习，描述两次不同时间所做的练习，也可以在练习单背面列出更多范例。

_____ 不评判 _____ 专一地做 _____ 有效地做

**描述练习的情境及练习方法：**

_____

_____

_____

_____

练习这种正念技能是否影响以下任何一个方面，哪怕只有一点点。

_____减少痛苦 　　　_____增加快乐 　　　_____提升专注力
_____减少反应 　　　_____增加智慧 　　　_____提升体验当下的能力
_____增加联结感 　　_____提升个人认可

**描述这个技能是否让你的头脑变得更清晰：** _____

_____

**描述练习的情境及练习方法：**

_____

_____

练习这种正念技能是否影响以下任何一个方面，哪怕只有一点点。

_____减少痛苦 　　　_____增加快乐 　　　_____提升专注力
_____减少反应 　　　_____增加智慧 　　　_____提升体验当下的能力
_____增加联结感 　　_____提升个人认可

**描述这个技能是否让你变得头脑更清晰：** _____

_____

**列出本周全部符合智慧心念的事：**

_____

_____

# 不评判、专一地做、有效地做的清单

截止日期：_____ 姓名：_____ 开始日期：_____

练习不评判：勾选每次做的练习。

☐☐☐☐ 1. 默默告诉自己，"我心里出现了一个评判的想法"。

☐☐☐☐ 2. 计算自己想评判的次数。

☐☐☐☐ 3. 以不评判的想法和陈述替代评判的想法和陈述。

☐☐☐☐ 4. 注意当你心中涌出想评判时的表情、姿势及语调。

☐☐☐☐ 5. 改变你想评判时的表情、姿势及语调。

☐☐☐☐ 6. 非常具体、不带评判地描述你的一天。

☐☐☐☐ 7. 不带评判地描述一个诱发情绪的事件。

☐☐☐☐ 8. 不加评判地、详细地描述日常生活中特别重要的时刻。

☐☐☐☐ 9. 想象让你生气的那个人，试着去了解他。

☐☐☐☐ 10. 当你感受到评判时，练习浅笑或愿意的手势。

**描述练习的情境及练习方法：**

_____

_____

练习专一地做：勾选每次做的练习。

☐☐☐☐ 11. 泡茶或喝咖啡时保持觉察。

☐☐☐☐ 12. 洗碗时保持觉察。

☐☐☐☐ 13. 手洗衣物时保持觉察。

☐☐☐☐ 14. 打扫房间时保持觉察。

☐☐☐☐ 15. 慢条斯理地洗澡时保持觉察。

☐☐☐☐ 16. 冥想时保持觉察。

**描述练习的情境及练习方法：**

_____

_____

练习有效地做：勾选每次做的练习。

☐☐☐☐ 17. 抛弃一定要做正确的事情的想法。

☐☐☐☐ 18. 放下执念。

☐☐☐☐ 19. 做真正有效的事。

**描述练习的情境及练习方法：**

_____

_____

**列出本周全部符合智慧心念的事：**_____

# 不评判、专一地做、有效地做的记录日历

截止日期：＿＿＿＿＿＿

姓名：＿＿＿＿＿＿ 开始日期：＿＿＿＿＿＿

至少勾选本周练习的两个技能：＿＿＿＿观察 ＿＿＿＿描述 ＿＿＿＿参与

练习时尽量保持觉察与正念，并记录下来。

| 技能名称 | 如何练习这个技能 | 练习时身体的感觉、情绪和想法 | 结束后的感受 |
|---|---|---|---|
| 举例：<br>专一地做 | 我专心地打扫房间。 | 我感觉到衣服柔软的触感，觉得自己正在做一件有用的事，我想起之后需要处理的事情，但是我还是将注意力拉回当下。 | 当我发现我把注意力集中到打扫干净的房间时，我感到很开心。我对练习结果如果得少点满意。我觉得如果会少分心，练习效果会更好。 |
| 星期一 | | | |
| 星期二 | | | |
| 星期三 | | | |

（接下页）

**正念练习单5b**（第2—2页）

| 技能名称 | 如何练习这个技能 | 练习时身体的感觉、情绪和想法 | 结束后的感受 |
|---|---|---|---|
| 星期四 | | | |
| 星期五 | | | |
| 星期六 | | | |
| 星期日 | | | |

列出本周全部符合智慧心念的事：

# 不评判的记录日历

截止日期：_____ 姓名：_____ 开始日期：_____

在不评判的想法或表达出现时，提醒自己。按照下面的方式提问，并记录下来。

| 在练习过程中你是否总是想否是想评判 | 你是否对自己的评判进行计数？具体是多少？ | 如果想替代一个评判的想法或假设，那原来这个评判的想法或假设是什么？ | 替代的想法或假设是什么？ | 自己是如何用不带评判的肢体语言替代带评判的肢体表情或肢体表达的？请描述出来 | 描述你练习之后所发生的改变 |
|---|---|---|---|---|---|
| 举例：有 | 21 | 我男朋友真是个浑蛋，他其实应该来接我。 | 他是真的忘记来接我了，这不是他希望我 | 我做了浅笑且松开拳头。 | |
| 星期一 | | | | | |
| 星期二 | | | | | |
| 星期三 | | | | | |

（接下页）

| 在练习过程中你是否总是想否总是想评判 | 你是否对自己的评判进行计数? 具体是多少? | 如果想替代一个评判的想法或假设，那原来这个评判的想法或假设是什么? | 替代的想法或假设是什么? | 自己是如何用不带评判的肢体语言替代带评判的表情或肢体表达出来的？请描述出来 | 描述你练习之后所发生的改变 |
|---|---|---|---|---|---|
| 星期四 | | | | | |
| 星期五 | | | | | |
| 星期六 | | | | | |
| 星期日 | | | | | |

列出本周全部符合智慧心念的事：

# 正念技能的其他观点
## 练习单

# 慈爱

截止日期：_____  姓名：_____  开始日期：_____

勾选本周你所做的练习，描述两次不同时间所做的练习，如果写不下，可写在练习单背面。

_____对自己_____对所爱之人_____对朋友_____对某个我生气的人
_____对一个难相处的人_____对敌人_____对所有众生  其他：_____

**描述你所说的话**（例如：你送出的祝福）

1. _____
2. _____
3. _____
4. _____
5. _____

练习慈爱是否影响以下任何一个方面，哪怕只有一点点。

_____感觉温暖或被呵护  _____爱  _____悲悯心  _____联结感
_____智慧  _____幸福  _____个人认同感

你变得更有悲悯心的过程：_____

_____

_____对自己  _____对所爱之人  _____对朋友  _____对某个我生气的人
_____对一个难相处的人  _____对敌人  _____对所有众生  其他：_____

**描述你所说的话**（例如：你送出的祝福）

1. _____
2. _____
3. _____
4. _____
5. _____

练习慈爱是否影响以下任何一个方面，哪怕只有一点点。

_____感觉温暖或被呵护  _____爱  _____悲悯心  _____联结感
_____智慧  _____幸福  _____个人认同感

你变得更有悲悯心的过程：_____

_____

**列出本周全部符合智慧心念的事：**_____

_____

# 平衡有为之心与无为之心

截止日期：＿＿＿＿＿＿＿＿ 姓名：＿＿＿＿＿＿＿＿ 开始日期：＿＿＿＿＿＿＿＿

**每天练习智慧心念**：每次练习完，打钩。

☐☐☐☐ 1. 记下并阅读激发正念练习的文字。

☐☐☐☐ 2. 设置智慧心念提醒（例如：闹钟或标语），以提醒自己练习正念技能。

☐☐☐☐ 3. 写下提醒，以提醒自己在重要时刻练习。

☐☐☐☐ 4. 对每日例行活动保持觉察。

☐☐☐☐ 5. 当察觉到快被淹没、疲惫或散乱时，只要聚焦在"当下这一刻"。

☐☐☐☐ 6. 持续观察生活中的每件小事。

☐☐☐☐ 7. 持续观察每天生活中需要完成之事。

☐☐☐☐ 8. 自愿去做应做之事。

☐☐☐☐ 9. 每日做三分钟智慧心念练习，让"有为之心"慢下来。

☐☐☐☐ 10. 其他（请描述）：＿＿＿＿＿＿＿＿＿＿＿＿＿＿＿＿

**描述一个或多个情境，在这个情境之中你可以练习平衡有为之心与无为之心：**

＿＿＿＿＿＿＿＿＿＿＿＿＿＿＿＿＿＿＿＿＿＿＿＿＿＿＿＿＿＿＿＿＿

＿＿＿＿＿＿＿＿＿＿＿＿＿＿＿＿＿＿＿＿＿＿＿＿＿＿＿＿＿＿＿＿＿

于你而言，帮助自己找到智慧心念的练习起到了什么效果？

| 没有效果：<br>我一分钟都坚持不<br>下去，我分心或放<br>弃了。 | 有一点效果：<br>我能够练习智慧心<br>念，并且有点进入<br>智慧心念了。 | 很有效：<br>我进入智慧心念的<br>中心，可以自如地<br>做完需要做的事。 |
|:---:|:---:|:---:|
| 1 　　　 2 | 3 　　　 4 | 5 |

**描述一个或多个情境，在这个情境之中你可以练习平衡有为之心与无为之心：**

＿＿＿＿＿＿＿＿＿＿＿＿＿＿＿＿＿＿＿＿＿＿＿＿＿＿＿＿＿＿＿＿＿

＿＿＿＿＿＿＿＿＿＿＿＿＿＿＿＿＿＿＿＿＿＿＿＿＿＿＿＿＿＿＿＿＿

于你而言，帮助自己找到智慧心念的练习起到了什么效果？

| 没有效果：<br>我一分钟都坚持不<br>下去，我分心或放<br>弃了。 | 有一点效果：<br>我能够练习智慧心<br>念，并且有点进入<br>智慧心念了。 | 很有效：<br>我进入智慧心念的<br>中心，可以自如地<br>做完需要做的事。 |
|:---:|:---:|:---:|
| 1 　　　 2 | 3 　　　 4 | 5 |

**列出本周全部符合智慧心念的事：**＿＿＿＿＿＿＿＿＿＿＿＿＿＿＿＿

＿＿＿＿＿＿＿＿＿＿＿＿＿＿＿＿＿＿＿＿＿＿＿＿＿＿＿＿＿＿＿＿＿

# 有为之心与无为之心的正念记录日历

截止日期：_____　　姓名：_____　　开始日期：_____

当你感觉疲惫、不堪负荷或散乱时，觉察这个时刻，然后将注意力集中在你的感受上。试着将注意力拉回"当下这一刻"，而不是未来或者过去某一刻。用下列问题记录去某一刻。用下列问题记录每个细节。

| 这个感受是什么？ | 此刻你的注意力在哪里？ | 当一次只做一件事时，你的身体感觉到了什么？ | 描述你练习时的感受 | 练习后的你感受如何？ |
|---|---|---|---|---|
| 举例：我真的很讨厌睡前必须洗完很多碗盘。 | 只洗一个盘子。 | 感觉到手臂很放松，双手温热和滑滑的，背部放松。 | 身心轻松，"一个盘子"慢慢消失了。 | "只有一个"，紧张一次这样做并不是难事，但下一次怎么办呢？我必须练习这个技能。 |
| 星期一 | | | | |
| 星期二 | | | | |
| 星期三 | | | | |

（接下页）

**正念练习单7a**（第2—2页）

| 这个感受是什么？ | 此刻你的注意力在哪里？ | 当一次只做一件事时，你的身体感觉到了什么？ | 描述你练习时的感受 | 练习后的你感受如何？ |
|---|---|---|---|---|
| 星期四 | | | | |
| 星期五 | | | | |
| 星期六 | | | | |
| 星期日 | | | | |

列出本周全部符合智慧心念的事：

## 正面活动的正念记录日历

截止日期：　　　　　　　　　姓名：　　　　　　　　　开始日期：

当正面活动发生时，保持清醒与觉察。注意力投放在生活中的每一天及让你觉得愉快的事情上。即便非常短暂，也要试着体验这个时刻。以下列问题为引导，觉察每个细节，并记录下来。

| 这个感受是什么？ | 此刻你注意到自己愉快的感觉了吗？ | 当一次只做一件事时，你的身体感觉到了什么？ | 描述你练习时的感受 | 练习后你的感受如何？ |
|---|---|---|---|---|
| 举例：在绿色湖畔散步时，看到一只鸟。 | 是的。 | 脸部皮肤变亮，肩膀放松，嘴角上扬。 | 身心愉悦、轻松，"这真好""多么可爱的（鸟）叫声""在户外挺好的"。 | 虽然是小事，但是我察觉到了，这让我很高兴。 |
| 星期一 | | | | |
| 星期二 | | | | |
| 星期三 | | | | |

（接下页）

**正念练习单8**（第2—2页）

| 这个感受是什么？ | 此刻你注意到自己愉快的感觉了吗？ | 当一次只做一件事时，你的身体感觉到了什么？ | 描述你练习时的感受 | 练习后你的感受如何？ |
|---|---|---|---|---|
| 星期四 | | | | |
| 星期五 | | | | |
| 星期六 | | | | |
| 星期日 | | | | |

列出本周全部符合智慧心念的事：＿＿＿＿＿＿＿＿＿＿

# 非正面活动的正念记录日历

截止日期：
开始日期：
姓名：

非正面活动发生的当下，保持清醒与觉察。注意力投放在生活中的每一天及让你觉得愉快的事情上。即便非常短暂，也要试着体验这个时刻。以下列问题为引号，觉察每个细节，并记录下来。

| 这个感受是什么？ | 此刻你注意到自己不愉快的感觉了吗？ | 当一次只做一件事时，你的身体感觉到了什么？ | 描述你练习时的感受 | 练习后你的感受如何？ |
| --- | --- | --- | --- | --- |
| 举例：男朋友忘记了我的生日。 | 是的。 | 眼里全是泪，肚子也不舒服，脸深沉、肩膀沉重，感到疲倦。 | 感觉受伤、难过，觉得"他不够关心我才会忘记""他是不是真的要我？""想睡一个大觉。" | 他很健忘，可能需要我的多次提醒。 |
| 星期一 | | | | |
| 星期二 | | | | |
| 星期三 | | | | |

（接下页）

正念练习单9（第2—2页）

| 这个感受是什么？ | 此刻你注意到自己不愉快的感觉了吗？ | 当一次只做一件事时，你的身体感觉到了什么？ | 描述你练习时的感受 | 练习后你的感受如何？ |
|---|---|---|---|---|
| 星期四 | | | | |
| 星期五 | | | | |
| 星期六 | | | | |
| 星期日 | | | | |

列出本周全部符合智慧心念的事：

# 行中庸之道达到智慧心念

截止日期：_____ 姓名：_____ 开始日期：_____

**行中庸之道**：勾选每次你所做的练习。

**平衡地做：**

☐☐☐☐ 1. 平衡理性心念和情绪心念来达到智慧心念。

☐☐☐☐ 2. 平衡有为之心和无为之心来达到智慧心念。

☐☐☐☐ 3. 平衡全然接纳和想改变当下这一刻来达到智慧心念。

☐☐☐☐ 4. 平衡放下自我欲求和放纵自我欲求来达到智慧心念。

☐☐☐☐ 5. 其他：_____

**行中庸之道**：描述一个或多个情境，在这个情境中你可以练习行中庸之道。

_____

_____

这个练习对行中庸之道有多大效果？

| 没有效果： | 有一点效果： | 很有效： |
|---|---|---|
| 我一分钟都坚持不下去，我分心或放弃了。 | 我能够练习智慧心念，并且有点进入智慧心念了。 | 我进入智慧心念的中心，可以自如地做完需要做的事。 |

　　1　　　　　2　　　　　3　　　　　4　　　　　5

**行中庸之道**：描述一个或多个情境，在这个情境中你可以练习行中庸之道。

_____

_____

这个练习对行中庸之道有多大效果？

| 没有效果： | 有一点效果： | 很有效： |
|---|---|---|
| 我一分钟都坚持不下去，我分心或放弃了。 | 我能够练习智慧心念，并且有点进入智慧心念了。 | 我进入智慧心念的中心，可以自如地做完需要做的事。 |

　　1　　　　　2　　　　　3　　　　　4　　　　　5

**列出本周全部符合智慧心念的事：**_____

_____

# 中庸之道的分析

截止日期：_____　　姓名：_____　　开始日期：_____

1. **找出自己偏离中庸的地方。** 审视下面的智慧心念困境，看看自己大部分时间处于哪种状态，然后用X标记一下。如果你认为自己达到了平衡，可以将X标记在线的中间；如果你认为自己失去了平衡，将X标记在相应末端。

理性心念　◄————————△————————►　情绪心念

有为之心　◄————————△————————►　无为之心

想要改变这个时刻　◄————————△————————►　全然接纳存在的
的强烈渴望　　　　　　　　　　　　　　　　　　这个时刻

放下自我欲求　◄————————△————————►　放纵自我欲求

2. 选择一个困境。写下做得太多的部分和做得太少的部分。

| 太多 | 太少 |
|---|---|
| ＿＿＿＿＿ | ＿＿＿＿＿ |
| ＿＿＿＿＿ | ＿＿＿＿＿ |
| ＿＿＿＿＿ | ＿＿＿＿＿ |

3. **核对事实。** 确保以上你所列出的都是符合事实的。确认你执行的是自己而非其他人的中庸之道。不要评判，避免好、坏和其他评判性言语。如有需要，重新写下任何符合事实和不评判的陈述。

4. **决定一个（或最多两个）在接下来两星期要做的某项事情，以便更接近平衡。**

| 少做 | 多做 |
|---|---|
| ＿＿＿＿＿ | ＿＿＿＿＿ |
| ＿＿＿＿＿ | ＿＿＿＿＿ |
| ＿＿＿＿＿ | ＿＿＿＿＿ |

5. 描述上星期你做了什么：_____

6. 用评分检视这个练习是否可以有效地帮助你达到中庸之道？

   评分从1（完全没帮助）到5（非常有效，真的有帮助）：_____

   **列出本周全部符合智慧心念的事：** _____

# 行中庸之道的记录日历

截止日期：＿＿＿＿＿＿＿　　姓名：＿＿＿＿＿＿＿　　开始日期：＿＿＿＿＿＿＿

| 日期 | 描述介于两者之间的张力 | | 仔细描述你的对策 |
|---|---|---|---|
| | 拉向一侧 | 拉向相反一侧 | |
| 举例：修房子 | 每天都对房子进行多方面修缮，十分忙碌 | 在家看电视、吃冰激凌，完全不管房子的事情。 | 我决定每天对房子做一个小的修缮，每周对房子做一个中等规模的修缮。我也打算每天至少一个小时不去想和房子有关的事情，做让自己开心的事情。 |
| 星期一 | | | |
| 星期二 | | | |
| 星期三 | | | |

（接下页）

**正念练习单10b**（第2-2页）

| 日期 | 描述介于两者之间的张力 | | 仔细描述你的对策 |
| --- | --- | --- | --- |
| | 拉向一侧 | 拉向相反一侧 | |
| 星期四 | | | |
| 星期五 | | | |
| 星期六 | | | |
| 星期日 | | | |

列出本周全部符合智慧心念的事：

# 人际效能技能

## 讲义及练习单介绍

人际效能技能有助于新关系的建立和增强及冲突的应对和处理，并且有效地对别人提出要求、有效地对别人说"不"。DBT 的人际效能技能除了探讨人际效能目标、阻碍人际效能因素之外，还有三大重点部分。第一部分侧重于"巧妙地达成目标"，即如何不伤害关系还可以优雅地从别人那里获得想要之物。第二部分是"建立关系与结束伤害性关系"，侧重于关系的拓展和维系，以及如何结束伤害性关系。第三部分包括"行中庸之道"的技能，这个模块侧重于在"接纳"和"改变"之间寻找平衡。

### 目标与阻碍因素

·人际效能讲义 1：人际效能技能的目标。本讲义概括了人际效能技能的三个重要目标，目的在于帮助你得到心仪之物。

·人际效能练习单 1：使用人际效能技能的利弊。练习单有助于自己决定是否运用人际技能，而不是强行取得自己想要的，或者干脆放弃、让步。

·人际效能讲义 2：阻碍人际效能的因素。缺乏技能，只会影响你与他人的相处。本讲义不只对前段人际效能模块有帮助，也在后段协助你排除练习的困难，可与人际效能练习单 7：解决人际效能技能中的难题及人际效能讲义 9：疑难解答——当你的努力无效时一起使用。这两份练习单都是从人际效能讲义 2 延伸而来。

· 人际效能讲义 2a：阻碍人际效能的误解。本讲义主要讨论妨碍人际效能技能的想法和信念。可以搭配人际效能练习单 2：挑战阻碍人际效能的误解使用。

## 巧妙地达成目标

· 人际效能讲义 3：概论——巧妙地达成目标。本讲义概括了此部分的所有技能。

· 人际效能讲义 4：澄清人际情境中的目标。弄清自己的目标是首要也是最重要的人际技能。这个技能的根本任务是搞清楚：(1) 在任何人际情境中，你究竟想要什么；以及（2）维持正面关系及（3）维持自尊相比较起来，你究竟想要什么。技能的使用建立在这三个目标之上。可将本讲义与人际效能练习单 3：澄清人际情境中的优先顺序一起使用。在练习单中，成员可使用正念"是什么"技能来描述"诱发事件"。

· 人际效能讲义 5：目标效能的准则——如你所愿（DEAR MAN）。本讲义主要讲述要求某事、拒绝他人的要求、抵抗压力、坚持自己的观点的技能。技能包括：描述情境 [（stay）Describe]、表达感受（Express）、明确态度（Assert）、强化对方（Reinforce），以及保持正念（Mindful）、表现自信（Appear confident）以及协商妥协（Negotiate）。你可以用 DEAR MAN 这个词来方便记忆。有两个练习单可与本节讲义并用。

· 人际效能练习单 4：写下人际效能的脚本。这份练习单可有效指出在运用 DEAR MAN 技能之前的注意事项。注意，要先写下你的目标、关系和自尊，也可使用 GIVE 和 FAST 技能（如下）。

· 人际效能练习单 5：追踪人际效能技能的使用。这份练习单可用来记录使用社交技能的成效。写下你的优先顺序，并问自己先后顺序是否会产生冲突。最后，记录目标是否达成、在这个互动之后如何影响到关系，以及你的自尊。这份练习单可与 DEAR MAN、GIVE 和 FAST 技能并用。

· **人际效能讲义 5a：在困难的人际互动中使用 DEAR MAN 技能。**本讲义提供一些实际会发生的互动场景做例子，比如，他人也有非常好的人际技能，多次拒绝了你合理合法的要求，或者对方不断让你做自己不想做的事。可与人际效能练习单 4、5 一起使用。

· **人际效能讲义 6：关系效能的准则——维持关系（GIVE）。**人际效能技能的目的在于维持或改善你和他人的关系，从互动中得到自己想要的。可以用 GIVE 这个词记住这些技能，包括：保持温和［(be) Gentle］、表现出兴趣［(act) Interested］、认可他人（Validate）和态度轻松［(use an) Easymanner］。可与人际效能练习单 4、5 并用。

· **人际效能讲义 6a：认可的方式。**本讲义列出六种不同的认可方式（人际效能讲义 17、18 对认可有更多描述），可与人际效能练习单 4、5 并用。

· **人际效能讲义 7：自尊效能的准则——尊重自己（FAST）。**自尊效能技能有助于改善你的自尊，在关系中获得自己想要的。FAST 意即：公平对待［(be) Fair］、不过度道歉［(no) Apologies］、坚守价值观（Stick to values），以及保持真诚［(be) Truthful］。可与人际效能练习单 4、5 并用。

· **人际效能讲义 8：评估你的选择——要求或拒绝的强度。**在要求或拒绝别人之前，先考虑要不要答应及表达的强度。本讲义列出做决定时需要考虑的因素。可以搭配**人际效能练习单 6：分钱游戏——弄清楚要求或拒绝的强度**使用，从而找出你在特定情境中的最佳选择。

· **人际效能讲义 9：疑难解答——当你的努力无效时。**达不到目标，与许多因素有关。只要找到问题，解决起来就不是难题，且多半可用更有效的方式达成。本讲义借助问题来评估导致人际效能降低的因素，可搭配**人际效能练习单 7：解决人际效能技能中的难题**使用。

## 建立关系与结束伤害性关系

· **人际效能讲义 10：概论——建立关系与结束伤害性关系**。本讲义简要概述人际效能模块中该部分的技能。

· **人际效能讲义 11：寻找朋友并让他们喜欢你**。寻找潜在的朋友并让他们喜欢你，通常需要付出积极的努力。本讲义总结了去哪里找和怎么找到朋友。可以将结果记录在**人际效能练习单 8：寻找朋友并让他们喜欢你**。

· **人际效能讲义 11a：明确寻找朋友并让他们喜欢你的技能**。本讲义是简短的多项选择题，来选出适合人际效能讲义 11 的选项。

· **人际效能讲义 12：对他人正念**。当我们对其他人正念，友谊较容易建立和持久。记得在之前的正念模块中，有三个核心的"是什么"技能（观察、描述与参与）。可同时运用**人际效能练习单 9：对他人正念**记录练习的过程。

· **人际效能讲义 12a：明确对他人正念的技能**。本讲义是简短的多项选择题，找出将正念用在人际关系上的选项。

· **人际效能讲义 13：结束关系**。本讲义说明带着正念（智慧心念）、情绪调节（问题解决、提前应对、相反行为）和人际效能（如你所愿、维持关系、尊重自己）技能模块来结束关系。其中一项新技能是在结束受虐待或威胁生命的关系时，需要将安全放在首位。如果你正在考虑结束一段关系，使用**人际效能练习单 10：结束关系**来衡量这些因素，并去计划使用这三项核心技能。本讲义可与人际效能练习单 1 并用。

· **人际效能讲义 13a：明确如何结束关系**。本讲义是简短的多项选择题，以找出如何结束关系。


## 行中庸之道

· **人际效能讲义 14：概论——行中庸之道**。本讲义简短概括这些技能：辩证、认可和行为改变策略。这些技能可以有效地协助自己及处理你的人际关系。

· **人际效能讲义 15：辩证**。辩证的观点相当重要，可协助我们行中庸之道，减少孤立感、冲突和对立。本讲义提供基本的辩证观点。

· **人际效能讲义 16：如何辩证地思考与行动**。这是人际效能讲义 15 的延伸，也提供一些关于运用辩证去思考与行动的例子。有三种不同形式的练习单方便记录辩证的练习状况。

· **人际效能练习单 11：练习辩证；人际效能练习单 11a：辩证清单；以及人际效能练习单 11b：注意到自己不辩证的时刻**，可与人际效能讲义 16 并用。练习单 11 提供记录一周内两次的练习；练习单 11a 提供多重技能进行多重练习；练习单 11b 可协助提高对辩证的觉察，以及觉察若不辩证的后果。

· **人际效能讲义 16a：两极端可能都正确**。辩证告诉我们世界上的事情都有对立的两面，而往往看似对立的两面其实都是对的。本讲义列出一些例子供参考。

· **人际效能讲义 16b：需要平衡的重要的两极端**。本讲义列出了从两极中保持平衡的生活模式。

· **人际效能讲义 16c：找出辩证思维**。本讲义是简短的多项选择题，用以确认最具辩证的反应。

· **人际效能讲义 17：认可**。与人建立信任关系时，重要的是要认可他人的感受、信念、体验和行动，本讲义回顾了认可的定义、认可最重要的东西及需记住的重点。

· **人际效能讲义 18："如何"认可的准则**。本讲义提出六个层次的认可，每个层次皆有举例。可搭配人际效能练习单 12：认可他人使用。

· **人际效能讲义 18a：找出认可技能**。本讲义是针对认可的多项选择题。

· **人际效能讲义 19：从不被认可中恢复**。不被认可会给人带来帮助和伤害，但通常是后者。本讲义列出了不被别人认可时的有效回应的方法。可搭配人际效能练习单 13：自我认可与自尊使用。

·人际效能讲义 19a：找出自我认可的地方。本讲义是针对不被认可时的反应的多项选择题。

·人际效能讲义 20：提升期望行为可能性的策略。本讲义介绍了卓有成效的方法来增加你想要自己或别人做到的行为：行为强化和新行为的塑造。若要有效达成行为改变，就要学习这些方法并采取行动。可以搭配人际效能练习单 14：通过强化来改变行为使用。

·人际效能讲义 21：减少或停止不想要的行为的策略。本讲义描述了减少或停止不想要的行为的策略：削弱（extinction）、饱和（satiation）和惩罚（punishment）。可以搭配人际效能练习单 15：通过削弱或惩罚来改变行为使用。

·人际效能讲义 22：有效使用行为改变策略的建议。每个策略都会导致不同的后果。本讲义阐述了选择策略和实施后果的重要议题。

·人际效能讲义 22a：找出有效的行为改变策略。本讲义是针对行为改变策略的多项选择题。

# 人际效能讲义
## 目标与阻碍因素讲义

# 人际效能技能的目标

## 巧妙地得到自己想要及需要的

☐ 让别人做你想让他们做的事情。

☐ 让别人认真对待你的观点。

☐ 有效拒绝不想接纳的要求。

☐ 其他：＿＿＿＿＿＿＿＿＿＿＿＿＿＿＿＿＿＿＿

## 建立关系与结束伤害性关系

☐ 加强目前的关系。

    ☐ 不要让伤害或问题扩大化。

    ☐ 使用人际效能技能阻止问题发生。

    ☐ 在需要的时候修复你的人际关系。

    ☐ 在冲突击垮你之前，先解决它。

☐ 寻找和建立新的人际关系。

☐ 终止无效的人际关系。

☐ 其他：＿＿＿＿＿＿＿＿＿＿＿＿＿＿＿＿＿＿＿

## 行中庸之道

☐ 创造和维持关系的平衡。

☐ 在关系中平衡接纳和改变。

☐ 其他：＿＿＿＿＿＿＿＿＿＿＿＿＿＿＿＿＿＿＿

# 阻碍人际效能的因素

☐ 你缺乏应有的人际技能

## 你不知道自己要什么

☐ 你有技能，但是不知道真正想从别人那里获得什么。

☐ 你无法平衡自己的需求和别人的需求。

    ☐ 要求太多或是什么都不要。

    ☐ 对一切说"不"或是对一切有求必应。

## 你的情绪干扰你的表现

☐ 你练习过技能，但你被情绪（愤怒、骄傲、轻视、恐惧、羞愧、内疚）控制了。

## 你忘记长期目标，只想到短期目标

☐ 你将当下的需求放在第一位，将长期目标放在第二位，你没有考虑未来。

## 其他因素阻碍你

☐ 你练习过技能，但其他因素干扰了你。

☐ 别人比你更有权力。

☐ 你得到了自己想要的，其他人可能因此感到被威胁或不喜欢你。

☐ 其他人可能不愿意遵从你的指令，除非你牺牲点自尊。

## 你的想法和观念阻碍你

☐ 如果提出要求或者拒绝他人，你担心有负面后果，这会阻碍你的有效行动。

☐ "我不配得到我想要的"，这种想法阻碍了你的前行。

☐ "其他人不配得到他们想要的"，这种想法让你做事效率低下。

# 阻碍人际效能的误解

## 阻碍目标效能的误解

☐ 1. 我不配得到我想要或需要的东西。

☐ 2. 提出请求代表我是一个软弱的人。

☐ 3. 在提出请求之前，我必须确定这个人会同意我的要求。

☐ 4. 我无法忍受提出请求或拒绝别人的时候对方对我生气。

☐ 5. 别人的拒绝会击垮我。

☐ 6. 向别人提出请求，让我感觉太自以为是（坏、自我为中心、自私……）。

☐ 7. 拒绝别人的请求，让我感觉很自私。

☐ 8. 我愿意牺牲自己满足别人。

☐ 9. 如果无法搞定一切，我会觉得自己无能。

☐ 10. 我自己想多了，如果能换个角度想，就不用麻烦别人了。

☐ 11. 得不到自己想要的，没关系，我一点都不在意。

☐ 12. 使用技能是软弱的表现。

　　其他误解：＿＿＿＿＿＿＿＿＿＿＿＿＿＿＿＿＿＿＿＿

　　其他误解：＿＿＿＿＿＿＿＿＿＿＿＿＿＿＿＿＿＿＿＿

## 阻碍关系和自尊效能的误解

☐ 13. 我不应该提出请求或拒绝别人；别人应该明白我想要什么（并去做）。

☐ 14. 他们本应知道这么做我很伤心的；我不需要告诉他们。

☐ 15. 我不应该为了得到我想要的而去争取或努力。

☐ 16. 别人应该满足我的需求，甚至做更多。

☐ 17. 其他人必须喜欢我、赞同我、支持我。

☐ 18. 他们不配我去使用技能，也配不上我对他们的好。

☐ 19. 于我而言，心中所想被满足是最重要的。

☐ 20. 如果别人不能公正、善良、礼貌、尊重地对待我，我也不会这样对待他们。

☐ 21. 复仇让我感觉特别舒服，任何负面影响都是值得的。

☐ 22. 只有懦夫才谈价值观。

☐ 23. 人人都在说谎。

☐ 24. 得到我想要的比我如何得到它更重要；只要目的正确，可以不择手段。

　　其他误解：＿＿＿＿＿＿＿＿＿＿＿＿＿＿＿＿＿＿＿＿

　　其他误解：＿＿＿＿＿＿＿＿＿＿＿＿＿＿＿＿＿＿＿＿

# 巧妙地达成目标
## 讲义

# 概论——巧妙地达成目标

---

### 澄清优先顺序

以下各项对你来说有多重要:

你想要什么? / 实现目标?

维持关系?

维持你的自尊?

---

### 目标效能: 如你所愿(DEAR MAN)

有效地维护你的权利和期望。

---

### 关系效能: 维持关系(GIVE)

竭尽所能让自己和他人都满意。

---

### 自尊效能: 尊重自己(FAST)

采取行动维持自尊。

---

### 考虑的因素

当你想提出要求或拒绝时,态度要坚定。

---

# 澄清人际情境中的目标

## 目标效能：从别人那里得到你想要的

- 获得合理权益。
- 要求别人满足自己的需求。
- 拒绝无理要求。
- 解决人际冲突。
- 要求别人认真看待自己的意见或观点。

### 问自己

1. 我想从中得到什么具体结果或改变？
2. 我要怎么做才能得到想要的结果？办法可行吗？

## 关系效能：维持和改善关系

- 好好表现，以便赢得对方的喜欢与尊重。
- 平衡短期目标及长期目标。
- 维持你在意的关系。

### 问自己

1. 在这次互动之后，我希望其他人怎么看待我（是否是我希望看到的结果或改变）？
2. 我要怎么做才能获得（或维持）这个关系？

## 自尊效能：维持或提升自尊

- 尊重自己的价值观和信念。
- 做符合自己道德观的行为。
- 做体现自己能力和效率的事情。

### 问自己

1. 在这次互动之后，我希望自己怎样看待自己（是否是我希望看到的结果或改变）？
2. 我要怎么做才能这样看待自己？行得通吗？

## 目标效能的准则——如你所愿（DEAR MAN）

DEAR MAN这个词可以帮助你记忆：

描述情境（**D**escribe）

表达感受（**E**xpress）

明确态度（**A**ssert）

强化对方（**R**einforce）

保持正念（**M**indful）

表现自信（**A**ppear Confident）

协商妥协（**N**egotiate）

**D**escribe
**描述情境**

（如果需要）描述当下的**情境**，要忠于事实。告诉对方何物引发了你的反应。
例如："你说晚饭时你会回家，但你晚上十一点才回来。"

**E**xpress
**表达感受**

表达自己的**感受和意见**。
不要假设别人知道你的感受。
例如："这么晚才回家，我很担心的。"
用"我想要"取代"你应该"，用"我不想要"取代"你不应该"。

**A**ssert
**明确态度**

清晰表达出自己想要的和想拒绝的事情。
不要假设别人知道你所想。
没有人会读心术。
例如："如果晚回家，我希望你可以提前告诉我一声。"

**R**einforce
**强化对方**

告知对方，如果对方依照自己想要的或需要的去做，所产生的正面效果，将会强化奖励对方。如有必要，也可以告知对方，不按此法做的后果。
例如："如果你这样做，我会觉得很放心、很轻松。"
记得在事后给予奖励。

（接下页）

（stay）
# Mindful
**保持正念**

把注意力**放在目标上**。

保持观点，切勿分心，切勿跑题。

"唱片跳针"法：再三要求或拒绝，反复表达你的意见。

一次又一次地"回放"。

忽视攻击：如果对方攻击你、威胁你或改变主题，忽略即可。

忽略那些威胁、评论或让你分心的事情。

不回应攻击，拒绝分心。

继续表达你的观点。

例如："我还是很希望接到你的电话的。"

# Appear confident
**表现自信**

表现出**自己的效率和能力**。

表现出自信的语调、举止言行，适度的眼神接触。

不要结巴、低声下气、盯着地板、退缩。

切勿说："我不确定……"

# Negotiate
**协商妥协**

**愿意舍得（有舍才有得）。**

用替代方案解决问题。

降低要求。

拒绝对方，但提出替代方法。

着眼于可行性。

例如："如果你觉得自己会晚回家，短信告诉我可以吗？"

扭转局面：将问题抛给对方。

询问替代方案。

例如："你觉得应该怎么办？我就是担心你（或我不愿意）。"

其他想法：
_____
_____
_____
_____
_____
_____

# 在困难的人际互动中使用DEAR MAN 技能

为了扭转困难的人际交往情境，要立刻关注他人的行为技能。

当对方技能高超，你的合理要求被再三拒绝，或者对方不断让你做自己不想做的事时——

## 运用DEAR MAN技能

1. **描述目前的互动**。如果"唱片跳针"或"忽视攻击"行不通，可以陈述你和对方面临的处境，但不要去猜测。

   **举例**："尽管我已经说了好几次'不要'，你还是不停地问我。"或"这个月轮到你洗碗了，总是一直提醒你让我感觉很累。"

   **不要说**："显然，你没有听到我在说什么。""你就是不在乎我。""对你来说，我说什么好像都无关紧要。"或"你是觉得我很笨吧。"

2. **表达自己的感受或看法**。例如，在沟通不畅时，表达你的不适感。

   **举例**："很抱歉，你所说的我做不到，而且我发现无法跟你继续沟通。""目前的状况我真的无能为力，再沟通下去我会受不了的，我真的有点生气。"或"你说这对你而言很重要，我不确定。"

   **不要说**："我恨你。""每次讨论到这个问题你就很敏感。""不要跟我说什么人情世故。"

3. **提出自己的要求**。当有人总是纠缠你，你可以要求他停止。当有人拒绝你的要求，你可以建议暂停谈话，让对方有思考时间。

   **举例**："请不要再问我了，我的答案不会改变。""好，今天到此为止吧，明天再继续。""我们都先冷静一下，以后再找时间讨论。"

   **不要说**："你给我闭嘴。""你应该这么做的。""你应该冷静下来，做该做的事情。"

4. **强化对方**。当你已经拒绝但对方还是纠缠不清，或某人不认真对待你的意见而你仍旧坚持自己的看法时，就需要终止对话。当你试图让别人为你做一些事时，可以表明完成后会有什么好处。

   **举例**："我还是那个观点，我们先停止讨论吧，如果再这么讨论下去，可能大家都会觉得不开心。"或"好，我知道你不愿意做这个项目，那我们来看看有没有什么折中的方案。"

   **不要说**："如果你不愿意做这件事，以后你的事我也不会管的。""如果你还继续不停地问我，我就把你的嘴粘住。"或"天啊！你一定是觉得麻烦才不做这件事／才叫我做这件事。"

# 关系效能的准则——维持关系（GIVE）

单词GIVE可以帮助你记住这些技能：

> 保持温和（**G**entle）
> 表现出兴趣（**I**nterested）
> 认可他人（**V**alidate）
> 态度轻松（**E**asy manner）

（Be）
**G**entle
**保持温和**

态度温和恭敬。

**不攻击**：不要口头或肢体攻击，不诉诸武力或握紧拳头。用言语有理有节地表达自己的愤怒。

**不威胁**：当无法得到想要之物时，需要描述当时痛苦的心情，描述时尽量公正不夸大。
不要让人感觉你在操纵他，话语中不要暗含威胁。
不要说"如果你不……我马上去死"。
允许别人说"不"，即使感觉很痛苦还是保持对话。优雅地结束对话。

**不评判**：不要上升到道德层面，不要说"如果你是好人，你应该会……"。
不要暗中指责，不要说"你应该""你不应该……"。

**不鄙视**：不要假笑、翻白眼、咬牙切齿，不要掉头就走。
不要说"傻瓜，那有什么好难过的""你说什么都和我没关系"。

（Act）
**I**nterested
**表现出兴趣**

**倾听**并表现出兴趣。
聆听他人的观点。
面对面交流、保持眼神接触、保持肢体上的近距离，不要打断对话或抢话。
能敏锐地感觉出对方现在想暂停。那就耐心等待。

**V**alidate
**认可他人**

以**语言和行动**来表达你对对方的理解。从对方的角度看问题，然后再将之说出来。"我知道，对于你来说这样做很难，而且……""我看得出来你很忙，而且……"
当别人不喜欢在公开场所讨论时，可以用私下讨论的方式。

（use an）
**E**asy manner
**态度轻松**

带着幽默。
保持**浅笑**，让对方感觉轻松自在。保持愉悦，嘴巴甜一点。
身段柔软一点，方法灵活一点。
不要太坚持己见。

其他想法：

# 认可的方式

1. ☐ 关注对方：　　　　带着兴趣而非空洞地关心他人，切勿一心多用。

2. ☐ 反馈：　　　　　　要真正理解对方的意思，然后不带评判地进行反馈。

3. ☐ 读心术：　　　　　敏锐地体察出对方的暗含之意，注意对方的脸部表情、肢体语言，确认你已经了解对方的意思。
用语言或行动来表达出你的理解。要确认你的理解的正确性。

4. ☐ 了解对方：　　　　通过对对方经历、当下情境及／或目前的身心状态的了解，找出对方有这样的感觉、想法或行为的原因。

5. ☐ 承认合理的部分：　每个人的想法、行为都是符合事实或合乎逻辑的，对此要理解并加以肯定。

6. ☐ 显示平等：　　　　做你自己！不要对另一个人表现出"高高在上"或是"低人一等"。平等待人，不要将别人看作脆弱的或无能的。

# 自尊效能的准则——尊重自己（FAST）

单词**FAST**可以帮助你记住这些技能：

公平对待（**F**air）

不过度道歉（**A**pologies）

坚守价值观（**S**tick to values）

保持真诚（**T**ruthful）

（Be）

公平待人及律己。

**F**air
**公平对待**

认可自己的感受与期待，如同认可他人。

（No）

不要总是道歉。

**A**pologies
**不过度道歉**

不羞愧于提要求。不要为自己提出不同意见或表示反对而感到抱歉。

不面含羞愧，不卑躬屈膝。

不否定自己。

**S**tick to values
**坚守价值观**

坚持自己的价值观。

不要因为觉得自己不重要而出卖自己的价值观或尊严。

厘清你认为有道德观及有价值的想法和行为方式，并坚持你的立场。

（Be）

不要说谎、不假装可怜（当你有能力时）。

**T**ruthful
**保持真诚**

不要夸大或编借口。

其他想法： _____

_____

_____

## 评估你的选择——要求或拒绝的强度

在提出要求或拒绝对他人之前，你要决定坚持自身立场的愿望有多强烈。强度从"**非常低**"（比较随意且可以接纳现状）开始，直到"**非常高**"（尽一切努力去改变现状并获得自己想要的）。

**选项**

**低强度（放下，让步）**

| 要求 | | 拒绝 |
|---|---|---|
| 不要求，不暗示。 | 1 | 对方还没要求，就先照对方的意思做。 |
| 间接地暗示，接受拒绝。 | 2 | 不抱怨，乐意去做。 |
| 公开地暗示，接受拒绝。 | 3 | 即使不乐意，也去做。 |
| 委婉地要求，接受拒绝。 | 4 | 去做，但表现出你的不情愿。 |
| 优雅地要求，接受拒绝。 | 5 | 虽然说了不愿去做，但做了就会做好。 |
| 自信地要求，接受拒绝。 | 6 | 自信地拒绝，但愿意再考虑考虑。 |
| 自信地要求，不接受拒绝。 | 7 | 自信地拒绝，坚持不同意。 |
| 坚定地要求，不接受拒绝。 | 8 | 坚定地拒绝，坚持不同意。 |
| 坚定地要求；坚持；协商；不断尝试。 | 9 | 坚定地拒绝；坚持；协商；不断尝试。 |
| 提出要求，绝不接受拒绝。 | 10 | 绝对不做。 |

**高强度（态度坚决）**

## 做决定时需要考虑的因素

响应或拒绝他人要求的强度时，要考虑如下因素：

1. 对方或自己的**能力**。

2. 心目中的**优先顺序**。

3. 你的行为对**自尊**的影响。

4. 你或对方在道德或法律上的**权利**。

5. 你的**权限**是否超过对方（或对方有没有大过你）。

6. 你和对方的**关系**类型。

7. 你的行为对**长期目标或短期目标**的影响。

8. 在你们的关系中**给予与索取**的比例。

9. 行动之前，你有没有做好**事前准备工作**。

10. 提出要求或拒绝的**时机**。

1. 能力：
- 对方能提供你想要的吗？如果能，增加要求的强度。
- 你能提供对方想要的吗？如果不能，增加拒绝的强度。

2. 优先顺序：
- 你的目标至关重要吗？如果是，增加要求的强度。
- 你们的关系是否不稳固？如果是，考虑降低强度。

3. 自尊：
- 你的自尊是否受到威胁？强度要符合你的价值观。
- 你是否为自己做过什么？如果不是真的无助，就不要表现出无助的样子。如果是，增加要求的强度。
- 就算你已经认真考虑过了，你还是觉得表达拒绝会让你感到不舒服吗？如果不会，增加拒绝的强度。

4. 权利：
- 对方在法律上或道德上是否应该提供你想要的？如果是，增加要求的强度。
- 对方是否原本就有提出这项要求的权利？你的"拒绝"会侵犯他人的权利吗？如果不会，增加拒绝的强度。

5. 权限：
- 你是否有责任告诉对方应该做什么？如果是，增加要求的强度。
- 对方权限比我大吗？（如：老板、老师）对方有权限要求我吗？如果没有，增加拒绝的强度。

（接下页）

**6. 关系:**

· 你觉得自己想要的对于当前的关系来说适当吗？如果是，增加要求的强度。

· 对方的要求对你们当前的关系来说适当吗？如果否，增加拒绝的强度。

**7. 长期与短期目标:**

· 现在不说出来虽然也没关系，但可能以后会有麻烦？如果是，增加要求的强度。

· 让步是否只能暂时求得眼前安宁，却可能制造更大的麻烦？以后我会不会后悔拒绝？如果不会，增加拒绝的强度。

**8. 给予与索取:**

· 你为对方做了什么？你给予的是否至少和索取的一样多？如果对方要求，你是否愿意给予？如果是，增加要求的强度。

· 你是否接受过对方的帮助？他或她是否为你做了很多？如果否，增加拒绝的强度。

**9. 事前准备工作:**

· 你完成事前准备工作了吗？你是否清楚所有与提出请求或拒绝的相关事实？你是否对你想要的很清楚？如果是，增加要求的强度。

· 对方的要求清晰吗？你是否知道你将同意什么？如果否，增加拒绝的强度。

**10. 时机:**

· 这是一个提出请求的好时机吗？对方现在可以专心听你说吗？你是否把握住了时机？如果是，增加要求的强度。

· 这是一个表达拒绝的不当时机吗？你需要立刻回答吗？如果不是，增加拒绝的强度。

其他想法: _____

_____

_____

_____

# 疑难解答——当你的努力无效时

**1**

我有需要的技能吗？按照下面的指导语检查：

回顾尝试过的技能。

- 我知道如何运用技能获得我想要的东西吗？
- 我知道如何表达我想说的话吗？
- 我是否确实按照技能练习过？

**2**

我很清楚这次互动中我真正想要的是什么吗？

问自己：

- 我是否不太清楚自己这次互动中真正想要什么？
- 我尚未确定自己的优先顺序吗？
- 我无法平衡：
  - 要求太多或是什么都不要求？
  - 对一切说"不"或是对一切有求必应？
- 恐惧或羞愧阻碍了我去了解自己真正想要什么吗？

**3**

我的短期目标有阻碍长期目标的实现吗？

问自己：

- 与"真正想要的"相比，"现在、马上、一定"更重要吗？
- 我是被情绪心念而非智慧心念掌控了吗？

**4**

我的情绪干扰了我的技能运用吗？

问自己：

- 是否因太沮丧以致影响到技能的运用？
- 是否因情绪太高涨以至于超过我的技能崩溃点？

---

**5**

担忧、假设及误解给我造成了干扰吗？

问自己：

- 是否因不良后果的担心阻碍了我的行动？
  "他们不会喜欢我。" "他/她会觉得我很笨。"
- "自己不配"的想法是否使得我不想使用技能？
  "我太糟糕，所以不配得到这一切。"
- "我不可能做到啦！" "我真的会崩溃" "我好笨！"等，
  这些看法是否让我无法做任何事情？
- 我对人际效能有误解吗？
  "如果我总是请求帮助，表示我是个非常软弱的人。"
  "只有懦夫才谈价值观。"

---

**6**

社会环境是否比我的技能强大？

问自己：

- 我想要的或需要的东西在别人手里，是因为他们过于强势吗？
- 对我发号施令的人更有决定权吗？
- 其他人会因为我不顾一切获取而感到被威胁吗？
- 其他人会因为我不顾一切获取而不喜欢我吗？

---

**7**

**其他想法：**

# 建立关系与结束伤害性关系
## 讲义

# 概论——建立关系与结束伤害性关系

---

### 寻找朋友并让他们喜欢你

接近性、相似性、谈话技能、表达喜欢以及加入团体。

---

### 对他人的正念

使用正念技能，建立亲密关系。

---

### 结束关系

保持智慧心念。

使用技能。

注意安全。

---

# 寻找朋友并让他们喜欢你

---

### 记住：所有人都有可爱的一面。

但是找到朋友需要你的努力。

---

### 发现在你身边的人

好感或者喜欢通常源于熟悉感。

如果想让大家互相喜欢，你要常常出现在对方的朋友圈，这样他们可以看到你。很多人的朋友，都是来源于同学、社团成员、同事，或是常常去同一个地方的人。

---

### 寻找与你相似的人

朋友往往是与我们谈得来的人。

虽然总是跟别人的观点保持一致并不会让你更具吸引力，但是很多人依然对跟自己有相同兴趣或态度（如政治理念、生活风格、道德观等）的人怀有兴趣，因为可以互相分享。

---

### 使用你的谈话技能

**提问并响应问题**：回应时应该说得多一点，比别人问得多一点。

**闲聊寒暄**：不要小看闲聊的价值。

**技能性地自我揭露**：对方自我剖析到什么程度，自己就剖析到什么程度。

**不要打断别人的话**：当对方开始一个话题，或者刚结束讲述，不要马上抛出新话题。

**学习新事物以增加聊天的话题**：多跟人交流，多看书，增加自己的体验和经历。

---

### 有选择地表达喜欢

我们会喜欢上那些看上去好像喜欢我们的人。

我们喜欢谁，可以表现出来，但不要巴结或者卑躬屈膝。即使对方的优点只有一点点，也可以加以称赞，只要不是太过就好，但不要期望从中获益。

（接下页）

## 加入正在进行对话的团体

**如果我们一直在等待别人主动靠近，那可能永远也交不到朋友。**

有时我们在交朋友时必须首先迈出第一步，这通常需要我们知道如何判断一个群体是开放的还是封闭的，如果是开放的，学习如何接近并加入一个已经在进行的团体。

## 如何分辨开放团体或封闭团体

开放团体，会欢迎新成员。

封闭团体，可能不会欢迎新成员。

| 开放的团体 | 封闭的团体 |
|---|---|
| · 人与人之间都保持些许距离。 | · 人与人之间没有距离。 |
| · 每个人都会偶尔往周围看看。 | · 人们只关注彼此。 |
| · 交谈时不时会中断。 | · 他们的谈话很少中断。 |
| · 人们谈论的是每个人都能插上话的话题。 | · 成员似乎已形成熟悉的小圈子。 |

## 加入开放团体的话术

| 加入开放团体的方法 | 可能的结果 |
|---|---|
| 逐渐移动，靠近团体。 | 可能在别人看来，你并不想加入这个团体，甚至会被人认为你只是在偷听别人的谈话。 |
| 主动帮人倒饮料／递食物。 | 有可能对方并不想要你递过来的食物或者饮料，对方也不清楚你想加入团体。 |
| 在旁边等待以便插话。 | 这个动作看起来有点鲁莽，因为他们没有邀请你加入对方。还有一点，插话时你要说些什么？ |
| 主动上前自我介绍。 | 这会不会过于正式？你怎么介绍自己呢？对方会不会也需要自我介绍呢？对方的谈话是不是就此被你打断了？ |
| 在谈话的间隙，站在一个看起来友善的人旁边说："我可以加入你们吗？" | 这可以明确表达你的意图，且看上去既不粗鲁又不会打断别人，团体成员也可以决定是否要自我介绍。 |

# 明确寻找朋友并让他们喜欢你的技能

在每一组陈述中，找出最有效的响应方式：

☐ **1A.** 清楚地知道良好的人际关系取决于自身行动。
☐ **1B.** 用模糊、抽象的语言来定义人际关系。

☐ **2A.** 期望由对方来打开自己的心门。
☐ **2B.** 抓住一切机会跟人互动。

☐ **3A.** 找有共同兴趣和人生态度的人做朋友。
☐ **3B.** 找没有什么共同点的人做朋友。

☐ **4A.** 跟积极的人做朋友。
☐ **4B.** 跟消极的人做朋友。

☐ **5A.** 表达看法，以便对方了解你，以及知晓与你的共同之处。
☐ **5B.** 不表态，对自己的意见和态度持保留意见。

☐ **6A.** 简短地回答问题，很少询问或回应。
☐ **6B.** 通过问问题来表达对他人的兴趣。

☐ **7A.** 不要插话，让他们知道你对他们的尊重。
☐ **7B.** 礼貌地提出想加入对话，以便认识更多的人。

☐ **8A.** 不管对方袒露多少，你要么什么都不说，要么什么都说。
☐ **8B.** 对方袒露多少，你也袒露多少。

☐ **9A.** 隐藏对别人的好感。
☐ **9B.** 如果喜欢，就让他知道。

☐ **10A.** 附和别人，只发表认同别人的观点。
☐ **10B.** 不盲目表达自己的喜欢。

☐ **11A.** 赞美他人是为了达到自己的目的。
☐ **11B.** 不利用奉承获得自己想要的。

☐ **12A.** 等待谈话的间隙，站在一个看起来友善的人旁边，礼貌地说："我可以加入你们吗？"
☐ **12B.** 站在新团体旁边，并确保对方可以听到自己的评论或意见。

# 对他人正念

---

**当我们对他人保持正念，友谊才能持久。**

---

### 观察

☐ 带着一颗好奇的心去关注身边的人。

☐ 不要一心多用，和别人相处时保持专注。

☐ 活在当下，而非总是计划之后的事。

☐ 将注意力从自己身上移开，关心身边的人。

☐ 对他人的新情况保持开放。

☐ 对他人如有评判，关注并试着放下。

☐ 放弃自己永远是正确的想法。

---

### 描述

☐ 用描述性语句代替评判性语句。

☐ 未经核对的事实，不要做过多的假设或解释（记住，人是不可能知道对方内在的想法、动机、意愿、感受、情绪、欲望或体验的）。

☐ 不要质疑他人的动机和意图（除非你有非常好的理由）。

☐ 以最好的意图设想他人。

---

### 参与

☐ 积极参与互动。

☐ 顺其自然，而不是试图控制方向。

☐ 融入团体活动中，并参与对话。

---

# 明确对他人正念的技能

从每一组陈述中，选择比较有效的反应。

☐ 1A. 同时处理多项任务，并期待对方可以了解你。

☐ 1B. 与别人在一起时，将全部注意力放在他/她身上。

☐ 2A. 如果已经认识某人，就不需要再给予太多的关心。

☐ 2B. 你知道，关心对方，了解对方，才能建立起亲密关系。

☐ 3A. "你真让我伤心，我感觉你也恨我。我知道你不是真的恨我，但是那时候你有那样想法，对吗？"

☐ 3B. "我知道你一定在恨我。不要解释你的理由，我不要听。"

☐ 4A. 在社交场合，让自己全身心投入到互动中去。

☐ 4B. 旁观社交互动，不完全投入，这样就不会犯错。

☐ 5A. 依据自己的价值观去交朋友。

☐ 5B. 不做不道德的事，以免影响友谊。

☐ 6A. 对于别人改变他们对事物的看法、信仰和感受持开放态度。

☐ 6B. 当人们改变主意，你觉得他们是不值得信赖的。

☐ 7A. 如果觉得自己是对的，就会不由自主地评价他人的行为与想法，而且告诉对方他们的错误，或要求他们改变。

☐ 7B. 不赞同或同意别人的想法或行为时，要设法去理解（若你知道原因的话）。

☐ 8A. "你必须中止这样的做法。"
☐ 8B. "我希望你能中止这样的做法。"

☐ 9A. "你真懒！你一定挺不到结束的。"

☐ 9B. "我担心你放弃了。"

☐ 10A. "我不认为那是正确的。"
☐ 10B. "天啊，你怎么会那样想？"

☐ 11A. 控制好自己，这样关系才会朝着你想要的方向发展。

☐ 11B. 当和一群朋友进行社交活动时，顺其自然。

☐ 12A. 在你未确定自己是否喜欢这个人之前，不要和他谈太多。

☐ 12B. 还未确定自己是否喜欢这个人之前，就完全投入和他的谈话中。

# 结束关系

**有害的关系**会破坏、威胁到你或你的人际关系——比如你的身体健康或人身安全，你的自尊或完整感，你的幸福或平静，以及你对他人的关爱。

**干扰性关系**是一种会阻碍你追求重要目标的关系，这种关系会影响你去享受生活以及做自己喜欢的事的能力，并且还会损害你与他人的关系或你所爱之人的利益。

---

用智慧心念来决定结束关系，而不是情绪心念。

---

如果关系是重要的而且不是破坏性的，并且还有改善的希望，试着用问题解决技能来修复关系。

---

使用提前应对技能排除困难，并练习结束关系。

---

坦率直白：使用如你所愿（DEAR MAN）、维持关系（GIVE）、尊重自己（FAST）技能。

---

当你发现爱错了人，那就练习爱的相反行为。

---

练习注意"安全第一"！

在你要离开高度虐待或生命被威胁的关系时，请拨打当地的反家庭暴力热线或全国的反家庭暴力热线，寻求专业人员的帮助。

# 明确如何结束关系

在每一组陈述中，选择比较有效的反应。

☐ 1A. 如果一段关系使你感到心灵缺失或者身体每况愈下，那可能是你本身出了问题，需要接纳治疗。

☐ 1B. 如果一段关系使你感到心灵缺失或者身体每况愈下，那就必须考虑离开这样的关系。

☐ 2A. 人与人之间应该保持一种简单的关系。如果你和某人的关系面临僵局，那干脆早早结束。

☐ 2B. 大部分的关系都需要"问题解决技能"。

☐ 3A. 你爱对方，但对方并不爱你，练习如你所愿（DEAR MAN）技能让对方爱你。

☐ 3B. 你爱对方，但对方并不爱你，练习爱的相反行为技能。

☐ 4A. 决定是否要结束关系之前，可以比较下利弊加以权衡。

☐ 4B. 决定是否要结束关系之前，可以使用维持关系（GIVE）技能。

吵架时，你变得很生气，不想再与对方有任何瓜葛，该怎么办:

☐ 5A. 应该马上结束关系!如果再维持这段关系，你可能会忘记你曾经有多生气。

☐ 5B. 你应该从情绪心念中抽离，进入智慧心念，然后权衡下是结束还是维持这段关系。

☐ 6A. 如果无法结束一段充满伤害的关系，最好的方法是继续在一起。

☐ 6B. 如果无法结束一段充满伤害的关系，最好的方法是运用提前应对技能。

☐ 7A. 如果你被严重虐待，你必须应用人际效能技能，让对方直接离开。

☐ 7B. 如果你被严重虐待，你必须寻求专业人员的帮助以结束这段关系。

☐ 8A. 如果在关系中不被认可，很可能是你自己的问题。

☐ 8B. 如果在关系中不被认可，关系可能会给你带来破坏性的结果。

行中庸之道
讲义

# 概论——行中庸之道

## 平衡接纳与改变

---

### 辩证

在同一时间对立的两个极端，从是与否、

真实与不真实的矛盾当中找到平衡。

---

### 认可

包括对我们自己及他人的认可与理解。

---

### 从不被认可中心灵复原

从中立的立场出发，梳理出真实有效的（valid）和

无效的（invalid）部分，完全接纳自己。

---

### 行为改变技能

运用行为策略去增加想要的行为，减少不想要的行为。

# 辩证

## 辩证提醒我们：

### 1. 宇宙间充满了对立的两面／相反的力量。

看问题的方式不只一种，解决问题的方式也永远不止一种。

看上去完全相反的两件事可能都是正确的。

### 2. 万事万物之间都会有某种连接关系。

波浪与海洋同为一体。

蝴蝶最轻微的翅膀扇动也会影响到最遥远的星辰。

### 3. 唯一不变的就是变化本身。

意义与事实是随着时间变化的。

每一个时刻都是崭新的，事实会随着每一刻发生改变。

### 4. 改变是双向的。

我们所做的事会影响我们的环境和身处其中之人。

环境与其他人会影响我们。

# 如何辩证地思考与行动

☐ 1. 任何存在的事物都不只有一面，把两面都找出来。

- ☐ **问智慧心念**：我遗忘了什么？还有什么情况确实存在？
- ☐ **远离极端**：从"非A即B"变成"A和B并存"，从"总是""绝不"变成"有时候"。
- ☐ **平衡对立面**：当你遇到分歧时，正反两方面都要检验、接纳现实，并且努力去改变。
- ☐ **化危机为转机**。
- ☐ **拥抱迷惘**：进入是与否、真实与不真实的矛盾当中。
- ☐ **扮演魔鬼代言人**：以同样的热情让自己站在矛盾中的每一方，分别进行辩论。
- ☐ **使用隐喻及故事开拓思路**。
- ☐ 其他看到一件事情的不同面的方法：_____

☐ 2. 意识到你与其他事物的联结。

- ☐ **像期待他人对待自己一样对待他人**。
- ☐ **寻找人们的共性而非差异**。
- ☐ **觉察万物的自然联结**。
- ☐ 觉察到联结的其他方式：_____

☐ 3. 拥抱改变。

- ☐ **让自己处于改变中**：接纳它、拥抱它。
- ☐ 在规则、处境、人与关系以你不喜欢的方式改变时，练习全然接纳地改变。
- ☐ **练习适应改变**。可以做小小的改变来练习，例如：故意换一个座位坐、换一个对象聊天、换一个路线去常去的地方。
- ☐ 其他拥抱改变的方式：_____

☐ 4. 改变是相互作用的：你影响环境，环境也影响你。

- ☐ **注意你是如何影响周围的人的**，以及别人如何影响你。
- ☐ **练习放下责备**，找出你和别人如何互相影响的方式。
- ☐ **提醒自己万事皆有因**。
- ☐ 其他双向互动的方式：_____

# 两极端可能都正确

☐ 1. 你想要改变并且想尽可能做到最好，**同时**你需要做得更好、更努力和有更强的动机去改变。

☐ 2. 你是坚强的，**同时**也是温和友善的。

☐ 3. 你独立，**同时**也需要有人来帮助（你可以让别人自立，**同时**帮助他们）。

☐ 4. 你既想独自一个人，**同时**也想和别人建立联系。

☐ 5. 你既想和别人分享一些东西，**同时**也想保有自己的秘密。

☐ 6. 你既可以独处，**同时**也想和别人有联系。

☐ 7. 你既可以和别人一起，**同时**也感到孤独。

☐ 8. 你可能在一个群体里面是不合群的，**同时**可能在另外一个群体里完美地适应。（可以当玫瑰园中的一朵郁金香，**同时**也可以当郁金香园中的一朵郁金香。）

☐ 9. 你接纳自己，**同时**仍旧希望有所改变。（你接纳别人的样子，**同时**也仍旧希望别人能改变。）

☐ 10. 有时你需要调节自己的情绪，**同时**也需要忍受它。

☐ 11. 你有理由相信你所相信的，**同时**这件事仍然可能是错误的。

☐ 12. 别人想从你那里获得某物的理由可能是合理的，**同时**你拒绝的理由也可能是合理的。

☐ 13. 天气可能晴朗，**同时**可能会下雨。

☐ 14. 你可能会对一个人恼怒，**同时**爱和尊敬这个人。

☐ 15. 你可能会对自己恼怒，**同时**爱和尊敬自己。

☐ 16. 你可能会和别人有不同的意见，**同时**仍旧保持友情。

☐ 17. 你可能对规则不赞同，**同时**也遵守规则。

☐ 18. 你可能会理解一个人的感受和行为方式，**同时**仍然不赞同，希望他/她改变。

☐ 19. 其他：_____

# 需要平衡的重要的两极端

☐ 1. 接纳现实与努力改变。

☐ 2. 认可自己和他人与承认错误。

☐ 3. 工作与休息。

☐ 4. 做你需要做的事与做你想做的事。

☐ 5. 致力改善自己与接纳自己本来的样子。

☐ 6. 解决问题与接纳问题。

☐ 7. 调整情绪与接纳情绪。

☐ 8. 自己处理与寻求帮助。

☐ 9. 自立与依赖。

☐ 10. 开放与保守。

☐ 11. 信任与怀疑。

☐ 12. 旁观与参与。

☐ 13. 接纳与给予。

☐ 14. 关注自己与关注他人。

☐ 15. 其他：_____

_____

☐ 16. 其他：_____

_____

☐ 17. 其他：_____

_____

# 找出辩证思维

## 在每组陈述中，勾选出最具辩证色彩的回应：

☐ 1A. 注意你的言行对周围人的影响。

☐ 1B. 别人如何看待你与你对待他们的态度无关。

☐ 2A. "我知道在这件事上我是对的。"

☐ 2B. "我不同意你的观点，但我理解你。"

☐ 2C. "你的想法没有任何意义。"

☐ 3A. "我经常被不公正地对待。"

☐ 3B. "我认为教练应该重新考虑将我踢出校队的这个决定。"

☐ 3C. "教练最清楚谁该留下谁应该出局。"

☐ 4A. 当朋友开始变成你不喜欢的样子时，就断定朋友不忠诚且不关心你。

☐ 4B. 接纳每个人都是不同的。

☐ 5A. 观察你与其他人的互动方式的变化，检视彼此的关系与遇到的困难。

☐ 5B. 关系中的困难完全因人而起。

☐ 6A. "没希望了，我做不到。"

☐ 6B. "这简直太简单了，轻而易举就能做到。"

☐ 6C. "对于我来说，这真的很难，但我会努力尝试。"

☐ 7A. 当你和别人意见相左时，确信自己的观点是正确的，并且坚持。

☐ 7B. 当你和某人意见相左时，尝试从他人的视角去思考。

☐ 8A. 要求关系稳定，没有任何改变。

☐ 8B. 拥抱变化，并把它看作是不可避免的。

# 认可

---

### 认可是指：

· 从他人的观点中寻找真相，并加以核实。

· 认为所有人的情绪、想法及行为都有其原因，而且可以被理解。

· 不需要赞同对方的观点。

· 不认可没有实际效果的事物。

---

### 为何要认可？

· 通过倾听和理解他人，改善人际关系。

· 可以提升我们的人际效能，并减少：

　1.证明谁对谁错的压力。

　2.消极反应。

　3.愤怒。

· 使问题更容易解决，更容易形成亲密关系。

· 不被认可令人十分痛苦。

---

### 要认可的重要事物：

· 成立的事物（真实有效的）。

· 情境中的事实。

· 一个人对事物的体验、感受／情绪、信念、观点或想法。

· 苦难及困难。

---

### 切记：

· 看似不合理的回应在某种角度上可能是合理的。

· 认可跟赞同是两回事。

· 认可并不意味着喜欢。

· 只认可真实有效的部分。

---

# "如何"认可的准则

1. □ **关注对方：**

    专心致志，认真倾听和观察。用你的表情来回应对方，要有眼神接触，偶尔点头。例如：快乐时面带浅笑，痛苦时能看到脸上的担忧。

2. □ **回应，而不评判：**

    将你所听到或观察的部分反馈给对方，让对方知道你理解对方，不要加以评判！

    以开放的心，试着理解对方真正的感受或者想法，勿加评判，或试图改变对方的想法或目标。使用允许对方有不同意见，可以对事实进行核对。

    举例："所以，你发脾气是因为你认为我用说谎来报复你，对吗？"

3. □ **读心术：**

    注意对方的非言语信息。留意对方的面部表情、肢体语言，以及他的已知信息。以开放的心态，接纳对方的指正，用言语或行动来表示你对他的理解。

    举例：朋友很累，但是你需要有人载你一程，可以说"你看起来很累，我找别人吧"。

4. □ **表达对于原因的理解：**

    即便你不赞成对方的观点，也可以根据对方的过往经历、身心状态或现况（即原因），来寻找其观点的合理性："你这样做有你的道理……因为……"

    举例：如果你邀请某个朋友参加聚会，却把邀请函寄到错误的地址，可以说"我能理解为何你认为我可能是故意排斥你"。

5. □ **承认真实有效的部分：**

    根据现状和事实，说出你对对方想法中的合理部分的理解。用行动表现出对方的行为是有道理的。

    举例：如果别人批评你没有清除垃圾，要承认自己的错误并改正。如果别人提出问题，帮助他们解决（除非对方只是想被聆听）即可。如果别人饿了，给他们食物。肯定一个人目前所做的努力。

6. □ **表现公平：**

    做你自己！不要卑躬屈膝或妄自菲薄。平等地对待他人，不要把任何人看作是脆弱的或无能的。

    举例：愿意承认错误。如果别人介绍了自己的名字，你就用名字回应。询问别人的意见。不要太有戒备心理。如果人家没主动向你征询意见，提供意见时要有所考虑。此外，记得你可能是错的。

# 找出认可技能

在每一组陈述中，找出更加有效的反应：

☐ 1A. 当别人说话的时候，想你自己的事情。

☐ 1B. 倾听他人时全然投入其中。

☐ 2A. 如果无法确定别人的真实想法，可以主动问问，或设身处地想象一番。

☐ 2B. 如果对方想让你知道自己真实的想法与感受，他们就会告诉你。

☐ 3A. 在社交场合中，可以根据非语言信息看出发生的事。

☐ 3B. 只关注人们的言语，忽略了非语言信息。

☐ 4A. 妄下结论。

☐ 4B. 相同行为的背后可能有很多不同的动因。

☐ 5A. 人们的想法、感受和行为并不总是一致的。需确认事实情境。

☐ 5B. 假设自己可以准确地识别人们的感受和想法。

☐ 6A. 当你觉得自己是对的，对方是错的，就告诉对方他们错了或要求其改变。

☐ 6B. 如果你不同意另一人的行事法则，要试着去了解背后的道理。

☐ 7A. 假设你告诉对方他们的要求是合理的，你就是在表达认可。

☐ 7B. 当有人向你要求时，满足他就是认可。

☐ 8A. 假设其他人的回应不会影响你对他们的态度。

☐ 8B. 以尊重和平等对待每一个人。

# 从不被认可中恢复

## 不被认可既使人受益又令人痛苦

---

### 当符合以下情况时，不被认可是有帮助的：

1. 它可以让你改正重大错误（你做的其实是错的）。

2. 倾听对方的看法有助于个人成长。

3. 其他：＿＿＿＿＿＿＿＿＿＿＿＿＿＿＿＿＿＿＿＿＿＿＿

---

### 在如下情况下不被认可会令人痛苦：

1. 被忽略时。

2. 没人理解时。

3. 遭误解时。

4. 你的行为被人错误理解。

5. 于你而言的重要之事被忽略和否定时。

6. 被不平等对待时。

7. 不被相信时。

8. 你的个人体验被视为不重要或遭到否定时。

9. 其他：＿＿＿＿＿＿＿＿＿＿＿＿＿＿＿＿＿＿＿＿＿＿＿

（接下页）

## 不带抵触态度来核对事实

☐ 核对事实。与信任的人核对下，看看你的回应是否真实有效，保留真实有效的部分。

☐ 承认你不合理及无效的回应。

☐ 尽力去改变不合理的想法、评论或行动，停止指责。

☐ 放下对自己的评判（练习相反行为）。

☐ 提醒自己所有的行为都是有原因的，你正在尽自己的努力做到最好。

☐ 对自己抱着慈悲之心，练习自我安抚。

☐ 即便对方说的都对，但不被人认可是很痛苦的。

☐ 当你的反应在某个情境下符合逻辑且合理的时候，认可自己。

☐ 记住，不被认可不是彻底的灾难，即使你的反应是合理的。

☐ 向支持你的人描述你的感受及行动。

☐ 抚慰不被认可的创痛及其所造成的伤害。

☐ 对人生中一些不认可你的人使用全然接纳技能。

## 将所有认可他人的步骤用来认可自己

# 找出自我认可的地方

在每一组陈述中，选出不被人认可时最有效的回应：

☐ 1A.真实地描述自己的感受、观点、情绪或行为。

☐ 1B."我好笨！"，或者贬低自己。

☐ 2A.即便自己错了，仍然攻击他人，坚持自己。

☐ 2B.假如某人不赞同你的想法或做法，保持开放的心态，然后去核对事实。

☐ 3A.（在心中）核对事实，如果你觉得自己的反应是正确或合理的，就坚定地站在自己的立场上。

☐ 3B.如果自己是错的，马上放弃、让步、评判自己及不认可你的人。

☐ 4A.感觉到悲伤或孤独时愤怒爆发，并将自己看作是一个脆弱的人。

☐ 4B.承认被人否定时你会受到伤害，允许自己感受痛苦。

☐ 5A.犯错时告诫自己：每个人都会犯错。

☐ 5B.犯错时指责自己、惩罚自己；远离知道你犯错的人。

☐ 6A.觉得自己"搞砸了"，把自己当"瑕疵品"，沉浸在羞愧中。

☐ 6B.理解与怜悯自己。提醒自己，你如此回应是有原因的。

# 提升期望行为可能性的策略

描述自己或他人想要开始或增加的行为：

---

### 强化物（reinforcer）=可以增加行为的发生频率及其后果

正强化=正面后果（即奖励）。

如果某种行为的结果是得到了自己想要的、喜欢的或重要的事物，会大大增加他再次做出此行为的频率。

举例：＿＿＿＿＿＿＿＿＿＿＿＿＿＿＿＿＿＿＿＿＿＿＿＿＿＿＿

负强化=移去负面事件（即减轻痛苦）。

后果是停止或减少负面事物时，会增加做出正面行为的频率。

举例：＿＿＿＿＿＿＿＿＿＿＿＿＿＿＿＿＿＿＿＿＿＿＿＿＿＿＿

---

### 行为塑造=增强达到目标行为的小步骤

· 强化推进目标行为的每一小步。

· 新行为稳定后，再提升一点点要求，然后再强化。

· 持续行为塑造，直到达到你要的结果。

举例说明达成目标行为的步骤：＿＿＿＿＿＿＿＿＿＿＿＿＿＿＿

---

### 时机很重要

· 行为发生后，马上强化行为。

· 最开始塑造新行为时，只要出现接近目标的行为，都给予强化。

· 一旦行为被建立，便逐渐地过渡到只在某些时候给予强化。

注意：如果强化不一致，行为可能会很难停下来。

---

# 减少或停止不想要的行为的策略

> ## 削弱（extinction）= 停止对行为的强化
> 削弱首先会导致行为的增加，然后是行为的减少。
> 例如：＿＿＿＿＿＿＿＿＿＿＿＿＿＿＿＿＿＿＿＿＿＿

> ## 饱和（satiation）= 在行为发生前缓解痛苦或者给予想要的东西
> 饱和会降低行为的动机，然后降低发生的频率。
> 例如：＿＿＿＿＿＿＿＿＿＿＿＿＿＿＿＿＿＿＿＿＿＿

> ## 惩罚（punishment）= 通过给予不良后果来减少行为
> 如果某种行为的结果是你不喜欢的或努力避免的事物，那么这种行为会减少。
> 例如：＿＿＿＿＿＿＿＿＿＿＿＿＿＿＿＿＿＿＿＿＿＿
> 如果某种行为的结果是失去你想要的或者喜欢的事物，那么这种行为也会减少。
> 例如：＿＿＿＿＿＿＿＿＿＿＿＿＿＿＿＿＿＿＿＿＿＿
> 当一个人做出有害行为时，剥夺其想要的东西，会减少其做出其行为的频率。
> 例如：＿＿＿＿＿＿＿＿＿＿＿＿＿＿＿＿＿＿＿＿＿＿
> - 惩罚要有针对性、有时间限制。
> - 勿用惩罚性的语气，用行为的后果来影响对方。
> - 如果自然的惩罚发生，不要撤销它，不要自己任意乱加惩罚。

> ## 多用替代行为来替换你想要阻止的行为
> - 削弱和惩罚会减弱或抑制行为，但是不会消除它。
> - 削弱和惩罚不会形成新的行为。
> - 想要让一个行为不再出现，需要强化一个可替代的行为。
> - 只有当惩罚者（可能）在场的时候，惩罚才能起作用。
> - 惩罚会导致逃避执行惩罚的人。

# 有效使用行为改变策略的建议

| 总结 | | |
|---|---|---|
| **目标** | | **后果** |
| 增加行为 | （强化） | ·增加正面的行为后果。<br>·移除负面的行为后果。 |
| 减弱行为 | （削弱） | ·移除强化物。<br>·在行为出现之前进行安抚。 |
| 抑制行为 | （惩罚） | ·增加厌恶的后果。<br>·移除正面的后果。 |

---

**行为后果的效用并不是完全相等**

"汝之蜜糖，吾之砒霜。"

**情境很重要**。在某个情境它是强化物，但是在另一个情境可能相反。

**量很重要**。强化物太少或太多，都没有效果。

**自然的强化物最好**。如果可能的话，让后果自然产生最有效。

问问对方：**什么样的行为后果**是他/她会努力去获得的（强化物）或避免的（惩罚）。

当后果出现，观察行为上的改变。

---

**在某个情境学到的行为可能不会出现在另一个情境中。**

# 找出有效的行为改变策略

对每一组陈述中，勾选更加有效的反应：

☐ 1A. 当你试图增加某个行为的时候，最有效的方式是当最终想要的行为出现之后再强化，这样人们就不会半途而废了。

☐ 1B. 当你试图去增加某个行为时，最有效的方式是在正确的方向上强化小的进步，不然改善可能会停止。

☐ 2A. 最有效的惩罚是表现非常生气和立刻进行言语批评。

☐ 2B. 最有效的惩罚是找到一种与问题行为严重程度相匹配的方式。

☐ 3A. 最有效的方式是在行为出现之后立即强化。

☐ 3B. 最有效的方式是延迟奖励行为，因为这样人们将无法预期何时会有奖励。

☐ 4A. 人们会无意识强化奖励别人的问题行为。

☐ 4B. 人们不可能奖励别人的问题行为，这样很愚蠢。

☐ 5A. 如果一个人的问题行为是为了得到他/她想要的东西，让这种行为停下来的最有效的方式是惩罚。

☐ 5B. 如果一个人的问题行为是为了得到他/她想要的东西，最有效的是停止强化这些行为，而当他/她采用更有效的行为时给予奖励。

☐ 6A. 采用一种普遍意义上的惩罚将会更加有效，这是因为它不可避免。

☐ 6B. 采用一种有针对性的、有时间期限的负面影响来减少行为是更有效的。

☐ 7A. 如果一个人的行为伤害了你，最有效的惩罚方式是将以前送给此人的礼物要回来。

☐ 7B. 如果一个人的行为伤害了你，最有效的惩罚方式是他/她改变自己的行为之前，你不再对他/她好。

☐ 8A. 一个被惩罚的行为停止后，最有效的方式是去奖励你想要的可替代行为。

☐ 8B. 一个被惩罚的行为停止后，最有效的方式是继续传递出非常清晰的信息，即问题行为是不可接纳的。

# 人际效能练习单

## 目标与阻碍因素练习单

# 使用人际效能技能的利弊

截止日期：_____ 姓名：_____ 开始日期：_____

这张练习单有助于你弄清使用人际效能技能（即有技能地行动），获得欲望之物有何利弊。这里的关键是弄清得到欲望之物最有效的方法。请记住，你需要讨论你的目标，而不是别人的目标。

**描述人际互动的情境：**

_____

_____

**描述在此情境下你的目标：**

_____

_____

列出有技能地使用人际效能技能的利弊清单。

第二张表为使用强硬手段得到你欲望之物的利弊清单。

第三张表为采取让步或表现被动的利弊清单。

一个被惩罚的行为停止后，最有效的方式是继续传递出非常清晰的信息，即问题行为是不可接纳的。

如果你需要更多的空间，可以写在这张纸的背面。

| | 使用技能 | 强行要求，攻击，不断升级 | 屈服，显得顺从 |
|---|---|---|---|
| 利 | _____ | _____ | _____ |
| 弊 | 使用技能 | 强行要求，攻击，不断升级 | 屈服，显得顺从 |
| | _____ | _____ | _____ |

在这种情境下，你决定做什么呢？—————————————————

_____

这是最好的决定吗（在智慧心念之中）？—————————————

_____

# 挑战阻碍人际效能的误解

## 挑战阻碍目标效能的误解

截止日期：＿＿＿＿＿＿　姓名：＿＿＿＿＿＿　开始日期：＿＿＿＿＿＿

对于每个困惑，写下一个对你有意义的挑战。

1. 我不配得到我想要或需要的东西。

　　挑战：＿＿＿＿＿＿＿＿＿＿＿＿＿＿＿＿＿＿＿＿＿＿＿＿＿＿

2. 提出请求代表我是一个软弱的人。

　　挑战：＿＿＿＿＿＿＿＿＿＿＿＿＿＿＿＿＿＿＿＿＿＿＿＿＿＿

3. 在提出请求之前，我必须确定这个人会同意我的要求。

　　挑战：＿＿＿＿＿＿＿＿＿＿＿＿＿＿＿＿＿＿＿＿＿＿＿＿＿＿

4. 我无法忍受提出请求或拒绝别人的时候对方对我生气。

　　挑战：＿＿＿＿＿＿＿＿＿＿＿＿＿＿＿＿＿＿＿＿＿＿＿＿＿＿

5. 别人的拒绝会击垮我。

　　挑战：＿＿＿＿＿＿＿＿＿＿＿＿＿＿＿＿＿＿＿＿＿＿＿＿＿＿

6. 向别人提出请求，让我感觉太自以为是（坏、自我为中心、自私……）。

　　挑战：＿＿＿＿＿＿＿＿＿＿＿＿＿＿＿＿＿＿＿＿＿＿＿＿＿＿

7. 拒绝别人的请求，让我感觉很自私。

　　挑战：＿＿＿＿＿＿＿＿＿＿＿＿＿＿＿＿＿＿＿＿＿＿＿＿＿＿

8. 我愿意牺牲自己满足别人。

　　挑战：＿＿＿＿＿＿＿＿＿＿＿＿＿＿＿＿＿＿＿＿＿＿＿＿＿＿

9. 如果无法搞定一切，我会觉得自己无能。

　　挑战：＿＿＿＿＿＿＿＿＿＿＿＿＿＿＿＿＿＿＿＿＿＿＿＿＿＿

10. 我自己想多了，如果能换个角度想，就不用麻烦别人了。

　　挑战：＿＿＿＿＿＿＿＿＿＿＿＿＿＿＿＿＿＿＿＿＿＿＿＿＿＿

11. 得不到自己想要的，没关系，我一点都不在意。

　　挑战：＿＿＿＿＿＿＿＿＿＿＿＿＿＿＿＿＿＿＿＿＿＿＿＿＿＿

12. 使用技能是软弱的表现。

　　挑战：＿＿＿＿＿＿＿＿＿＿＿＿＿＿＿＿＿＿＿＿＿＿＿＿＿＿

　　其他误解：＿＿＿＿＿＿＿＿＿＿＿＿＿＿＿＿＿＿＿＿＿＿＿＿

　　挑战：＿＿＿＿＿＿＿＿＿＿＿＿＿＿＿＿＿＿＿＿＿＿＿＿＿＿

　　其他误解：＿＿＿＿＿＿＿＿＿＿＿＿＿＿＿＿＿＿＿＿＿＿＿＿

　　挑战：＿＿＿＿＿＿＿＿＿＿＿＿＿＿＿＿＿＿＿＿＿＿＿＿＿＿

（接下页）

## 挑战阻碍关系和自尊效能的误解

对于每个困惑，写下一个对你有意义的挑战。

13. 我不应该提出请求或拒绝别人；别人应该明白我想要什么（并去做）。

　　挑战：_____

14. 他们本应知道这么做我很伤心的；我不需要告诉他们。

　　挑战：_____

15. 我不应该为了得到我想要的而去争取或努力。

　　挑战：_____

16. 别人应该满足我的需求，甚至做更多。

　　挑战：_____

17. 其他人必须喜欢我、赞同我、支持我。

　　挑战：_____

18. 他们不配我去使用技能，也配不上我对他们的好。

　　挑战：_____

19. 于我而言，心中所想被满足是最重要的。

　　挑战：_____

20. 如果别人不能公正、善良、礼貌、尊重地对待我，我也不会这样对待他们。

　　挑战：_____

21. 复仇让我感觉特别舒服，任何负面影响都是值得的。

　　挑战：_____

22. 只有懦夫才谈价值观。

　　挑战：_____

23. 人人都在说谎。

　　挑战：_____

24. 得到我想要的比我如何得到它更重要；只要目的正确，可以不择手段。

　　挑战：_____

　　其他误解：_____

　　挑战：_____

　　其他误解：_____

　　挑战：_____

巧妙地达成目标
练习单

# 澄清人际情境中的优先顺序

截止日期：＿＿＿＿＿＿　　姓名：＿＿＿＿＿＿　　开始日期：＿＿＿＿＿＿

通过这张练习单找出在各种情境中什么因素会阻碍你的目标，以及对于你来说的优先顺序。可能的情境有：（1）你的权利或者意愿没有得到尊重；（2）你想要某人做某事或做出改变，或给予你一些东西；（3）你想要或需要表达拒绝，或不想顶着压力去做某事；（4）你想要自己或自己的观点被重视；（5）你和另一个人有冲突；（6）你想改善与某人的关系。

观察并尽可能按照事实写下来，如果需要更多空间，可以写在这张纸的背面。

**问题的诱发事件：**谁对谁做了什么事？是什么事导致后续事件的发生？

情境中的哪一点让我感到困扰？

记住，要**核对事实**！

**在此情境下我想要与期待的：**

目标：我期待得到具体**什么样的结果**。我期待别人做什么、停止什么或接纳什么。

关系：我期待这次互动结束后，**别人会对我有什么样的感受和想法**（不论我是否能从他人那里得到我所想要的）。

自尊：我期待这次互动结束后，**我对自己有什么样的感受和想法**（不论我是否能从他人那里得到我所想要的）。

**在此情境下评定我的优先顺序：**1（最重要），2（次重要），3（最不重要）。

＿＿＿＿目标　　　　　＿＿＿＿关系　　　　　＿＿＿＿自尊

我设定的**优先顺序会出现什么冲突**，以至于在这个情境下很难奏效：

＿＿＿＿＿＿＿＿＿＿＿＿＿＿＿＿＿＿＿＿＿＿＿＿＿＿＿＿＿＿＿＿＿＿＿＿

＿＿＿＿＿＿＿＿＿＿＿＿＿＿＿＿＿＿＿＿＿＿＿＿＿＿＿＿＿＿＿＿＿＿＿＿

# 写下人际效能的脚本

截止日期：_____  姓名：_____  开始日期：_____

练习人际效能技能（DEAR MAN、GIVE、FAST）之前，先填写本练习单。练习大声说出你的"台词"，也可以在心里默念你的台词。运用"提前应对"技能（情绪调节讲义19）。如果空间不够，可写在练习单背面。

**问题的诱发事件：** 谁对谁做了什么事？是什么事导致下一件事？

情境中的"目标"（我想要得到什么结果）：

关系议题（我想知道别人如何看待我）：

自尊议题（我想知道我如何看待自己）：

## 练习人际效能技能的脚本（DEAR MAN、GIVE、FAST）：

1. 描述情境（Describe）。

2. 表达感受（Express）。

3. 明确态度（Assert）（圈出之后需要运用的"唱片跳针"，且保持留心觉察）。

4. 强化对方（Reinforcing）。

5. 保持正念（Mindful）和**表现自信**（Appearing confident）（如果需要的话）。

6. 协商妥协（Negotiating），扭转局面（如果需要的话）。

7. 认可他人（Validating）。

8. 态度轻松（Easy manner）。

在背面写下所有你想避免做的事和说的话。

# 追踪人际效能技能的使用

截止日期: _____ 姓名: _____ 开始日期: _____

当你练习人际效能或有机会去练习时，甚至你未做任何练习，都请填写这张练习单。如果写不下，可以写在这张纸的背面。

问题的诱发事件: 谁对谁做了什么事? 是什么事导致下一件事?

情境中的"目标"（我想要达成什么结果）:

关系议题（我想知道别人如何看待我）:

自尊议题（我想知道我如何看待自己）:

**在此情境下评定我的优先顺序:** 1（最重要），2（次重要），3（最不重要）。

_____目标        _____关系        _____自尊

**在此情境下，我说了或做了什么?** （描述并勾选）

DEAR MAN（如你所愿）:

_____描述情境? _____  _____保持正念? _____

_____表达感受 / 意见? _____  _____"唱片跳针"? _____

_____明确态度? _____  _____忽视攻击? _____

_____强化对方? _____  _____表现自信? _____

_____协商妥协? _____

GIVE（维持关系）:

_____保持温和? _____  _____表现出兴趣? _____

_____不威胁? _____  _____认可他人? _____

_____不攻击? _____  _____态度轻松? _____

_____不评判? _____

FAST（尊重自己）:

_____公平对待? _____  _____坚守价值观? _____

_____不过度道歉? _____  _____保持真诚? _____

**这次互动的效果如何?** _____

# 分钱游戏——弄清楚要求或拒绝的强度

截止日期：　　　　　　　　姓名：　　　　　　　　起始日期：

为了看清自己要求或者拒绝的程度有多强烈，请阅读下面的说明。把你要存的钱圈起来，再把它们加起来，然后回头看一下这个列表，是否某些项目更重要。如果有，先用智慧心念检查一下再行动。

**要求的决心有多强烈**
如果答案是"是"，就把十元放入银行。存的钱越多，要求的决心就越强烈。当存到一百元，要求的决心最强烈。存到没有任何钱，就不提出要求，如果银行没有钱，要求被没有暗示。

| | | |
|---|---|---|
| 能力 | 我想要要的对方有能力给我吗？ | 10元 |
| 优先顺序 | 目标跟关系相比，哪个更重要？ | 10元 |
| 自尊 | 提出要求会让我感到自信和自尊吗？ | 10元 |
| 权利 | 我要求的是否符合道德和法律赋予我的权利？ | 10元 |
| 权限 | 我是否拥有要求此人为我做此事的权限？ | 10元 |
| 关系 | 从我们的关系层面考虑，我的要求是否过分？（要求我想要的是否恰当？） | 10元 |
| 长期与短期目标 | 从我的长期目标考虑，这件事重要吗？ | 10元 |
| 给予与索取 | 我给予这个人的跟我要求所要的一样多吗？ | 10元 |
| 事前准备工作 | 我知道我想要的是什么吗？我是否有足够事实证明我的要求？ | 10元 |
| 时机 | 这是提出请求的好时机吗？（依智慧心念做调整） | 10元 |
| 要求的加总（依智慧心念做调整） | | 总价 |

**拒绝的决心有多强烈**
如果答案是"否"，就把十元放入银行。存的钱越多，拒绝的决心就越强烈。存到一百元，拒绝的决心最强烈。如果银行没有钱，即使没有被要求，也要去做。

| | | |
|---|---|---|
| 能力 | 我有对方想要的吗？ | 10元 |
| 优先顺序 | 与拒绝对方相比，我跟对方的关系更重要？ | 10元 |
| 自尊 | 拒绝是否让我感觉自己很糟糕？ | 10元 |
| 权利 | 我是因为法律或道德的原因而对方做事吗？拒绝对方会侵犯到他人的权利吗？ | 10元 |
| 权限 | 对方是否有权限对我发号施令？ | 10元 |
| 关系 | 以从我们的关系层面考虑，他的要求是否过分？ | 10元 |
| 长期与短期目标 | 从长远考虑，如果拒绝对方我会后悔吗？ | 10元 |
| 给予与索取 | 我是不是欠对方人情？（对方为我做了很多吗？） | 10元 |
| 事前准备工作 | 我知道拒绝对方意味着什么吗？（对方清楚他要求的是什么吗？） | 10元 |
| 时机 | 在拒绝对方之前我应该稍微做一下吗？ | 10元 |
| 拒绝的加总（依智慧心念调整） | | 总价 |

（接下页）

| 要求 | | 拒绝 |
|---|---|---|
| 不要求，不暗示。 | 10元 | 对方还没要求，就先照对方的意思做。 |
| 间接地暗示，接受拒绝。 | 20元 | 不抱怨，乐意去做。 |
| 公开地暗示，接受拒绝。 | 30元 | 即使不乐意，也去做。 |
| 委婉地要求，接受拒绝。 | 40元 | 去做，但表现出你的不情愿。 |
| 优雅地要求，接受拒绝。 | 50元 | 虽然说了不愿去做，但做了就会做好。 |
| 自信地要求，接受拒绝。 | 60元 | 自信地拒绝，但愿意再考虑考虑。 |
| 自信地要求，不接受拒绝。 | 70元 | 自信地拒绝，坚持不同意。 |
| 坚定地要求，不接受拒绝。 | 80元 | 坚定地拒绝，坚持不同意。 |
| 坚定地要求；坚持；协商；不断尝试。 | 90元 | 坚定地拒绝；坚持；协商；不断尝试。 |
| 提出要求，绝不接受拒绝。 | 100元 | 绝对不做。 |

# 解决人际效能技能中的难题

截止日期: _____  姓名: _____  开始日期: _____

无论你是否练习了人际效能技能都可以填写此练习单。如果需要更多的空间，可以写在这张纸的背面。

## 我是否已具备我需要的技能? 检查以下选项:

**1** 回顾自己已经尝试做了什么。
   - 我知道如何得到想要之物吗?
   - 我知道如何说出自己的心里话吗?
   - 我是否确实按照技能指导语去练习?

☐ **不确定时:**
   ☐ 写出我最想说的。          ☐ 从信任的人身上得到指导。
   ☐ 重新阅读技能说明。        ☐ 和朋友一起练习或在镜子前练习。
   这有帮助吗?    ☐是（太棒了）  ☐否（继续练习）    ☐没有再尝试

☐ **是的**（进入下一题）:

## 我知道在这次互动中真正想要的是什么吗?

**2** 问自己:
   - 我真的不知道自己想要什么吗?
   - 我无法确定自己的优先顺序吗?
   - 我不知道如何平衡下列问题:
     - 要求太多或者什么都不要求。
     - 对一切都说"不"或者对一切都有求必应。
   - 恐惧或羞愧阻碍我去找到真正想要的东西吗?

☐ **不确定时:**
   ☐ 列出利弊，以对比不同的目标。
   ☐ 以情绪调节技能来减少恐惧和羞愧。
      这有帮助吗?  ☐是（太棒了）  ☐否（继续练习）  ☐没有再尝试

☐ **是的**（进入下一题）:

## 我的短期目标妨碍到长期目标吗?

**3** 问自己:
   - 与"我真正想要的"相比，"现在、马上、一定"更重要吗?
   - 我的言行举止被情绪心念而非智慧心念掌控了吗?

☐ **是的:**
   ☐ 对比短期和长期目标的利弊。
   ☐ 等待，直到情绪心念不再控制自己。
      这有帮助吗? ☐是（太棒了） ☐否（继续练习） ☐没有再尝试

☐ **否**（进入下一题）:

（接下页）

## 情绪影响人际技能的使用吗?

**4** 问自己:
- 我的情绪是否太低落以致影响了技能的运用?
- 我是否情绪太高涨以至于无法使用技能?

☐ **是的:**

☐ 尝试TIP改变身体化学反应技能。

 ☐ 在与他人互动前,运用危机生存的自我安抚技能让自己平定情绪。

 ☐ 有对当下的情绪保持正念吗? (情绪调节讲义22)

 ☐ 将注意力重新集中到当前的目标上。

 **这有帮助吗?** ☐是(太棒了) ☐否(继续练习) ☐没有再尝试

☐ **否(进入下一题):**

## 担忧、假设及误解干扰了我吗?

**5** 问自己:
- 对不良后果的担忧是否阻碍了我的行动?

 "他们不会喜欢我" "她会觉得我是笨蛋"。

- "自己不配"阻碍我使用技能?

 "我是个糟糕的人,不配得到这一切"。

- "我不可能做对!" "我可能会崩溃" "我怎么这么笨!" 等,这些话阻碍我使用技能吗?

- 我还有关于人际效能的误解吗?

 "提出请求,表示我是个懦夫。"

 "只有懦夫才谈价值观。"

☐ **是的:**

 ☐ 挑战误解。

 ☐ 核对事实。

 ☐ 做完整的"相反行为"。

 **这有帮助吗?** ☐是(太棒了) ☐否(继续练习) ☐没有再尝试

☐ **否(进入下一题):**

## 环境比我的技能更强势吗?

**6** 问自己:
- 拥有我想要的或需要的东西的人是否比我更有权力?
- 要求我做事的人比我更有权力并且在掌控局面?
- 其他人会因为我得到想要之物而感觉被威胁吗?
- 其他人会因为我得到想要之物而不喜欢我吗?

☐ **是的:**

 ☐ 尝试问题解决。

 ☐ 找到有力的盟友。

 ☐ 练习全然接纳。

 **这有帮助吗?** ☐是(太棒了) ☐否(继续练习) ☐没有再尝试

☐ **否:**

建立关系与结束伤害性关系
练习单

# 寻找朋友并让他们喜欢你

截止日期：_____ 姓名：_____ 起始日期：_____

无论你练习或没有练习该技能，都可以填写这张练习单。如果需要更多的空间，可以使用这张纸的背面。

列出两种你可以轻松、规律地与人接触的方法。

1. _____

2. _____

列出两种用来寻找（或已找到）与你态度相接近的人的方法。

1. _____

2. _____

列出两种可以与他人对话的方法，在这之中你可以问问题、回答问题、向对方表示肯定或喜欢。

1. _____

2. _____

列出你接近的并练习加入的团体谈话的次数（或者描述你是如何找到这样的团体的）。

1. _____

2. _____

对照实际情况，确认已经列出所有可以找到潜在朋友的机会。如果需要更多意见，请咨询你的朋友或家人。

---

**描述一件你曾经为交一个新朋友或让别人喜欢你而做的事。**

_____

**勾选，并说明你使用过的每个技能**

_____接近的　　_____相似的　　_____谈话技能　　_____表达喜欢

描述你为了加入团体对话所做的所有努力。_____

_____

描述你使用对话技能与他人沟通的所有努力。_____

_____

这次互动的效果如何？_____

# 对他人正念

截止日期：＿＿＿＿＿＿＿　　姓名：＿＿＿＿＿＿＿　　开始日期：＿＿＿＿＿＿

当你练习对他人正念或有机会去练习时，甚至你没有（或几乎没有）去练习，都请填写本练习单。如果写不下，可以写在练习单背面。

勾选你练习的项目：

☐ 饶有兴趣地关注周围的人。

☐ 把焦点从自己身上移开，放在周围的人身上。

☐ 如果发现自己想评判别人，想办法把自己从这些想法上拉走。

☐ 专注于此时此刻（而不是计划接下来要说什么），倾听他人。

☐ 关注别人，不要分心。

☐ 要放弃"自己一定是对的"这一观点。

☐ 其他：＿＿＿＿＿＿＿＿＿＿＿＿＿＿＿＿＿＿＿＿＿＿＿＿＿

☐ 以实事求是的方式描述自己看到的一切。

☐ 用描述性的语言取代评判。

☐ 对看到的东西描述，而不做出假设或解释。

☐ 不去怀疑别人的动机。

☐ 其他：＿＿＿＿＿＿＿＿＿＿＿＿＿＿＿＿＿＿＿＿＿＿＿＿＿

☐ 积极参与与他人的互动中。

☐ 顺其自然，不企图掌控一切。

☐ 成为群体活动和谈话中的一员。

☐ 其他：＿＿＿＿＿＿＿＿＿＿＿＿＿＿＿＿＿＿＿＿＿＿＿＿＿

**描述一个上周对其他人练习正念的情境：**＿＿＿＿＿＿＿＿＿＿＿

＿＿＿＿＿＿＿＿＿＿＿＿＿＿＿＿＿＿＿＿＿＿＿＿＿＿＿＿＿＿＿

**跟你在一起的人是谁？**＿＿＿＿＿＿＿＿＿＿＿＿＿＿＿＿＿＿＿

**你如何练习正念？**＿＿＿＿＿＿＿＿＿＿＿＿＿＿＿＿＿＿＿＿＿

**有何结果？**＿＿＿＿＿＿＿＿＿＿＿＿＿＿＿＿＿＿＿＿＿＿＿＿

＿＿＿＿＿＿＿＿＿＿＿＿＿＿＿＿＿＿＿＿＿＿＿＿＿＿＿＿＿＿＿

**事后你的感觉如何？**＿＿＿＿＿＿＿＿＿＿＿＿＿＿＿＿＿＿＿＿

**对他人保持正念之后有什么不同吗？如果有，是什么样的不同？**

＿＿＿＿＿＿＿＿＿＿＿＿＿＿＿＿＿＿＿＿＿＿＿＿＿＿＿＿＿＿＿

＿＿＿＿＿＿＿＿＿＿＿＿＿＿＿＿＿＿＿＿＿＿＿＿＿＿＿＿＿＿＿

# 结束关系

截止日期：_____　　姓名：_____　　开始日期：_____

填写本练习单，描述结束一段不想要的关系的过程（当这个关系与虐待无关时）。

如果被虐待，请拨打求助热线。如果写不下，可以写在练习单背面。

---

**人际关系问题**：描述这段关系破坏或干扰你的生活的具体细节。

_____

_____

运用智慧心念，列出结束这段关系的利弊。

利：_____

_____

弊：_____

_____

## 运用DEAR MAN、GIVE、FAST来结束关系的脚本

1. **描述**这段关系中的情境，或者能够表明你想结束这段关系的最核心的理由。

2. **表达**出你为什么需要结束这段关系的感受和观点。

3. **提出**并坚持你关于结束关系的决定（如果需要，圈选你之后要用的"唱片跳针"技能，且保持留心觉察）。

4. **强化**关系的结束对双方会产生的正面结果。

（接下页）

5. 对结束关系的方式和时机，要**保持正念**和**表现自信**。

6. 如果需要**协商妥协**与**扭转局面**的话，避免偏离话题及态度强硬，或（如果需要）转移注意力。

7. **认可他人**的愿望、感受或过去的关系。

8. **态度轻松**地表达。

9. **公平对待**。

---

勾选出爱的相反行为：

☐ 1. 提醒自己为什么爱是不合理的。

☐ 2. 实施爱的相反行为。

☐ 3. 避免接触会想起所爱之人的人或事。

☐ 4. 其他：＿＿＿＿＿＿＿＿＿＿＿＿＿＿＿＿

行中庸之道
练习单

# 练习辩证

截止日期：＿＿＿＿＿＿＿＿＿　姓名：＿＿＿＿＿＿＿＿＿　起始日期：＿＿＿＿＿＿＿

描述两个练习辩证的情境。

## 情境1

| 情境（人、事、时、地） |
|---|

| | |
|---|---|
| ☐ 看到（事物的）两面<br>☐ 觉察到与他人的联结<br>☐ 接纳改变<br>☐ 谨记：人与人是互相<br>　　影响的 | 核对左侧你使用的技能，并在此描述。 |

| 描述使用技能的体验： |
|---|

检查使用辩证技能是否对以下方面有影响，哪怕只有一点点。

＿＿＿＿减少痛苦　　　　＿＿＿＿增加快乐　　　　＿＿＿＿减少与他人的摩擦

＿＿＿＿减少反应　　　　＿＿＿＿增加智慧　　　　＿＿＿＿改善关系

＿＿＿＿增加联结感　　　＿＿＿＿提高个人认可

＿＿＿＿其他结果：＿＿＿＿＿＿＿＿＿＿＿＿＿＿＿＿＿＿＿＿＿＿＿＿＿

## 情境2

| 情境（人、事、时、地） |
|---|

| | |
|---|---|
| ☐ 看到（事物的）两面<br>☐ 觉察到与他人的联结<br>☐ 接纳改变<br>☐ 谨记：人与人是互相<br>　　影响的 | 核对左侧你使用的技能，并在此描述。 |

| 描述使用技能的体验： |
|---|

检查使用辩证技能是否对以下方面有影响，哪怕只有一点点。

＿＿＿＿减少痛苦　　　　＿＿＿＿增加快乐　　　　＿＿＿＿减少与他人的摩擦

＿＿＿＿减少反应　　　　＿＿＿＿增加智慧　　　　＿＿＿＿改善关系

＿＿＿＿增加联结感　　　＿＿＿＿提高个人认可

＿＿＿＿其他结果：＿＿＿＿＿＿＿＿＿＿＿＿＿＿＿＿＿＿＿＿＿＿＿＿＿

# 辩证清单

截止日期: ＿＿＿＿＿＿＿＿ 姓名: ＿＿＿＿＿＿＿＿ 开始日期: ＿＿＿＿＿

**每日辩证练习:** 勾选你每次进行的辩证练习项目，并对此进行评分。从低分1分（完全没有效果）到高分5分（非常有效）。

评分
（1—5）

**看到事物的两面:**

☐☐☐☐ 1. 问智慧心念: "我遗忘了什么？" ＿＿＿＿

☐☐☐☐ 2. 站在另一个角度寻找事实真相。 ＿＿＿＿

☐☐☐☐ 3. 远离极端（像是"总是"或"从不"），可替代的想法或
说法为: ＿＿＿＿＿＿＿＿＿＿＿＿＿＿＿＿＿＿＿ ＿＿＿＿
＿＿＿＿＿＿＿＿＿＿＿＿＿＿＿＿＿＿＿＿＿＿＿＿＿ ＿＿＿＿

☐☐☐☐ 4. 平衡生活中的对立面: ☐同时认可自己及自己不认可的人
☐接纳现实并试着改变☐既联结又独立☐其他（请描
述）: ＿＿＿＿＿＿＿＿＿＿＿＿＿＿＿＿＿＿＿＿＿ ＿＿＿＿
＿＿＿＿＿＿＿＿＿＿＿＿＿＿＿＿＿＿＿＿＿＿＿＿＿ ＿＿＿＿

☐☐☐☐ 5. 化危机为转机（请描述）: ＿＿＿＿＿＿＿＿＿＿＿＿ ＿＿＿＿

☐☐☐☐ 6. 拥抱迷惘（请描述）: ＿＿＿＿＿＿＿＿＿＿＿＿＿＿ ＿＿＿＿

☐☐☐☐ 7. 以同样的热情让自己站在矛盾中的每一方，分别进行辩论；
扮演魔鬼代言人（请描述）: ＿＿＿＿＿＿＿＿＿＿＿＿ ＿＿＿＿
＿＿＿＿＿＿＿＿＿＿＿＿＿＿＿＿＿＿＿＿＿＿＿＿＿ ＿＿＿＿

☐☐☐☐ 8. 运用隐喻或说故事的方式陈述自己的观点（请描述）: ＿＿＿＿
＿＿＿＿＿＿＿＿＿＿＿＿＿＿＿＿＿＿＿＿＿＿＿＿＿ ＿＿＿＿

☐☐☐☐ 9. 每天花三分钟练习智慧心念，以减缓"有为之心"。 ＿＿＿＿

☐☐☐☐10. 其他（请描述）: ＿＿＿＿＿＿＿＿＿＿＿＿＿＿＿＿

**觉察我与他人的联结:**

☐☐☐☐11. 我期待对方如何待我，我就如何待对方（请描述）: ＿＿＿＿
＿＿＿＿＿＿＿＿＿＿＿＿＿＿＿＿＿＿＿＿＿＿＿＿＿ ＿＿＿＿

☐☐☐☐12. 寻找我与他人的共同之处（请描述）: ＿＿＿＿＿＿＿ ＿＿＿＿

☐☐☐☐13. 注意万物的自然联结（请描述）: ＿＿＿＿＿＿＿＿＿ ＿＿＿＿

☐☐☐☐14. 其他（请描述）: ＿＿＿＿＿＿＿＿＿＿＿＿＿＿＿＿ ＿＿＿＿

**接纳改变:**

☐☐☐☐15. 练习接纳改变（请描述）: ＿＿＿＿＿＿＿＿＿＿＿＿ ＿＿＿＿

☐☐☐☐16. 从小改变开始，让自己能习惯改变（请描述）: ＿＿＿＿＿
＿＿＿＿＿＿＿＿＿＿＿＿＿＿＿＿＿＿＿＿＿＿＿＿＿ ＿＿＿＿

☐☐☐☐17. 其他（请描述）: ＿＿＿＿＿＿＿＿＿＿＿＿＿＿＿＿ ＿＿＿＿

**记住，改变是相互作用的:**

☐☐☐☐18. 关注我对别人的影响（请描述）: ＿＿＿＿＿＿＿＿＿ ＿＿＿＿

☐☐☐☐19. 关注别人对我的影响（请描述）: ＿＿＿＿＿＿＿＿＿ ＿＿＿＿

☐☐☐☐20. 练习放下责备（请描述）: ＿＿＿＿＿＿＿＿＿＿＿＿ ＿＿＿＿

☐☐☐☐21. 提醒自己万事皆有因。 ＿＿＿＿＿＿＿＿＿＿＿＿＿ ＿＿＿＿

☐☐☐☐22. 其他（请描述）: ＿＿＿＿＿＿＿＿＿＿＿＿＿＿＿ ＿＿＿＿

# 注意到自己不辩证的时刻

截止日期：＿＿＿＿＿＿　　姓名：＿＿＿＿＿＿　　起始日期：＿＿＿＿＿＿

简述没有使用辩证方法的情境（人、事、时）。

## 情境1

| 情境（人、事、时、地） |
|---|

| □ 看到（事物的）两面<br>□ 觉察我与他人的联结<br>□ 接纳改变<br>□ 记住，改变是互相作用的 | 核对左侧你需要使用却没使用的技能，并在此描述没有使用技能的感受。 |
|---|---|

| 下次你会有何不同的做法？ |
|---|

检查使用辩证技能是否对以下方面有影响，哪怕只有一点点：

＿＿＿增加痛苦　　　　＿＿＿减少快乐　　　　＿＿＿增加与他人的摩擦
＿＿＿增加情绪反应性　＿＿＿减少智慧　　　　＿＿＿损害关系
＿＿＿减少联结感　　　＿＿＿减少个人的价值感　＿＿＿其他的结果：＿＿＿＿

## 情境2

| 情境（人、事、时、地） |
|---|

| □ 看到事物的两面<br>□ 觉察我与他人的联结<br>□ 接纳改变<br>□ 记住，改变是互相作用的 | 核对左侧你需要使用却没使用的技能，并在此描述没有使用技能的感受。 |
|---|---|

| 下次你会有何不同的做法？ |
|---|

检查使用辩证技能是否对以下方面有影响，哪怕只有一点点：

＿＿＿增加痛苦　　　　＿＿＿减少快乐　　　　＿＿＿增加与他人的摩擦
＿＿＿增加情绪反应性　＿＿＿减少智慧　　　　＿＿＿损害关系
＿＿＿减少联结感　　　＿＿＿减少个人的价值感　＿＿＿其他的结果：＿＿＿＿

# 认可他人

截止日期：_____　　姓名：_____　　开始日期：_____

当你练习认可他人或有机会去练习时，甚至你未做任何练习，都请填写这张练习单。如果写不下，可以写在练习单背面。

请勾选你（刻意）练习过的认可他人的类型：

□　1. 关注他人。

□　2. 对方所说或所做能给予及时回应，对于别人的指正持开放态度。

□　3. 能敏锐地感觉到对方没有说出来的话。

□　4. 能自信地说出对方的感受、想法、心里话。

□　5. 承认对方感受、想法中的合理部分，并采取行动。

□　6. 真诚且平等待人。

请列出一句未对他人认可和两句认可他人的话。

1._____

2._____

3._____

描述过去一周内，你对某人不评判的一个场景。

_____

_____

描述过去一周内，你使用认可的一个场景。

_____

_____

你所认可的对象是谁？

_____

_____

你当时具体对他/她做或说了什么？

_____

_____

结果如何？_____

_____

之后你有什么感受？_____

下一次你会有不同的想法或做法吗？如果有，是什么？_____

_____

# 自我认可与自尊

截止日期：_____ 姓名：_____ 开始日期：_____

当你练习自我认可或有机会去练习时，甚至你未做任何练习，都请填写这张练习单。如果写不下，可以写在练习单背面。

**请列出一句不认可自己和两句认可自己的话。**

1. _____

2. _____

3. _____

描述过去一周内，你感到不被认可的一个情境：_____

_____

_____

**检查在过去一周中你使用过的技能：**

☐ 检查所有的事实，辨别自己的反应是合理的还是不合理的。

☐ 与自己信任的人去检查是合理的还是不合理的。

☐ 当自己的反应不合逻辑或不合理时，承认它。

☐ 努力改变无效的想法、评论或行动（停止责备）。

☐ 放下自我评判（练习相反行为）。

☐ 提醒自己，一切皆有因缘，尽力就好。

☐ 怜悯自己，练习自我安抚。

☐ 承认不被认可是很令人难过的，即使别人指出的问题是正确的。

☐ 你的反应在某个情境下是符合逻辑且合理的时候，认可自己。

☐ 记住，不被认可不是彻底的灾难，即使你的反应是合理的。

☐ 在支持我的人面前，描述我的感受与行动。

☐ 允许自己因不被认可而造成的伤害难过。

☐ 对人生中一些否定过你的人使用全然接纳技能。

☐ **结果如何？** _____

_____

_____

# 通过强化来改变行为

截止日期：＿＿＿＿＿＿　姓名：＿＿＿＿＿＿　开始日期：＿＿＿＿＿＿

当你尝试使用强化来改变自己或他人的行为时，请填写这张练习单。如果写不下，可以写在练习单背面。

1. 首先，确定你想增加的行为和使用的强化物。

　　a. 对自己：

　　要强化的行为：＿＿＿＿＿＿＿＿＿＿＿＿＿＿＿＿＿＿＿＿＿＿＿

　　强化物：＿＿＿＿＿＿＿＿＿＿＿＿＿＿＿＿＿＿＿＿＿＿＿＿＿＿

　　b. 对他人：

　　要强化的行为：＿＿＿＿＿＿＿＿＿＿＿＿＿＿＿＿＿＿＿＿＿＿＿

　　强化物：＿＿＿＿＿＿＿＿＿＿＿＿＿＿＿＿＿＿＿＿＿＿＿＿＿＿

2. 描述需要强化的情境。

　　a. 对自己：＿＿＿＿＿＿＿＿＿＿＿＿＿＿＿＿＿＿＿＿＿＿＿＿＿

　　b. 对他人：＿＿＿＿＿＿＿＿＿＿＿＿＿＿＿＿＿＿＿＿＿＿＿＿＿

3. 结果是什么？你观察到了什么？

　　a. 对自己：＿＿＿＿＿＿＿＿＿＿＿＿＿＿＿＿＿＿＿＿＿＿＿＿

　　＿＿＿＿＿＿＿＿＿＿＿＿＿＿＿＿＿＿＿＿＿＿＿＿＿＿＿＿＿＿

　　b. 对他人：＿＿＿＿＿＿＿＿＿＿＿＿＿＿＿＿＿＿＿＿＿＿＿＿

　　＿＿＿＿＿＿＿＿＿＿＿＿＿＿＿＿＿＿＿＿＿＿＿＿＿＿＿＿＿＿

4. 之后你有什么感受？＿＿＿＿＿＿＿＿＿＿＿＿＿＿＿＿＿＿＿＿＿＿

5. 下一次你会有不同的想法或做法吗？如果有，是什么？＿＿＿＿＿＿＿

# 通过削弱或惩罚来改变行为

截止日期：_____ 姓名：_____ 开始日期：_____

当你尝试通过削弱或惩罚以改变自己或他人的行为时，请填写这张练习单。

如果写不下，可以写在练习单背面。

1. **首先，确定你想减少的行为，然后决定是通过移除强化物还是增加惩罚来消除它。（跳过你不使用的方式）**

   如果打算用惩罚减少行为，请弄清楚后果，同时确定要强化的新行为，以及可增加行为的强化物，用以取代想要减少的行为。

   a. 对自己：

   要减少的行为：_____

   要去除的强化物：_____

   要增加的惩罚后果：_____

   替代行为和强化物：_____

   b. 对他人：

   要减少的行为：_____

   要去除的强化物：_____

   要增加的惩罚后果：_____

   替代行为和强化物：_____

2. **描述使用削弱或惩罚的情境。（将使用方法圈起来）**

   a. 对自己：_____

   b. 对他人：_____

3. **结果是什么？你观察到了什么？**

   a. 对自己：_____

   b. 对他人：_____

4. **之后你有什么感受？** _____

   _____

5. **下一次你会有不同的想法或做法吗？如果有，是什么？** _____

   _____

# 情绪调节技能

## 讲义及练习单介绍

情绪在我们的生活中有着十分重要的功能。情绪调节的目标是减少情绪上的痛苦，并不是摆脱情绪。情绪调节技能可以帮助你改变那些你（而不是其他人）想改变的情绪，或者降低情绪的强度。情绪调节技能也可以降低极端情绪或者痛苦情绪的易感性，提升情绪复原力。调节情绪需要用到正念技能，特别是不评判地觉察以及对自己当下情绪的描述。你需要知道情绪是什么，它能为你做什么，然后才能有效地调节它。

情绪调节技能模块包含四组讲义和练习单：了解并命名情绪、改变情绪反应、减少情绪心念易感性以及管理极端情绪。还有一个介绍性的讲义及其配套练习单：

·**情绪调节讲义 1：情绪调节的目标**。本讲义简短列出教授技能的目标，可与**情绪调节练习单 1：改变情绪的利弊分析**共同使用。

### 了解并命名情绪

·**情绪调节讲义 2：概论——了解并命名情绪**。当你不了解情绪运作原理时，情绪还是很难管理的。知识就是力量，本讲义概述了这个单元所涉及的技能。

· 情绪调节讲义3：情绪的功能。人类以及很多动物的情绪之所以产生是有理由的，情绪有三种于我们而言重要的功能。如果你曾经练习过情绪调节模块，之后的练习单会对你有用。如果你是第一次学习，可先跳过这些练习单，以后再用。

· 情绪调节练习单2：情绪可以为我做什么。这份练习单可以与情绪调节讲义3同时使用。情绪调节练习单2a：范例——指出情绪可以为我做什么是练习单2的范例。

· 情绪调节练习单2b：情绪日记。这份练习单与之前的练习单形式不同，可与讲义3同时使用，目的在于辨识情绪如何在一段时间中发挥作用。情绪调节练习单2c：范例——情绪日记是练习单2b的范例。

· 情绪调节讲义4：造成情绪调节困难的因素。调节情绪非常困难。生理因素、缺乏技能、情绪行为的强化、情绪化、精神超负荷和对情绪的误解等，都可能使调节情绪变得困难。

· 情绪调节讲义4a：关于情绪的误区。你相信本讲义所讲述的所有误区吗？搭配情绪调节练习单3：关于情绪的误区使用。

· 情绪调节讲义5：描述情绪的模式图。情绪是复杂的，由许多不同的因素共同作用。改变其中任何元素会改变整体的反应。理解情绪的组成元素有助于改变情绪，本讲义呈现了所有这些元素的方方面面。

· 情绪调节讲义6：描述情绪的方法。这份长长的讲义列出了十种特定情绪的典型特征，包括：愤怒、厌恶、妒羡、恐惧、快乐、嫉妒／吃醋、爱、悲伤、羞愧与内疚。每种情绪基本上与情绪调节讲义5所列的元素相符。讲义6所列的情绪不一定在所有情绪当中，具体每个人情况又有所不同。

将你的练习记录在情绪调节练习单4或4a：观察与描述情绪。这两份练习单的格式不同，但信息是一样的，练习单4与讲义5采用相同的流程图形式，练习单4a采用清单格式。如果你在描述或辨识情绪上有不同程度的难题，可以查阅讲义6来找寻灵感。注意"诱发事件"是由紧邻情绪爆发前的几个事件组成的。导致诱发事件的经过或故事，将会在"脆弱因子"中讲到。在诱发事件前二十四小时内如果有生理疾病或疼痛、饮酒、药物使用、缺乏睡眠、吃得过多或过少以及压力性事件，都要加以重视并记录。运用0到100为情绪强度评分，0分是指没有情绪，100分是最极端的情绪。

## 改变情绪反应

·**情绪调节讲义7：概论——改变情绪反应。**本讲义介绍三种改变情绪的技能：核对事实、相反行为与问题解决。

·**情绪调节讲义8：核对事实。**通常，我们的反应是基于对事件的想法与解释，而非事件本身。改变对事件的信念、假设及解释以更贴近事实，可以改善我们的情绪反应。使用**情绪调节练习单5：核对事实**，记录这项技能的练习结果。在这份练习单的空白处，可以写下对于情境的描述（步骤二）及描述那些可能会点燃情绪的想法与解释（步骤三），也在每个步骤的空白处核对事实：思考可能的替代方式，或对事情进行其他解释。在练习单上方评定情绪强度（0=没有情绪；100=强度最大）。在核对事实前后各打分一次。

·**情绪调节讲义8a：范例——符合事实的情绪。**当你的情绪不符合事实时，"核对事实"无法使情绪得到改变。本讲义列出一些情绪以及与情绪相符的事例，要改变这些情绪，需要借助相反行为或问题解决。

·**情绪调节讲义9：相反行为与问题解决——决定要用哪一个。**当情绪符合事实，借助问题解决来改变场景，可能是最有效的改变情绪方式。借助相反行为去改变感受某个情境方式是最好的路径。本讲义的流程图有助于你梳理出改变那些常出现但你不想要的情绪的技能。使用**情绪调节练习单6：找出如何改变不想要的情绪**可以整理出要使用的技能。这份练习单与讲义9有同样的流程图格式。

·**情绪调节讲义10：相反行为。情绪调节讲义11：找出相反行为。**

相反行为是指与"情绪驱使你去做的或说的"相反的行为。相反行为是改变或减少不喜欢的情绪的有效方式。行为冲动是情绪的一个组成元素（参考情绪调节讲义5），每个情绪都有典型的行为冲动（参考情绪调节讲义6）。讲义10列出了相反行为的步骤。讲义11指引我们在九种特定情绪中辨别出相反行为，不过此处的相反行为只是建议，重要的是，你需要辨识自己的行为冲动并找出与此相反的行为。使用**情绪调节练习单7：用相反行为改变情绪**记录你的练习结果。"练习前"与"练习后"的空白处，可以在练习相反行为前后，为情绪强度评分。专注在情绪的诱发事件，判断情绪是否合理（情绪是否符合事实）。

·**情绪调节讲义12：问题解决。**当情绪符合事实，改变情绪的最好方式可能是避免情境或改变情境。改变困难情境首先要解决问题，本讲义中列出了解决问题的步骤。使用**情绪调节练习单8：用问题解决改变情绪**记录你的练习结果，填写这份练习单有助于找出问题及解决办法，但对改变情绪而言，最重要的是实际解决问题（练习单上的步骤6—7）。在问题解决前后，为情绪强度评分（0—100）。

·**情绪调节讲义13：复习相反行为与问题解决。**知道何时使用这一对策，以及知道这两个技能在实操中的差别，同等重要。讲义13的第一栏，概括了每一种基本情绪的"相符事件"（符合事实的情况）。第二栏列出相反行为的范例。这个技能适用于与情绪不相符，或者与情绪相符但如果任由情绪来会无效的情况。第三栏列出做出与情绪冲动相符的行为范例，如通过问题解决或回避。讲义13符合情绪的事件与情绪调节讲义6的诱发事件是相同的。讲义13的"相符事件"与"相反行为"是情绪调节讲义11的简易版。

## 减少情绪心念的易感性

·**情绪调节讲义14：概论——减少情绪心念的易感性，建立值得过的人生。**减少使你易受消极情绪和心境影响的因素，可以减轻情绪困扰和痛苦。本讲义是这个小节技能的概论，简称 ABC PLEASE。积累正面情绪（Accumulate positive emotions），建立自我掌控（Build mastery），提前应对引发情绪的情境（Cope ahead），并通过照顾身体来照顾自己的心灵（PLEASE 技能）。**情绪调节练习单 9：减少情绪心念易感性**的步骤是一份概括性的练习单，总结所有 ABC PLEASE 技能，可以用在单一或全部技能的练习。

·**情绪调节讲义 15：积累正面情绪（短期）。情绪调节讲义 16：愉快的事情清单。**讲义 15 是借助增加愉快的活动与体验来形成当下正面体验。讲义 16 是愉快的事情清单。表中的哪个活动会让你感到开心？尽可能多做会让自己感到开心或愉悦的事，即使最初的效果不明显。**情绪调节练习单 10：正面活动日记**是每日填写的。拟出你的本周计划，然后写下实际做的事。为你做的某个活动的注意力评分（例如，当下你的专注度与参与的程度）。情绪调节练习单 9 及 13 除了其他 ABC PLEASE 技能之外，还提供一小部分来追踪正面活动。

·**情绪调节讲义 17：积累正面情绪（长期）。情绪调节讲义 18：价值观与优先顺序清单。**如果你感觉人生不值得一过，你很难获得快乐和幸福。拥有有意义的生活需要关注自己的价值观与人生的优先顺序，同时需要时间、耐性及毅力。讲义 17 将过有意义的生活分解成七个步骤。讲义 18 列出十四类共五十八个特定的价值观，帮助你完成步骤二："辨识对你来说重要的价值观。"

·**情绪调节练习单 11 与 11a：从价值观展开特定的行动步骤。**这两份练习单有助于梳理出过想要的人生需要的步骤。练习单 11 的空白较多，同时强调参与人际关系也是一种价值。

·**情绪调节练习单 11b：价值观与优先顺序日记。**这个适用于 DBT 技能习得者而非初学者，目的在于追踪我们追求不同人生目标与价值时的行动。

·**情绪调节讲义 19：培养自我掌控与提前应对技能。**面对困难情境时，如果有能力并且准备充分，就可以在负面情绪面前减少易感性，并多练习技能。这份讲义涵括两种技能的具体步骤：建立自我掌控，以及提前应对会引发情绪的情境。使用**情绪调节练习单12：建立自我掌控与提前应对**来安排活动，以增加成就感，并记录你实际完成的部分，也有空间让你写下两次提前应对的练习。

· **情绪调节练习单13：每天练习 ABC 组合技能**。这份练习单可用来记录积累正面情绪、建立自我掌控与提前应对的过程。

· **情绪调节讲义20：要照顾你的心，先照顾你的身体**。身体失去平衡，会使得抗负面情绪及情绪心念的能力变弱，身体得到照顾可增加情绪的复原力。PLEASE 的缩写代表：治疗身体疾病（treating PhysicaL illness）、均衡饮食（balancing Eating）、远离改变情绪的物质（avoiding mood-Altering substance）、均衡睡眠（balancing Sleep）及适当运动（getting Exercise）。**情绪调节练习单14：练习 PLEASE 技能**用来记录本周的练习。每天写一行，记录练习 PLEASE 技能的过程。每一列的尾端有个空格，用来填写技能的有用性。

· **情绪调节讲义20a：逐步讲解噩梦应对步骤**。如果噩梦干扰了你的睡眠，请仔细阅读这份讲义。填写**情绪调节练习单14a：噩梦体验表格**并遵照讲义20a 的步骤。这份练习单有三种形式：噩梦体验练习、改变梦境的体验练习、梦境排演和放松记录。有些学员觉得从第二个形式开始比较容易。

· **情绪调节讲义20b：睡眠卫生指南**。当忧虑得无法入眠时，试着按照这份讲义练习，使用**情绪调节练习单14b：睡眠卫生指南**来记录你的感受。

## 管理极端情绪

· **情绪调节讲义21：概论——管理极端情绪**。有时候负面情绪太强烈，需要借助某些特别技能缓解。

· **情绪调节讲义22：对当下的情绪保持正念——放下受苦情绪**。练习正念技能意味着观察、描述与"允许"情绪，而不夹带评判或试着改变、阻断或转移的情绪。回避或压抑情绪会使得痛苦增加。练习正念技能可以让情绪趋于自由，在 DBT 中这是非常重要的基础技能，可避免你在使用此模块中任何技能时被情绪干扰。用**情绪调节练习单 15：对当下的情绪保持正念**记录练习过程，勾选你所使用的技能。如果无法辨识所感受到的情绪，回顾情绪调节讲义 6。练习情绪调节练习单 15，记得为你的情绪强度评分。

·**情绪调节讲义 23：管理极端情绪**。当情绪被高度激发，会让你无法使用技能。知道自己的技能崩溃点非常重要，它警示你需要先使用危机生存技能（将在痛苦忍受模块中教授）。本讲义教你如何区分技能崩溃点。

·**情绪调节讲义 24：情绪调节技能的疑难解答**。当使用技能似乎没有效果时，先不要放弃，而是尝试用技能解决疑难问题解答。本讲义帮你梳理出干扰管理困难或无效情绪的因素。你也可以使用**情绪调节练习单 16：情绪调节技能的疑难解答**，其中有类似的内容信息。

# 情绪调节讲义

# 情绪调节的目标

## 了解并命名情绪

☐ 辨别（观察并描述）你的情绪。

☐ 了解情绪的功能。

☐ 其他: _____

## 减少不想要的情绪的出现频率

☐ 在第一时间阻断不想要的情绪产生。

☐ 当不想要的情绪出现时，改变它。

☐ 其他: _____

## 减少情绪心念的易感性

☐ 减少对情绪心念的易感性。

☐ 提升情绪复原力、应对困难的能力与正面情绪。

☐ 其他: _____

## 减少情绪痛苦

☐ 沉浸在痛苦情绪之中时，试着减少痛苦。

☐ 管理极端情绪，不让事情变得更糟。

☐ 其他: _____

了解并命名情绪
讲义

# 概论——了解并命名情绪

### 情绪有什么功能

所有的情绪都有它存在的原因。

我们需要它们!

---

### 造成情绪调节困难的因素

缺乏技能、强化后果、情绪化、情绪负担过重、情绪误区、生理因素都会干扰情绪。

---

### 描述情绪的模式图

情绪是由复杂的反应构成的。

改变系统的任何一部分都能改变整体。

---

### 描述情绪的方法

学习观察、描述并为情绪命名，有助于调节情绪。

# 情绪的功能

---

### 情绪激发（并组织）我们采取行动

· 情绪激发我们的行为。情绪为我们的活动做准备。

　在生理上，行为动机和特定的情绪通常是有必然联系的。

· 情绪可以为我们在重要处境中的行为反应节省时间。

　当我们没有时间完整、彻底地考虑事情时，情绪就尤为重要。

· 程度强烈的情绪有助于我们克服障碍——在心智上及环境中。

---

### 情绪可以与他人沟通并影响他人

· 脸部表情与情绪相关，借助脸部表情沟通比文字更快速。

· 肢体语言与语调相关，语调同样也向人传达了我们的情绪。

· 当需要沟通或传递重要信息时，要改变情绪可能会非常困难。

· 不论有意或无意，我们的情绪会影响别人。

---

### 情绪帮助我们与自己沟通

· 情绪反应可以向我们提供重要信息，它可以告诉我们正在发生的事情。

· 预感（gut feeling）就像是直觉，这是我们对情境当中重要信息的反应。

　情绪驱使我们去核对事实，这在一定程度上帮助了我们。

· 注意：有时候我们会把情绪当成事实。情绪愈强烈，我们就愈相信这
　种情绪是有事实依据的。（例如："一旦有不确定感，我就觉得是自
　己能力不够""如果独处让人感到寂寞，那我就不该独处""如果我
　有信心做这件事，那这件事肯定是正确的""如果我感到害怕，那一
　定存在危险""我爱他，那他就是我的归宿"。）

· 当我们认为情绪即事实，我们可能会将之视为想法或行动的理由。当
　情绪让我们忽略了事实，就有可能带来麻烦。

---

# 造成情绪调节困难的因素

---

### 生理因素

☐ 生理因素可能使情绪更难以调节。

---

### 缺乏技能

☐ 不知道怎样调节自己的情绪。

---

### 强化后果

☐ 当你非常情绪化时，环境也会让你的情绪更激烈。

---

### 情绪化

☐ 是当下的情绪而非智慧心念控制了你的行为。

☐ 你并不是想花时间及心力去调节情绪。

---

### 情绪负担过重

☐ 情绪过于激动使技能无法发挥作用，你不知道该使用什么技能。

---

### 情绪误区

☐ 情绪误区（如错误的信念）会影响你调节情绪的能力。

　　☐ "不应该有情绪，有情绪说明我比较软弱"这类误区，让我们试图逃避情绪。

　　☐ "极端情绪是必要的，或者这就是我的一部分"这类误区，让我们放弃了情绪调节。

# 关于情绪的误区

1. 在每个情境中，总有一个感受是对的。　　　　挑战：＿＿＿＿＿＿＿

2. 让人知道我现在很难过，那意味着我很软弱。　挑战：＿＿＿＿＿＿＿

3. 负面情绪是不好的，会摧毁一个人。　　　　　挑战：＿＿＿＿＿＿＿

4. 情绪化意味着我失控了。　　　　　　　　　　挑战：＿＿＿＿＿＿＿

5. 有些情绪让人看来很愚蠢。　　　　　　　　　挑战：＿＿＿＿＿＿＿

6. 所有痛苦的情绪都源于态度恶劣。　　　　　　挑战：＿＿＿＿＿＿＿

7. 如果别人不认同我的感受，那意味着这个　　　挑战：＿＿＿＿＿＿＿
   感觉是不对的。

8. 我应该有什么样的感受，要看其他人对此　　　挑战：＿＿＿＿＿＿＿
   的评价。

9. 痛苦的情绪没那么重要，应该被忽略。　　　　挑战：＿＿＿＿＿＿＿

10. 与其努力调节情绪，不如从极端情绪中　　　　挑战：＿＿＿＿＿＿＿
    获取更多。

11. 在强烈的、失控的情绪中，才能迸发创　　　　挑战：＿＿＿＿＿＿＿
    造力。

12. 戏剧化的情绪看起来很酷。　　　　　　　　　挑战：＿＿＿＿＿＿＿

13. 尝试改变情绪不现实。　　　　　　　　　　　挑战：＿＿＿＿＿＿＿

14. 感受到的才是事实，其他的都不是事实。　　　挑战：＿＿＿＿＿＿＿

15. 只要喜欢就没什么不可以。　　　　　　　　　挑战：＿＿＿＿＿＿＿

16. 按照情绪来行动意味着我是个自由人。　　　　挑战：＿＿＿＿＿＿＿

17. 我的情绪即我的本心。　　　　　　　　　　　挑战：＿＿＿＿＿＿＿

18. 别人爱我是因为我表现出来的情绪。　　　　　挑战：＿＿＿＿＿＿＿

19. 情绪的发生是没有理由的。　　　　　　　　　挑战：＿＿＿＿＿＿＿

20. 要相信自己的情绪。　　　　　　　　　　　　挑战：＿＿＿＿＿＿＿

21. 其他误解：＿＿＿＿＿＿＿＿＿＿＿　　　　　挑战：＿＿＿＿＿＿＿

# 描述情绪的模式图

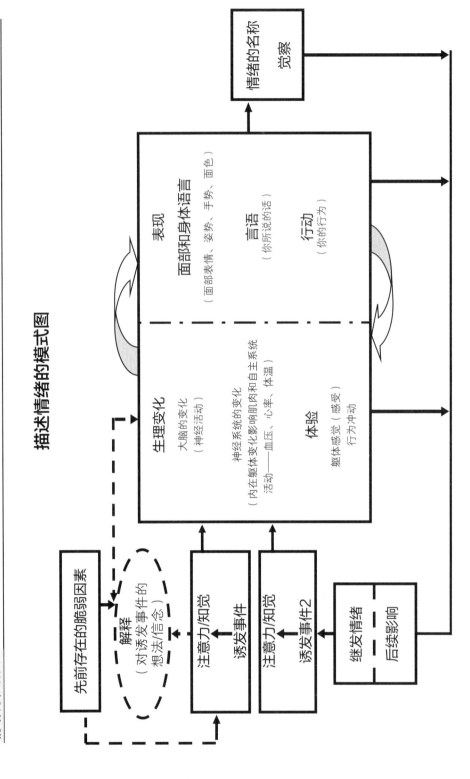

**先前存在的脆弱因素**

**解释**
（对诱发事件的
想法/信念）

**注意力/知觉**
**诱发事件**

**注意力/知觉**
**诱发事件2**

**继发情绪**
**后续影响**

**生理变化**
大脑的变化
（神经活动）

神经系统的变化
（内在躯体变化影响肌肉和自主系统
活动——血压、心率、体温）

**体验**
躯体感觉（感受）
行为冲动

**表现**
**面部和身体语言**
（面部表情、姿势、手势、面色）

**言语**
（你所说的话）

**行动**
（你的行为）

**情绪的名称**
觉察

# 描述情绪的方法

## 表示愤怒的词语

| | | | | |
|---|---|---|---|---|
| 愤怒 | 痛苦 | 盛怒 | 愤慨 | 复仇心 |
| 激怒 | 恼怒 | 易怒 | 被刺激 | 震怒 |
| 激动 | 面目狰狞 | 脾气坏 | 暴跳如雷 | |
| 恼人 | 受挫 | 充满敌意 | 暴怒 | |

## 愤怒情绪的诱发事件

· 重要的目标遇到障碍。
· 自己或者所爱之人被人攻击或威胁。
· 失去权力、地位或尊重。

· 事情没有按期待发展。
· 来自身体或情绪的痛苦。
· 其他：＿＿＿＿＿＿＿＿＿＿

## 对诱发事件的解释

· 觉得自己被不公平对待。
· 指责。
· 觉得自己的目标实现不了了。
· 认为事情就应该展现不同的样子。

· 坚持认为"我是对的"。
· 认为目前的形势是不合法的或错的。
· 不断回想最初引起愤怒的事件。
· 其他：＿＿＿＿＿＿＿＿＿＿

## 愤怒情绪的生理反应与感受

· 肌肉紧绷。
· 咬牙切齿。
· 双手紧握。
· 脸变红、变热。
· 觉得自己快要爆炸了。

· 不停地流泪。
· 想打人、捶墙、扔东西、情绪爆发。
· 想打人或者袭击他人。
· 其他：＿＿＿＿＿＿＿＿＿＿

## 与愤怒相关的表达和行为

· 肢体或言语攻击。
· 做出攻击或威胁性的姿势。
· 敲桌子、扔东西或砸东西。
· 步伐沉重、来回踱步或摔门。
· 出去走走。
· 发出很大的、嘈杂的或讽刺的声音。
· 骂脏话或诅咒。
· 批评或抱怨。

· 紧握拳头。
· 眉头紧皱、没有半点笑容、看起来很凶。
· 生闷气、拒绝与人接触。
· 哭泣。
· 咬牙切齿。
· 脸通红。
· 其他：＿＿＿＿＿＿＿＿＿＿

## 愤怒情绪的后续影响

· 视野变窄。
· 只注意让自己愤怒的情境。
· 不断回想愤怒的情境。

· 想象可能会让自己愤怒的情境。
· 觉得失去自我、解离体验、麻木感。
· 其他：＿＿＿＿＿＿＿＿＿＿

# 表示厌恶的词语

| | | | | | | |
|---|---|---|---|---|---|---|
| 厌恶 | 规避 | 不喜欢 | 嫌弃 | 抵触 | 愤恨 | 恶心 |
| 痛恨 | 屈尊 | 嘲弄 | 怨恨 | 后退 | 反抗 | 恶意 |
| 反感 | 轻蔑 | 不屑 | 憎恶 | 排斥 | 鄙视 | 卑鄙 |

## 厌恶情绪的诱发事件

- 看到／闻到人类或动物的排泄物。
- 很脏的人或动物试图靠近时。
- 吃到或被逼吞下不想吃的东西。
- 看到或靠近死尸时。
- 触到陌生人、死人或不喜欢的人穿过的衣服或物品。
- 看到别人卑躬屈膝，或羞辱人。
- 看到血；让血流出来。

- 看到或听到别人过度阿谀奉承／虚伪。
- 看到或听到背叛、孩童受虐、种族歧视或其他残酷的事。
- 被迫观看与自己价值观相悖的事。
- 面对跟自己价值观严重背离的人。
- 被迫从事或观看自己不想要的性接触。
- 其他：_____

## 对诱发事件的解释

- 认为：
  - 好像吸食毒品。
  - 觉得皮肤或心智被污染了。
  - 认为自己的身体或身体的某部位太难看。
  - 认为别人是"人渣"，太邪恶；或其他人不尊重权威或团体。

- 不赞同他人，或者认为自己占据了道德制高点。
- 非常厌恶自己或自己的感受、想法或行为。
- 大声斥责他人不道德、有罪、有伤风俗。
- 认为别人的身体极端丑陋。
- 其他：_____

## 厌恶情绪的生理反应与感受

- 想吐，又有点恶心。
- 想吐，呕吐、窒息、透不过气。
- 感觉喉咙中有异物。
- 不想吃或不想喝。
- 很想要扔东西或破坏东西。

- 想洗澡。
- 很想走开或推开。
- 感到自己被玷污、肮脏、不干净。
- 感觉心灵被玷污。
- 直接晕倒。
- 其他：_____

## 与厌恶相关的表达和行为

- 呕吐、吐口水。
- 合上双眼，转移视线。
- 不停地洗澡、洗各种东西。
- 换衣服，搞卫生。
- 避开一起吃或喝。
- 推开、踢开、逃走。
- 蔑视或不尊重对方。
- 跨过、把别人挤开。

- 用身体语言攻击厌恶的人。
- 说脏话或诅咒。
- 握紧拳头。
- 皱眉或没有半点笑容。
- 面部表情很凶或不开心。
- 说风凉话。
- 鼻子与上唇紧绷、假笑。
- 其他：_____

## 厌恶情绪的后续影响

- 视野变窄。
- 不断回想让自己觉得厌恶的情境。

- 对脏特别敏感。
- 其他：_____

（接下页）

## 表示妒羡的词语

| | | | | |
|---|---|---|---|---|
| 妒羡 | 渴望 | 不开心 | 贪心 | 小家子气 |
| 苦涩 | 怨恨 | 不满 | 妒忌的 | "眼红" |
| 贪婪的 | 满腹牢骚 | 情绪低落 | 盼望的 | 期望的 |

## 妒羡情绪的诱发事件

- 自己想要，但东西却在别人手中。
- 自己不被主流认可。
- 某个人看起来拥有一切。
- 其他人都在享乐而自己却苦苦努力。
- 别人占据了自己的功劳。

- 觉得别人不行，但他却获得了认可。
- 自己怎么努力也得不到，别人却轻而易举地得到了。
- 别人怎么什么都有。
- 在自己所重视的领域中，对方做得比我好。
- 其他：＿＿＿＿＿＿＿＿＿＿＿

## 对诱发事件的解释

- 觉得别人的一切自己值得拥有。
- 认为别人拥有的比自己多。
- 觉得自己在生活中有太多的不如意，觉得人生不公平。
- 觉得自己运气很差。
- 认为自己不如人，自己是失败者、劣势的。

- 喜欢与人对比。
- 喜欢把自己与拥有某些你希望具有的特质的人相比较。
- 觉得自己不被赏识。
- 其他：＿＿＿＿＿＿＿＿＿＿＿

## 妒羡情绪的生理反应与感受

- 肌肉紧绷。
- 咬紧牙关、抿嘴。
- 脸变红或变热。
- 能感觉到身体僵硬。
- 胃隐隐作痛。
- 总想讨公道。
- 怨恨其他人。

- 想要教训令自己妒羡的人。
- 想要对方失去拥有的东西、倒霉或被伤害。
- 当对方一败涂地或失去一切时，感到高兴。
- 对方走运自己却一点也不开心。
- 总想改变自己。
- 其他：＿＿＿＿＿＿＿＿＿＿＿

## 与妒羡相关的表达和行为

- 努力获得他人拥有的。
- 更努力获取想要之物。
- 试着让自己变得好点。
- 拿走或破坏其他人所拥有的。
- 攻击或批评别人。
- 做一些事情去讨公道。

- 总想让对方失败或失去一切。
- 说别人坏话，或让对方在大庭广众之下丢脸。
- 试图让自己比别人优秀。
- 远离那些拥有自己想要的东西的人。
- 其他：＿＿＿＿＿＿＿＿＿＿＿

## 妒羡情绪的后续影响

- 视野变窄。
- 只注意那些别人拥有而自己没有的。
- 不断回想别人拥有的比自己多。
- 不满足所拥有的，不欣赏自己所有的或其他人为自己所做的。

- 不断回想自己所没有的。
- 打算改变。
- 其他：＿＿＿＿＿＿＿＿＿＿＿

## 表示恐惧的词语

| | | | | |
|---|---|---|---|---|
| 惊恐 | 害怕 | 恐怖 | 紧张 | 无法放松 |
| 焦虑 | 急躁 | 歇斯底里 | 不堪负荷 | 神经紧绷 |
| 忧虑 | 惊吓 | 易变 | 惊悚 | 忧心忡忡 |

## 恐惧情绪的诱发事件

- 生命、健康或幸福被威胁。
- 目前的处境和曾被伤害、威胁的过去相似。
- 回忆过去的画面。
- 当下的情境似曾相识。
- 死一般的寂静。
- 处在新的或陌生的情境中。
- 独处的时光（独行、独自在家、独居）。
- 生活在黑暗中。
- 被很多人挤来挤去。
- 出门在外远离自己的家。
- 在公众场合表演。
- 追求梦想。
- 其他：＿＿＿＿＿＿＿＿＿＿＿＿

## 对诱发事件的解释

- 认为：
  - 死期不远。
  - 我会遭到伤害。
  - 会失去心爱之物。
  - 有可能被拒绝、批评或嫌弃。
  - 颜面尽失。
  - 可能会失败，或预期会失败。
- 认为：
  - 没有人帮我。
  - 我可能会失去原有的一切。
  - 会失去生命中的挚爱。
  - 可能会失去臆想之物。
  - 感到无助或失去控制感。
  - 有种无力感。
  - 其他：＿＿＿＿＿＿＿＿＿＿

## 恐惧情绪的生理反应与感受

- 感到窒息。
- 心跳加速。
- 喉咙发哽
- 肌肉紧绷、抽筋。
- 咬牙切齿。
- 想尖叫或呼救。
- 感到恶心。
- 浑身发冷，病恹恹的。
- 寒毛竖立。
- 忐忑不安。
- 想跑开或避免某些事情。
- 其他：＿＿＿＿＿＿＿＿＿＿

## 与恐惧相关的表达和行为

- 逃走、跑开。
- 匆忙地跑或走。
- 远离为之恐惧的东西。
- 参与令人紧张、恐惧的对话。
- 恳求或哭着请求帮助。
- 话变少，或哽咽说不出话来。
- 尖叫或大叫。
- 对周围保持警觉。
- 愣着不动。
- 劝自己不要去做畏惧之事。
- 身体僵住了，或尝试不要动。
- 哭或是啜泣。
- 浑身发抖。
- 声音颤抖。
- 头上冒汗。
- 拉肚子、呕吐。
- 毛发直立。
- 其他：＿＿＿＿＿＿＿＿＿＿

## 恐惧情绪的后续影响

- 视野变窄。
- 不敢有一点风吹草动。
- 注意力涣散，失去方向感或感到迷茫。
- 失去控制。
- 想象着自己有多失败和落魄。
- 孤立自己。
- 不断回想过去受威胁的时候。
- 其他：＿＿＿＿＿＿＿＿＿＿

（接下页）

## 表示快乐的词语

| | | | | |
|---|---|---|---|---|
| 快乐 | 满足 | 愉悦 | 振奋 | 狂喜 |
| 喜悦 | 福佑 | 骄傲 | 乐观 | 高兴 |
| 享受 | 热忱 | 满足 | 热情 | 自豪 |
| 放松 | 欢乐 | 兴奋 | 宽慰 | 激昂 |
| 热切 | 手舞足蹈 | 欢腾 | 欢快 | 兴高采烈 |
| 沉迷 | 欢欣 | 大笑 | 愉快 | 欢天喜地 |
| 希望 | 喜不自胜 | 欣喜 | 热诚 | |

## 快乐情绪的诱发事件

- 得到一个美好的惊喜。
- 比预期要好很多。
- 得到想要的东西。
- 用心之后得到了想要的结果。
- 超出预期。
- 任务完美地完成了。
- 得到想要的结果。
- 获得自尊、敬重或赞美。
- 被爱被喜欢。
- 被人接纳。
- 在团体中找到归属感。
- 跟所爱之人互相陪伴
- 感到身心愉悦。
- 做那些会创造或带来愉悦感的事。
- 其他：_____

## 对诱发事件的解释

- 实事求是，不加油添醋。
- 其他：_____

## 快乐情绪的生理反应与感受

- 感到兴奋。
- 浑身散发活力，精力充沛。
- 想笑。
- 感到脸红。
- 感到全然的平静。
- 想持续做一件事。
- 感到安详。
- 视野宽阔。
- 其他：_____

## 与快乐相关的表达和行为

- 浅笑。
- 满面春风。
- 雀跃或飘飘然。
- 传达自己的好心情。
- 积极分享自己的感觉。
- 傻傻的。
- 和别人来个拥抱。
- 高兴地跳上跳下。
- 说正面的事情。
- 话语中充满热情，有兴奋的感觉。
- 话匣子停不下来。
- 其他：_____

## 快乐情绪的后续影响

- 礼貌和善待人。
- 做点让人感觉贴心的事。
- 心中有正面的力量、看到光明面。
- 不容易感到担心或忧虑。
- 记起或想象其他快乐的时刻。
- 期待将来也会如此欢乐。
- 其他：_____

（接下页）

# 表示嫉妒的词语

| | | | | |
|---|---|---|---|---|
| 嫉妒的 | 总想抓住 | 害怕失去某人 | 感觉到有竞争 | 小心翼翼 |
| 谨慎的 | 防卫的 | 多疑的 | 警觉的 | 戒备 |
| 不信作 | 怀疑的 | 占有欲强的 | 自我保护的 | |

## 嫉妒情绪的诱发事件

- 重要的关系受到重创或马上失去。
- 所爱之人被人关注。
- 被威胁要拿走心爱之物。
- 别人跟你的倾慕之人出去游玩。
- 别人和你的朋友聊天时自己被当作空气。
- 别人比自己更有魅力。

- 被亲密关系中的人漠视。
- 伴侣希望独处。
- 伴侣与其他人调情。
- 热恋对象满含深情地注视其他人。
- 所爱之人与别人有染。
- 其他：_____

## 对诱发事件的解释

- 认为：
  - 伴侣不再贴心。
  - 觉得自己在伴侣心中毫无地位。
  - 自己要失去爱人了。
  - 自己的伴侣行为不轨。
  - 自己比不上竞争对手。
  - 自己值得被善待。

- 认为：
  - 自己被欺骗了。
  - 没人关心自己。
  - 竞争对手占有欲与竞争力很强。
  - 竞争对手没有安全感。
  - 竞争对手是嫉妒自己的。
  - 其他：_____

## 嫉妒情绪的生理反应与感受

- 呼吸被抑制。
- 心跳加快。
- 喉咙哽咽。
- 肌肉紧绷。
- 咬牙切齿。
- 疑神疑鬼。

- 感觉被拒绝。
- 需要有掌控感。
- 无助感。
- 想要抓紧或继续拥有的一切。
- 想要推开或除掉对手。
- 自尊受损。

## 与嫉妒相关的表达和行为

- 对威胁之人施暴，或口头威胁要施暴。
- 死死抓住可能会失去的那个人。
- 当面指责对方不忠。
- 窥探、跟踪对方。

- 事无巨细地盘问别人，让对方说清楚所做之事。
- 搜集对方所有做错事的证据。
- 紧抓不放，增加依赖性。
- 总是想证明对方爱自己。
- 其他：_____

## 嫉妒情绪的后续影响

- 视野变窄。
- 总是发现别人最糟的一面。
- 全盘否定、不信任。

- 对任何危胁到关系的事情都保持警惕。
- 孤立自己或退缩。
- 其他：_____

（接下页）

# 表示爱的词语

| | | | | |
|---|---|---|---|---|
| 爱 | 被吸引 | 散发着魅力 | 热恋 | 同情 |
| 爱慕 | 关爱 | 喜爱 | 想念 | 柔软 |
| 钟爱 | 被迷住 | 迷恋 | 有欲望 | 温暖 |
| 激起欲望 | 怜悯 | 仁慈 | 热情 | |
| | 渴望 | 喜欢 | 多愁善感 | |

## 爱的情绪的诱发事件

- 有人：
  - 想要的、渴望的都被满足了。
  - 可以做想做或需要做的事。
  - 做了一件重要的事。
- 很喜欢对方的身材。
- 与赏心悦目的人在一起。
- 和对方共度的美好时光。
- 和对方分享奇妙的体验。
- 沟通畅通无碍。
- 其他：＿＿＿＿＿＿＿＿＿＿

## 对诱发事件的解释

- 相信拥有爱自己、需要自己的人。
- 想着某人的身材很有吸引力。
- 觉得某人性格好，有人格魅力，让人开心。
- 相信对方很靠谱，一直会陪伴自己。
- 其他：＿＿＿＿＿＿＿＿＿＿＿＿

## 爱的情绪的生理反应与感受

- 当你和对方一起或思念对方时：
  - 每个毛孔都很兴奋，浑身散发着能量。
  - 心跳加速。
  - 自信满满。
  - 感到不会受伤。
  - 快乐、开心或兴高采烈。
  - 感到温暖、信任和安全。
  - 感到轻松、平静。
- 想把最好的给对方。
- 想送对方礼物。
- 望穿秋水，想和对方在一起。
- 想和对方永远相伴。
- 想和对方保持肢体上的亲密关系。
- 非常想和对方亲密。

## 与爱相关的表达与行为

- 对对方说"我爱你"。
- 对某人表达正面的感觉。
- 眼神接触，互相凝视。
- 触碰、抚摸、拥抱、紧抱、依偎。
- 性行为。
- 报以浅笑。
- 和某人一起共度美好时光。
- 做对方想要或需要的事。
- 其他：＿＿＿＿＿＿＿＿＿＿

## 爱的情绪的后续影响

- 眼里只有对方的优点。
- 做任何事都心不在焉，像在做白日梦。
- 完全信任对方。
- 感到"活着"、有掌控力。
- 回想起自己曾爱过的人。
- 回想起曾爱过自己的人。
- 回想起其他美好的事。
- 认为自己是美好的、有能力的、胜任的。
- 其他：＿＿＿＿＿＿＿＿＿＿

（接下页）

# 表示悲伤的词语

| | | | | | |
|---|---|---|---|---|---|
| 悲伤 | 失望 | 可惜 | 破坏 | 破碎 | 悲愤 |
| 忧郁 | 绝望 | 思乡 | 烦闷 | 不满意 | 发狂 |
| 苦难 | 阴沉 | 哀恸 | 忽视 | 沮丧 | 被拒绝 |
| 不安全 | 灰心 | 郁闷 | 苦难 | 疏远 | 不快乐 |
| 受伤 | 悲哀 | 愁云 | 孤独 | 苦恼 | 挫败 |
| | | | 寂寞 | 不幸 | |

## 悲伤情绪的诱发事件

· 无法挽回的人或事。
· 珍爱之人离去。
· 事情没有按照期待发展。
· 事情比预想的糟糕。
· 与爱人分开。
· 拥有的都是不想要的。
· 努力却得不到所要的。
· 没有得到需要的东西。
· 被拒绝、不赞同或遭到排挤。

· 发现自己无能为力。
· 和一个悲伤或痛苦的人在一起。
· 听闻其他人的烦恼。
· 被孤立了，感觉自己是个局外人。
· 那些得不到的东西。
· 想着你的失落。
· 很思念一个人。
· 其他：_____

## 对诱发事件的解释

· 觉得会和某人分开很久或永远分开。
· 觉得自己永远不会得到。
· 人生是毫无希望的。

· 觉得自己是个废物。
· 其他：_____

## 悲伤情绪的生理反应与感受

· 感到疲惫、乏力或没有活力。
· 闷闷不乐、无精打采，只想躺着。
· 感到好像没有事情会再让你快乐了。
· 浑身都觉得痛苦或空荡荡的。
· 感到空虚。
· 总想哭，或一开始哭泣就停不下来。

· 难以下咽。
· 感到窒息。
· 眩晕。
· 其他：_____

## 与悲伤相关的表达和行为

· 不愿谈论此事。
· 无助，赖床，不想动。
· 闷闷不乐、忧郁，总是带着情绪做事。
· 动作缓慢，拖着脚步。
· 拒绝社交。
· 回避以往会让你开心的事。
· 放弃而且不再尝试改善。
· 述说悲伤的事。

· 寡言或根本不说话。
· 声音低沉、缓慢。
· 眼睑低垂。
· 皱眉，不笑。
· 流泪、哭泣、哽咽。
· 其他：_____

## 悲伤情绪的后续影响

· 总是忘记开心的事。
· 觉得很易怒、多愁善感或不高兴。
· 怀念和去寻找已失去的东西。
· 消极悲观。
· 责怪或批评自己。

· 总是想着不开心的事。
· 失眠。
· 食欲下降，消化不良。
· 其他：_____

（接下页）

## 表示羞愧的词语

| | | | | |
|---|---|---|---|---|
| 羞愧 | 苛责 | 难为情 | 屈辱 | 害羞 |
| 痛悔 | 心乱 | 羞辱 | 忸怩不自然的 | |

## 羞愧情绪的诱发事件

- 被心仪之人拒绝。
- 被人发现你过去的错误。
- 做（或觉得或想着）某件你敬重的人认为是错误或不道德的事。
- 感觉自己不达标。
- 被所爱的人背叛。
- 被取笑／捉弄。
- 想起在公开场合／他人面前被公然批评。
- 他人质疑你的诚信。
- 有人告诉自己过去做的某件事是错误、不道德或丢脸的。
- 原先以为会被赞赏，结果却被拒绝或批评。
- 情绪／体验被否定。
- 隐私被暴露。
- 你所不喜欢的身体特征被暴露无遗。
- 你觉得你能做到，但却失败了。
- 其他：＿＿＿＿＿＿＿＿＿＿＿＿

## 对诱发事件的解释

- 认为自己会被拒绝（或已经被拒绝）。
- 觉得自己不够好，不像别人那样表现得好；自我否定。
- 喜欢对比，觉得自己是个输家。
- 觉得自己不配被爱。
- 认为自己是坏的、不道德或错的。
- 认为自己是有缺陷的。
- 认为自己是个废物或失败者。
- 认为自己的身体（或某部位）太大、太小或太丑。
- 觉得自己没有达到别人的期待。
- 觉得自己是愚蠢或不明智的。
- 其他：＿＿＿＿＿＿＿＿＿＿＿＿

## 羞愧情绪的生理反应与感受

- 胃痛。
- 害怕。
- 想缩起来或消失。
- 想躲起来。
- 其他：＿＿＿＿＿＿＿＿＿＿＿＿

## 与羞愧相关的表达和行为

- 在他人面前藏着掖着。
- 回避那些你伤害过的人。
- 回避那些曾批评过你的人。
- 逃避自己的内心：分心（转移注意力）、忽略。
- 退缩，把脸遮住。
- 在别人面前低头、下跪。
- 安抚对方、反复道歉。
- 不和对方有眼神接触。
- 垂头丧气，颓废或僵硬的姿势。
- 说话结巴，音量变低。
- 其他：＿＿＿＿＿＿＿＿＿＿＿＿

## 羞愧情绪的后续影响

- 不去想自己的过错，自我封闭，阻隔所有情绪。
- 做其他事来转移注意力。
- 心思全在自己身上。
- 自我感丧失、解离体验、麻木或休克。
- 攻击或指责他人。
- 与他人发生冲突。
- 被孤立、感到疏离。
- 解决问题的能力被限制。
- 其他：＿＿＿＿＿＿＿＿＿＿＿＿

（接下页）

## 表示内疚的词语

内疚 　　　苛责 　　　悔恨 　　　感到抱歉 　　　后悔 　　　遗憾

## 内疚情绪的诱发事件

- 做或思考自己觉得不对的事情。
- 做或想与自己三观背离的事情。
- 没有做你说过要做的事情。
- 对你珍视的人或者物做了错事。
- 对他人造成伤害。
- 对自己造成伤害。
- 想起以前做过的错事。
- 其他：＿＿＿＿＿＿＿＿＿＿＿

## 对诱发事件的解释

- 觉得自己该被谴责。
- 想着自己的行为是不好的。
- 总想着"如果当时我不这样做就好了"。
- 其他：＿＿＿＿＿＿＿＿＿＿＿

## 内疚情绪的生理反应与感受

- 发热、脸红。
- 神经过敏、紧张。
- 窒息感。
- 其他：＿＿＿＿＿＿＿＿＿＿＿

## 与内疚相关的表达和行为

- 希望能够补偿、弥补错误、修复损坏、改变结果。
- 请求他人谅解，道歉，忏悔。
- 赔偿或做出牺牲，试图弥补过错。
- 在他人面前抬不起头来、下跪。

## 内疚情绪的后续影响

- 打算改变。
- 参与自助方案。
- 开始行为。
- 其他：＿＿＿＿＿＿＿＿＿＿＿

## 其他重要的情绪词汇

- 消沉、不满足、无精打采
- 苦恼
- 害羞、脆弱、保守、害臊、羞怯、缄默
- 谨慎、不情愿、多疑、小心谨慎、小心翼翼
- 惊讶、惊喜、惊叹、敬畏的、惊吓的、纳闷
- 大胆、勇敢、勇气、决心
- 充满力量、有能力感、有才干、精通
- 令人疑惑的、怀疑、充满争议
- 冷淡、无聊、呆板、倦怠、坐立不安、性急、冷漠、无精打采

# 改变情绪反应
## 讲义

# 概论——改变情绪反应

---

**核对事实**

检查你的情绪反应是否**符合**情境**事实**。

改变你的信念和假设去和事实相符合，

这样可以帮助你改变面对情境时的情绪反应。

---

---

**相反行为**

情绪反应和事实不符合，或者按照这样的情绪行动无效时，可以采取相反行为。

相反行为（全然执行且付诸行动）可以改变你的情绪反应。

---

---

**问题解决**

当事实本身就存在问题时，解决这个问题将会减少你的负面情绪。

---

# 核对事实

---

## 事实

很多时候，是对事情的解释而非事情本身引发了情绪和行为。

**事件 → 看法 → 情绪**

情绪也会在很大程度上影响我们对事情的看法。

**事件 → 情绪 → 看法**

对照想法和核对事实，可以改变我们的情绪。

---

## 如何核对事实

1. 问自己：**我想改变哪种情绪？**

   （见情绪调节讲义6：描述情绪的方法）

2. 问自己：**具体哪件事激发了我的情绪反应？**

   描述你看到的事实。

   切勿做带有评判性质的、非黑即白的描述。

   （见正念讲义4：掌握你的心——"是什么"技能）

3. 问自己：**我对这件事的解释、看法和假设是什么？**

   想想其他可能的解释。

   试着关注所有可能的观点。

   看看你的解释和假设是否符合事实。

4. 问自己：**我的假设可能暗含威胁吗？**

   标出这个威胁因素。

   评估一下这个威胁事件发生的概率有多大。

   尽可能考虑到所有可能的结果。

5. 问自己：**最糟糕的结果是什么？**

   想象灾难发生的真实场景。

   想象自己可以很好地应对（通过解决问题、提前应对或者全然接纳）。

6. 问自己：**我的情绪及／或其反应强度是否符合事实？**

   核对符合每个情绪的事实。

   问问智慧心念。

   （见情绪调节讲义11：找出相反行为。情绪调节讲义13：复习相反行为与问题解决。）

---

| **情绪调节技能**

# 范例——符合事实的情绪

| 恐惧 | 1. 你或者所爱之人的生命受到威胁。<br>2. 你或者所爱之人的健康受到威胁。<br>3. 你或者所爱之人的幸福受到威胁。<br>4. 其他： |
|---|---|
| 愤怒 | 1. 重要的目标或想做的事被迫中断。<br>2. 你或所爱之人被攻击或被伤害。<br>3. 你或所爱之人被侮辱或被威胁。<br>4. 你的尊严或地位被冒犯或被威胁。<br>5. 其他： |
| 厌恶 | 1. 与你有来往的人伤害或者污蔑你。<br>2. 你特别讨厌的人触碰到了你或者所爱之人。<br>3. 某个人或机构，可能会极大损害你或你所属的团体，或产生伤害性的影响。<br>4. 其他： |
| 妒羡 | 1. 他人拥有你想要却没有之物。<br>2. 其他： |
| 嫉妒 | 1. 重要之物或人，有可能被损害或伤害。<br>2. 有人对你的心爱之物或人虎视眈眈。<br>3. 其他： |
| 爱 | 1. 爱某人、动物或者某物，提升了你自己或者你在乎的人的生命的质量。<br>2. 爱某人、动物或者某物，增加了你实现个人目标的机会。<br>3. 其他： |
| 悲伤 | 1. 你永远地失去了某物或者某人。<br>2. 事情没有按照你想要或者期待的方式发展。<br>3. 其他： |
| 羞愧 | 1. 你被在乎的人或者团体拒绝，且你自己或者你的行为被公之于众。<br>2. 其他： |
| 内疚 | 1. 你的行为与自己的价值观或道德规范相背离。<br>2. 其他： |

**判断情绪强度与持续度是依据：**
1. 预期结果发生的可能性。
2. 结果有多严重及／或重要。
3. 这种情绪在你当下生活中发挥了什么作用。

# 相反行为与问题解决——决定要用哪一个

**相反行为=采取与情绪冲动相反的行为**

**问题解决=避免或改变（解决）问题事件**

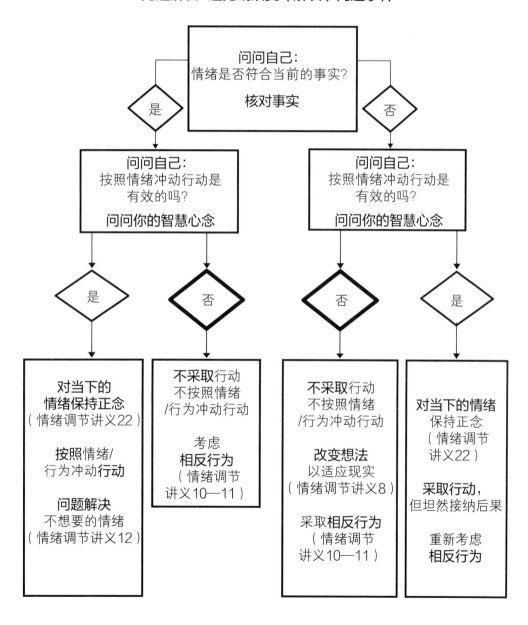

# 相反行为

## 当你的情绪不符合事实
## 或者当情绪来临时所采取的行动无效时，
## 采取相反行为

---

### 每种情绪都会产生相应的行为冲动
### 如果采取与以上行动**相反**的行为就可以改善情绪
举例：

| 情绪 | 行为冲动 | 相反行为 |
|------|----------|----------|
| 恐惧 | 逃跑／回避 | 靠近／不回避 |
| 愤怒 | 攻击 | 温和地回避／态度好一些 |
| 悲伤 | 退缩／自闭 | 积极互动 |
| 羞愧 | 躲藏／回避 | 告诉给能理解这个秘密的人 |

---

### 相反行为的步骤

**步骤一**　　　辨识，并给想改变的情绪命名。

**步骤二**　　　核对事实，看看你的情绪是否和事实符合。同时，核对一下情绪的爆发强度与持续度是不是也符合事实。
（举例：当有人突然和你抢车道时，"恼怒"符合事实'，但"暴怒"则不符合事实。）
当情绪符合事实，情绪就是合理的。

**步骤三**　　　辨别与描述你的行为冲动。

**步骤四**　　　询问智慧心念：在此情境中这样表现情绪有效吗？

如果你的情绪不符合事实或随着情绪而来的行动是无效的：

**步骤五**　　　弄清相反行为是什么。

**步骤六**　　　采取相反行为。

**步骤七**　　　持续做出相反行为直到情绪改变。

# 找出相反行为

---

**恐惧**

A. 你或所爱之人的生命被威胁。

B. 你或所爱之人的健康被威胁。

C. 你或所爱之人的幸福被威胁。

D. 其他举例：_____

此时表现出恐惧符合事实。

---

当你的恐惧不符合事实或无效时，可以这样做：

### 与恐惧相反的行为

例如：

1. 不断做让你恐惧的事。

2. 与让自己恐惧的一切亲密接触。

3. 做一些自己能掌控的事，并掌控自己的恐惧。

### 与恐惧完全相反的行为

4. 睁大眼睛并竖起耳朵，注意力全部集中在让你恐惧的事件上。

   慢慢地观察周围的环境。

5. 真正理解环境中的信息（这意味着注意到自己是安全的）。

6. 换个姿势并以自信的语调说话。

   身心放轻松，抬头挺胸，双眼正视前方。

   自信一点（双膝分开、双手叉腰、脚后跟稍稍朝外）。

7. 改变身体化学状况。例如：深深吸气、慢慢吐气，试着调节呼吸速度。

（接下页）

---

**愤怒**

A. 重要的目标或想做的事被迫中断。

B. 你或所爱之人被攻击或被伤害。

C. 你或所爱之人被侮辱或被威胁。

D. 你的尊严或地位被冒犯或被威胁。

E. 其他举例：＿＿＿＿＿＿＿＿＿＿＿＿＿＿＿＿

此时表现出愤怒符合事实。

---

当你的愤怒不符合事实或无效时，请采取以下措施：

### 与愤怒相反的行为

例如：

1. 回避让你愤怒的人（而不是攻击对方）。

2. 先停下、暂时离开，慢慢地吸气然后吐气。

3. 学着包容他人（而不是侮辱对方）。

### 与愤怒完全相反的行为

4. 想象你可以与对方产生共情。

   尝试从对方的立场来看问题。

   为所发生的事想出足够的理由。

5. 换个姿势。

   双手放轻松，掌心向上（"我愿意"的手势）。

   胸部和腹部肌肉放松。

   牙关松开。

   脸部肌肉放松。

   浅笑。

6. 改变身体化学状况。例如，深吸气、慢吐气，试着调节呼吸速度。或者跑步或做一些消耗体力但不是很暴力的活动。

（接下页）

---

---

**厌恶**

A. 与你有来往的人伤害或者污蔑你。

B. 你非常厌恶的人碰触到了你或者所爱之人。

C. 某个人或机构，可能会极大损害你或你所属的团体，或产生伤害性的影响。

D. 其他举例：＿＿＿＿＿＿＿＿＿＿＿＿＿＿＿＿＿＿＿＿＿

此时表现出厌恶符合事实。

---

当你的厌恶不符合事实或无效时，遵循以下的建议：

### 与厌恶相反的行为

例如：

1. 试着体验那些让你厌恶的东西。
2. 试着体会对方的立场，温和地对待你讨厌的事物。

### 与厌恶完全相反的行为

3. 想象自己可以理解厌恶的人。

   试着从对方的立场看问题。

   试着为对方的行为找一个充分的理由。

4. 真正接触厌恶的感觉。

   感受它（吸入、注视、触摸、倾听、品尝）。

5. 换个姿势。

   双手摊开，掌心向上，手指放松（"我愿意"的手势）。

   胸部和腹部肌肉放松。

   牙关松开。

   脸部肌肉放松。

   浅笑。

6. 改变身体化学状况。

   例如，深吸气、慢吐气，试着调节呼吸速度。

（接下页）

---

### 妒羡

A. 对方有你想要却没有的东西。

B. 其他举例：＿＿＿＿＿＿＿＿＿＿＿＿＿＿＿＿＿＿＿＿＿

此时表现出妒羡符合事实。

---

当你的妒羡不符合事实或无效时，可以采取下列行动：

### 与妒羡相反的行为

例如：

1. 远离想要毁坏的东西。

2. 列出让自己感觉幸福的清单。

### 与妒羡完全相反的行为

3. 列出你已拥有的全部。

   不要忽略那些已拥有的和夸大那些已失去的。

4. 不要过分渲染别人的资本或价值观；核对事实。

5. 换个姿势。

   双手松开，掌心向上，手指放松（"我愿意"的手势）。

   胸部和腹部肌肉放松。

   牙关松开。

   脸部肌肉放松。

   浅笑。

6. 改变身体化学状况。

   例如，深吸气、慢吐气，试着调节呼吸速度。

> ### 嫉妒
>
> A. 重要之物或人，有可能被损害或伤害。
>
> B. 有人对你的心爱之物或人虎视眈眈。
>
> C. 其他举例：_____
>
> 此时表现出嫉妒符合事实。

当你的嫉妒不符合事实或无效时，遵循以下的建议：

## 与嫉妒相反的行为

例如：

1. 不再控制对方。

2. 与对方分享。

## 与嫉妒完全相反的行为

3. 不再刺探或窥探。

   不再问"你在哪里？""你跟谁在一起？"之类的具体问题。
   不再雇用你的"私家侦探"。

4. 不逃避自己的感觉，认真倾听，关注自己的感受。

   睁大眼睛，环顾四周。
   搜寻所有相关信息。

5. 换个姿势。

   双手松开，掌心向上，手指放松（"我愿意"的手势）。
   胸部和腹部肌肉放松。
   牙关松开。
   脸部肌肉放松。
   浅笑。

6. 改变身体化学状况。

   例如，深吸气、慢吐气，试着调节呼吸速度。

（接下页）

---

**爱**

A. 爱某人、动物或者某物，提升了你自己或者你在乎的人的生命质量。

B. 爱某人、动物或者某物，增加了你实现个人目标的机会。

C. 其他举例：_____

此时表现出爱符合事实。

---

当你的爱不符合事实或无效时，遵循以下的建议：

### 与爱相反的行为

例如：

1. 远离所爱之人或物。

2. 转移注意力，不再回想那个人、动物或某物。

3. 当出现爱的想法时，提醒自己为什么这份爱是不合理的（重复练习爱的"弊端"）。

### 与爱完全相反的行为

4. 避免接触照片、信件／短信／电子邮件、物品、纪念品等有爱的痕迹的事物，不要去跟踪、等待或寻找对方。

5. 不再向对方表达爱，也不要联系对方的朋友。删除对方的账号和通讯联系方式。

6. 如果对方在你的身旁，调整姿势和表达方式。

   不再靠着他/她。

   不离他/她太近。

   不再目光对视。

（接下页）

---

### 悲伤

A. 你永远地失去了某物或者某人。

B. 事情没有按照你想要或者期待的方式发展。

C. 其他举例：_____

此时表现出悲伤符合事实。

---

当你的悲伤不符合事实或无效时，采取以下措施：

### 与悲伤相反的行为

例如：

1. 主动靠近。

2. 尽量不回避。

3. 做自己能胜任和自信的事（见情绪调节讲义19）。

4. 多做些让自己感到愉快的事。

### 与悲伤完全相反的行为

5. 将眼光放在当下！

    注意当下的环境，以及当下的每一个细节。

    认真体会正在做的事情。

6. 换个姿势（抬头、挺胸、眼睛直视前方）。

    保持乐观的姿态。

7. 改变身体化学状况。

    跑步、步行或自由运动。

（接下页）

> ## 羞愧
>
> A. 你被在乎的人或者团体拒绝，且你自己或者你的行为被公之于众。
>
> B. 其他举例：_____
>
> 此时表现出羞愧符合事实。

当你的羞愧与内疚都不符合事实或无效时，采取以下措施：

### 与羞愧相反的行为

例如：

1. 在公共场合公开自己的个人特质或行为（在那些不会拒绝你的人面前）。
2. 重复那些会让你感到羞愧的行为（在不会拒绝你的人面前，不用隐藏自己）。

### 与羞愧完全相反的行为

3. 不要总是因为过错而道歉或试图补偿。
4. 接收相关的信息。
5. 语调平稳，说话清晰，抬头、挺胸，保持眼神接触。

当你的羞愧不符合事实或无效，但内疚符合事实时
（你的行为的确跟道德价值观相背离），采取以下措施：

### 与羞愧相反的行为

例如：

1. 坦诚自己的行为（在不会拒绝你的人面前）。
2. 为自己的行为道歉。
3. 尽量改正过错，减少对别人的伤害。
4. 承诺以后避免犯这种错误。
5. 坦然地接纳后果。

### 与羞愧完全相反的行为

6. 原谅自己。接纳自己。
7. 放下。

（接下页）

---

> # 内疚
>
> A. 你的行为与自己的价值观或道德规范相背离。
>
> B. 其他举例：＿＿＿＿＿＿＿＿＿＿＿＿＿＿＿＿＿＿
>
> 此时表现出内疚符合事实。

当你的内疚与羞愧都不符合事实或无效时，采取以下措施：

## 与内疚相反的行为

例如：

1. 坦诚自己（在不会拒绝你的人面前）。
2. 重复那些让你内疚的行为（在不会拒绝你的人面前，不用隐藏你的行为）。

## 与内疚完全相反的行为

3. 绝不道歉或试图弥补过错。
4. 坦然接纳一切。
5. 语调平和，说话清晰，抬头、挺胸，保持眼神接触。

当你的内疚不符合事实或无效的，但羞愧符合事实时
（如果被发现，你将被所在意的人拒绝），采取以下措施：

## 与内疚相反的行为

1. 隐藏自己的行为（如果你还想留在团体里）。
2. 使用人际效能技能（如果你还想留在团体里）。
3. 努力改变其他人或团体的价值观。
4. 加入跟自己的价值观相符合的新团体（且不会拒绝你）。
5. 重复那些会引起内疚的行为。

## 与内疚完全相反的行为

6. 认可自己。

# 问题解决

步骤一，观察与描述问题情境。

步骤二，核对事实（所有的事实），确保你正确地理解了问题情境！

若你的事实是正确的，
且此情境是个问题，
继续步骤三。

若你的事实不是正确的，
回到步骤一并重复。

步骤三，辨识解决问题的目标。
- 确认什么样的目标是自己喜欢的。
- 目标简单一些并且实际一些。

步骤四，头脑风暴出大量的解决方案。
- 尽量多想几种解决方案，也可向信任之人咨询解决之道。
- 不要在一开始就批评（等到步骤五再来评估想法）。

步骤五，选择一个符合目标又可能行得通的解决方案。
- 先选择两个适中的解决方案。
- 权衡利弊比较这两个解决方案。
- 选择最佳方案先做尝试。

步骤六，将解决方案付诸行动。
- 行动！尝试解决方案。
- 采取第一步，然后第二步……

步骤七，评估使用该解决方案的成果。

这样做有效吗？太棒了！！！
这样做没有效吗？回到步骤五，试试新的解决方案。

# 复习相反行为与问题解决

|  | 相符事件 | 当情绪事实不符合，做与情绪冲动相反的行为 | 当情绪符合事实，依情绪冲动来行动、解决问题或回避 |
|---|---|---|---|
| 恐惧 | A. 生活总是处于危险之中。<br>B. 健康总是处于危险之中。<br>C. 幸福总是处于危险之中。 | 1. 不断做让自己恐惧的事。<br>2. 试着靠近让你恐惧的人事物。<br>3. 做让自己有控制感的事。 | 1. 当有危险时，身体僵住／想逃跑。<br>2. 解除威胁事件。<br>3. 做一些虽有恐惧但能驾驭的事情。<br>4. 避免被威胁。 |
| 愤怒 | A. 重要的目标或想做的事被迫中断。<br>B. 你或所爱之人被攻击或被伤害（身体或情感上）。<br>C. 你或所爱之人被侮辱或被威胁。 | 1. 平静地回避。<br>2. 暂停、暂时离开。<br>3. 温和待人。<br>4. 想象你可以从对方的立场来看待事情。<br>5. 为所发生的事想一个充足的理由。 | 1. 如果无路可退，就反击。<br>2. 跨过障碍。<br>3. 停止更多的攻击、侮辱和威胁。<br>4. 中止与对方的关系。 |
| 厌恶 | A. 与你有来往的人伤害或者污蔑你。<br>B. 某个人或机构，可能会极大损害你或你所属的团体，或产生伤害性的影响。 | 1. 试着接纳。<br>2. 站在对方的立场考虑，善待那些你鄙视的人和物。<br>3. 真正接触令人厌恶的感觉。<br>4. 尝试从对方的观点来看事情。 | 1. 解决令人厌恶的事情。<br>2. 影响别人，使其停止伤害性的行为／停止污染的传播。<br>3. 远离伤害你的人事物。<br>4. 深入了解为何对方要做出令人厌恶的事。 |

（接下页）

| | 相符事件 | 当情绪事实不符合，做与情绪冲动相反的行为 | 当情绪符合事实，依情绪冲动来行动、解决问题或回避 |
|---|---|---|---|
| 妒羡 | A. 他人拥有你想要却没有之物。 | 1. 尽量不要毁坏他人拥有的东西。<br>2. 统计自己拥有的全部。<br>3. 了解别人是如何拥有那些东西的。<br>4. 不要抬高别人的价值或价值观。 | 1. 改善自己及其生活。<br>2. 公平看待他人。<br>3. 对于对方拥有你想要的东西，贬低它。<br>4. 乐观看待所有。<br>5. 远离那些拥有比你多的人。 |
| 嫉妒 | A. 重要之物或人，有可能被损害或伤害。<br>B. 有人对你的心爱之物或人虎视眈眈。 | 1. 对他人放手。<br>2. 将自己所拥有之物与人分享。<br>3. 不再刺探与窥探。<br>4. 不回避；接纳所有。 | 1. 捍卫所拥有的。<br>2. 更加努力，以期成为更理想的人。<br>3. 结束这段关系。 |
| 爱 | A. 爱某人、动物或者某物，提升了你自己或者你在乎的人的生命质量。<br>B. 爱某人、动物或者某物，增加了你实现个人目标的机会。 | 1. 尽量不与所爱的人、动物或物品接触。<br>2. 转移注意力。<br>3. 避免触景生情。<br>4. 提醒自己为什么这份爱不合理。 | 1. 与所爱的人或物在一起。<br>2. 触摸、拥抱所爱之物或人。<br>3. 避免与所爱之物或人分离。<br>4. 如果失去所爱之物和人，争取找回或要回来（如果有可能）。 |
| 悲伤 | A. 你永远地失去了某物或者某人。<br>B. 事情没有按照你想要或者期待的方式发展。 | 1. 寻找行动的动力。<br>2. 尽量不要回避。<br>3. 做自己能胜任和自信的事。<br>4. 多做些让自己感到愉快的事。<br>5. 将注意力放在带有正能量的事情上。 | 1. 哀悼；举行追思仪式，到墓地走走（但别一直待在那里）。<br>2. 寻回失去之物，或者找到替代品。<br>3. 如果缺少所爱之物或事情不如预期，重新规划，开始过有意义的生活。<br>4. 累积正面体验。<br>5. 做自己能胜任和自信的事。<br>6. 请求支援。<br>7. 接受别人的帮助。<br>8. 乐观看待一切。 |

（接下页）

|  | 相符事件 | 当情绪事实不符合，做与情绪冲动相反的行为 | 当情绪符合事实，依情绪冲动来行动、解决问题或回避 |
|---|---|---|---|
| 羞愧 | A. 重要之物或人，有可能被损害或伤害，且你自己或者你的行为被公之于众。 | 1. 公开展示你的个人特质或行为（在不会拒绝你的人面前）。<br>2. 在不会拒绝你的人面前，重复那些会让你感到羞愧的行为。<br>3. 若此行为与你的道德规范相背离，则道歉并修复所犯的过错；原谅自己；放下。 | 1. 将有可能被拒绝的部分隐藏。<br>2. 安抚被冒犯的人。<br>3. 改变行为或自己某一方面来适应环境。<br>4. 避免加入不赞同你的团体。<br>5. 寻找与自己的价值观相似的团体或喜欢你的团体。<br>6. 设法改变其他人团体的价值观。 |
| 内疚 | A. 你的行为与自己的价值观或道德规范相背离。 | 1. 重复让你感到内疚的行为。<br>2. 公开展示你的个人特质或行为（在不会拒绝你的人面前）。<br>3. 隐藏你的行为。<br>4. 使用人际效能技能。设法改变其他人或团体的价值观或加入新的团体。 | 1. 寻求谅解。<br>2. 修复伤害，使事情趋于良性（如果无法修复，设法防止类似的伤害）。<br>3. 对于后果，坦然接纳。<br>4. 以后尽量避免去做违反自己的道德价值观的事。 |

# 减少情绪心念的易感性
## 讲义

# 概论——减少情绪心念的易感性，建立值得过的人生

## 缩写语ABC PLEASE可以帮助记住这些技能。

**A**

### 积累正面情绪
### （ACCUMULATE POSITIVE EMOTIONS）：

**短期**：做取悦自己且现在可以做的事情。

**长期**：对生活做些改变，多点正能量，形成一个"值得过的人生"模式。

---

**B**

### 建立自我掌控（BUILD MASTERY）：

从事一些让自己觉得有能力、有效的活动，帮助击败无助和无望感。

---

**C**

### 提前应对（COPE AHEAD OF TIME WITH EMOTIONAL SITUATIONS）：

心里提前演练可能遇到的问题，有助于巧妙应对情绪化的情境。

---

**PLEASE**

### 要照顾你的心，先照顾你的身体

治疗身体疾病（Treat PhysicaL illness）、均衡饮食（balance Eating）、远离改变情绪的物质（avoid mood—Altering substances）、均衡睡眠（balance Sleep）、适当运动（get Exercise）。

# 积累正面情绪（短期）

---

### 创造当下的正面体验

· 增加可以产生积极情绪的愉快事件。

· 每天从愉快事件列表里面选择一件事情去做（见情绪调节讲义16）。

· 练习相反行为，不要回避。

· 保持觉察力（不要一心多用）。

---

### 对正面体验保持觉察力

· 专注于正面体验，切勿分心。

· 如有负面体验袭来，请将注意力拉回。

· 全神贯注，专注于当下。

---

### 不再关注自己的各种担心

例如：

· 担忧正面体验会消失。

· 担忧自己是否值得得到这些正面体验。

· 担忧还有未完成的工作。

---

# 愉快的事情清单

1. ☐ 改装汽车（脚踏车）。
2. ☐ 规划职业。
3. ☐ 还债，少些经济压力。
4. ☐ 搜集（棒球卡、硬币、贝壳、邮票、石头等）。
5. ☐ 度假。
6. ☐ 想象毕业的情境。
7. ☐ 回收旧物。
8. ☐ 约会。
9. ☐ 放松。
10. ☐ 看场电影。
11. ☐ 慢跑、散步。
12. ☐ 想象下班的情境。
13. ☐ 听音乐。
14. ☐ 想起以前的聚会。
15. ☐ 购买居家小物件。
16. ☐ 躺在阳光下。
17. ☐ 计划换工作。
18. ☐ 开怀大笑。
19. ☐ 回想旅游的时刻。
20. ☐ 倾听他人。
21. ☐ 阅读报纸杂志。
22. ☐ 专注于嗜好（搜集邮票、做模型等）。
23. ☐ 与好友共度良宵。
24. ☐ 计划一整天的活动。
25. ☐ 见新朋友。
26. ☐ 回忆美丽景致。
27. ☐ 存钱。
28. ☐ 下班回家。
29. ☐ 享受美食。
30. ☐ 锻炼空手道、柔道、瑜伽。
31. ☐ 向往退休。
32. ☐ 修缮居家用品。
33. ☐ 操作机械（车、船等）。
34. ☐ 想起心爱之人的种种。
35. ☐ 穿着大胆。
36. ☐ 享受宁静的夜晚。
37. ☐ 照顾植物。
38. ☐ 买卖股票。
39. ☐ 游泳。
40. ☐ 涂鸦。
41. ☐ 运动。
42. ☐ 搜集古董。
43. ☐ 参加派对。
44. ☐ 想着去购物。
45. ☐ 打高尔夫球。
46. ☐ 踢足球。
47. ☐ 放风筝。
48. ☐ 与朋友促膝长谈。
49. ☐ 家人团圆。
50. ☐ 骑摩托车。
51. ☐ 赛跑。
52. ☐ 露营。
52. ☐ 在家大声唱歌。
54. ☐ 插花。
55. ☐ 宗教活动（上教堂、祷告等）。
56. ☐ 整理工具。
57. ☐ 去海边。
58. ☐ 觉得自己"还不错"。
59. ☐ 偷得浮生半日闲。
60. ☐ 同学会。
61. ☐ 滑雪、溜冰、溜旱冰
62. ☐ 航行或开汽船。
63. ☐ 旅行或度假。
64. ☐ 绘画。
65. ☐ 自发地做些事。
66. ☐ 针织刺绣。
67. ☐ 睡觉。
68. ☐ 开车。

（接下页）

69. ☐ 举行聚会。
70. ☐ 参加社团（园艺社团等）。
71. ☐ 打算结婚。
72. ☐ 打猎。
72. ☐ 跟大家一起唱歌。
74. ☐ 调情。
75. ☐ 玩乐器。
76. ☐ 制作艺术品、手工艺。
77. ☐ 制作礼物。
78. ☐ 购买／下载音乐。
79. ☐ 观看拳击、摔跤。
80. ☐ 筹划派对。
81. ☐ 烹饪。
82. ☐ 远足。
83. ☐ 写作（诗、文章、书）。
84. ☐ 做针线活。
85. ☐ 买衣服。
86. ☐ 出外晚餐。
87. ☐ 工作。
88. ☐ 讨论书籍、参加读书会。
89. ☐ 观光。
90. ☐ 美甲、美足、美容。
91. ☐ 去美容院。
92. ☐ 早晨喝咖啡、看报纸。
92. ☐ 打网球。
94. ☐ 亲吻。
95. ☐ 看着孩子（玩耍）。
96. ☐ 想着"我比别人更好"。
97. ☐ 看戏、听音乐会。
98. ☐ 做白日梦。
99. ☐ 计划上学去。
100. ☐ 想到滚床单。
101. ☐ 开车兜风。
102. ☐ 翻新家具。
103. ☐ 看电视。
104. ☐ 列出要做之事。
105. ☐ 漫步在林间或水边。
106. ☐ 购置礼物。
107. ☐ 完成一项工作。
108. ☐ 观看比赛（赛车、赛马）。
109. ☐ 教书。
110. ☐ 摄影。
111. ☐ 钓鱼。

112. ☐ 想着正面活动。
113. ☐ 持续节食。
114. ☐ 和宠物玩。
115. ☐ 开飞机。
116. ☐ 读小说。
117. ☐ 表演。
118. ☐ 独处。
119. ☐ 写日记、写信。
120. ☐ 打扫。
121. ☐ 阅读非小说。
122. ☐ 带小孩去玩。
123. ☐ 跳舞。
124. ☐ 举重。
125. ☐ 野餐。
126. ☐ 结束某件事后，想着
     "我做得很不错"。
127. ☐ 静坐、瑜伽。
128. ☐ 和好友共进午餐。
129. ☐ 登山。
130. ☐ 打冰球。
131. ☐ 玩黏土或陶器。
132. ☐ 制作玻璃。
133. ☐ 滑雪。
134. ☐ 打扮。
135. ☐ 回想自己最近的进步。
136. ☐ 为自己买些小玩意（香水、
     高尔夫球等）。
137. ☐ 打电话。
138. ☐ 参观博物馆。
139. ☐ 从宗教角度思考问题。
140. ☐ 点蜡烛。
141. ☐ 激流泛舟。
142. ☐ 打保龄球。
143. ☐ 做木工。
144. ☐ 幻想未来。
145. ☐ 上舞蹈课。
146. ☐ 参加辩论。
147. ☐ 坐在路边咖啡厅。
148. ☐ 有一个水族箱。
149. ☐ 参与一件具有历史意义的事情。
150. ☐ 编织。
151. ☐ 玩字谜游戏。
152. ☐ 玩保龄球。

（接下页）

153. ☐ 享受按摩。
154. ☐ 说"我爱你"。
155. ☐ 练习棒球。
156. ☐ 练习投篮。
157. ☐ 看及／或展示照片。
158. ☐ 想想我的优点。
159. ☐ 在脑中解谜题。
160. ☐ 讨论政治问题。
161. ☐ 买书。
162. ☐ 蒸桑拿。
163. ☐ 去购物。
164. ☐ 想着组建自己的家庭。
165. ☐ 回忆童年的快乐时光。
166. ☐ 血拼一把。
167. ☐ 策马奔驰。
168. ☐ 做从来没做过的事情。
169. ☐ 玩拼图。
170. ☐ 玩纸牌。
171. ☐ 想着自己能应对生活中发
生的所有事情。
172. ☐ 小睡。
173. ☐ 找出自己最喜欢的香味。
174. ☐ 给自己心爱的人做张卡片。
175. ☐ 发短信。
176. ☐ 玩棋盘游戏（大富翁等）。
177. ☐ 穿一件自己最喜欢的衣服。
178. ☐ 慢慢地喝一杯果汁。
179. ☐ 化妆。
180. ☐ 想想朋友的优点。
181. ☐ 结束一件重要的事。
182. ☐ 给某人惊喜。
183. ☐ 上网。
184. ☐ 玩电动。
185. ☐ 写封邮件给他人。
186. ☐ 雪中散步或坐雪橇。
187. ☐ 剪头发。
188. ☐ 安装新的软件。
189. ☐ 在iTunes上购买新音乐。
190. ☐ 看电视里的运动比赛。
191. ☐ 照顾宠物。

192. ☐ 做义工。
193. ☐ 在YouTube上看搞笑的影片。
194. ☐ 园艺。
195. ☐ 参加公开表演。
196. ☐ 写博客。
197. ☐ 为了某事努力争取。
198. ☐ 做实验。
199. ☐ 对他人表达爱意。
200. ☐ 到大自然中走走。
201. ☐ 搜集枯木、野生水果等
大自然中的东西。
202. ☐ 到市中心逛街。
203. ☐ 参加一场盛会，或者去马
戏团、动物园、游乐场等。
204. ☐ 去图书馆。
205. ☐ 玩音乐，参加乐团。
206. ☐ 学做从未做过的事。
207. ☐ 聆听来自大自然的声音。
208. ☐ 赏月、赏星星。
209. ☐ 锯木头、干农活等户外工作。
210. ☐ 参加有组织的运动项目
（棒球、足球、飞盘、手球、
板球、网球等）。
211. ☐ 在沙地、河流、草地上玩耍。
212. ☐ 参加社会活动，参与社会、
政治或环境议题。
213. ☐ 看卡通或漫画。
214. ☐ 阅读宗教故事。
215. ☐ 重新装潢或布置房间。
216. ☐ 买卖某物。
217. ☐ 骑雪上摩托车或沙滩车。
218. ☐ 玩社交网络。
219. ☐ 泡澡。
220. ☐ 学习新语言。
221. ☐ 打电话聊天。
222. ☐ 作曲或编曲
223. ☐ 逛二手商店。
224. ☐ 使用电脑。
225. ☐ 探望生病、不能外出或生活
陷入困境的人。

其他：_____

_____

_____

# 积累正面情绪（长期）

## A：长期积累积极情绪来建立一个"值得过的人生"

意指改变你的生活，让生活中多些正面的力量。

---

**步骤一，避免回避**

现在就开始以自己喜欢的方式做事。如果无法确定要做什么，请依据下面的步骤。

---

**步骤二，确认对你重要的价值观**

问自己：自己所珍视的价值观是什么？

例如：高效工作、成为团体的一分子、待人和善、身体健康。

---

**步骤三，确认一个现在可执行的价值观**

问自己：对现在的我而言哪一个价值观排在第一位？

例如：高效工作。

---

**步骤四，确认与该价值观有关的几个目标**

问自己：为了让我的生活朝着这个价值观的方向发展，有哪些具体的目标是我可以去努力实现的？

例如：找个自己可以发挥才能的工作。

努力完成家里的事情。

做志愿者来练习我已有的技能。

---

**步骤五，选择一个现在可执行的目标**

如果需要，现在开始进行利弊分析，选择一个实际的目标。

例如：找个自己能发挥才能的工作。

---

**步骤六，确认达成目标的行动步骤**

问自己：我如何达成目标？

例如：网络搜寻或实地寻找适合自己的岗位。

给理想的岗位发送一份简历。

调查我想去工作的地方的优点。

---

**步骤七，现在采取一个行动步骤**

例如：上网寻找适合我的工作。

# 价值观与优先顺序清单

在我的智慧心念中，我认为以下内容至关重要：

☐ **A. 处理人际关系：**

    1. ☐ 修复旧关系。

    2. ☐ 建立新的关系。

    3. ☐ 维系现有的关系。

    4. ☐ 结束伤害性的关系。

       ☐ 其他：＿＿＿＿＿＿＿＿＿＿＿＿＿＿＿

☐ **B. 成为集体的一分子：**

    5. ☐ 与人保持足够的亲密关系。

    6. ☐ 有归属感。

    7. ☐ 得到喜欢与爱。

    8. ☐ 加入一个团体并拥有亲密感。

    9. ☐ 拥有家庭；花点时间与家人在一起，保持亲密关系。

   10. ☐ 拥有可以共事的人。

       ☐ 其他：＿＿＿＿＿＿＿＿＿＿＿＿＿＿＿

☐ **C. 成为有影响力且能够影响他人的人：**

   11. ☐ 可以控制对方做什么不做什么，或控制资源的使用。

   12. ☐ 成为领导者。

   13. ☐ 拥有更多的钱。

   14. ☐ 得到别人的尊重。

   15. ☐ 在别人眼中你很成功、为人所周知、被认可、拥有一定的地位。

   16. ☐ 在竞争中获得成功。

   17. ☐ 受欢迎且被人认可。

       ☐ 其他：＿＿＿＿＿＿＿＿＿＿＿＿＿＿＿

☐ **D. 实现生命中的目标：**

   18. ☐ 实现某个特定目标；参与重要的事情之中。

   19. ☐ 成为有能力多产的人。

   20. ☐ 朝着目标努力工作。

   21. ☐ 雄心勃勃。

       ☐ 其他：＿＿＿＿＿＿＿＿＿＿＿＿＿＿＿

（接下页）

☐ E. 生活快乐且满足：

    22. ☐ 开心生活。

    22. ☐ 寻求有意思的事情。

    24. ☐ 拥有闲暇时间。

    25. ☐ 享受自己的工作。

    ☐ 其他：＿＿＿＿＿＿＿＿＿＿＿＿＿＿＿＿

☐ F. 让生活充满挑战：

    26. ☐ 尝试新鲜事物。

    27. ☐ 大胆、敢于冒险。

    28. ☐ 过充满激情的生活。

    ☐ 其他：＿＿＿＿＿＿＿＿＿＿＿＿＿＿＿＿

☐ G. 尊重自己：

    29. ☐ 谦虚和谦卑、低调。

    30. ☐ 尊重习俗，行为得体。

    31. ☐ 举止得体，遵守规则。

    32. ☐ 待人和善。

    ☐ 其他：＿＿＿＿＿＿＿＿＿＿＿＿＿＿＿＿

☐ H. 以自我为导向：

    33. ☐ 坚定走自己的人生之路。

    34. ☐ 勇于创新，有自己的想法和创意。

    35. ☐ 自主做决定。

    36. ☐ 自主独立，能做好应做之事。

    37. ☐ 可以实现自己的梦想，有自己的梦想优先顺序。

    ☐ 其他：＿＿＿＿＿＿＿＿＿＿＿＿＿＿＿＿

☐ I. 成为一个有灵性的人：

    38. ☐ 留给灵性点空间，在生活中以灵性为引导生活。

    39. ☐ 成为一个有信仰的人。

    40. ☐ 以了解自我、使命以及生命的真正意义为准则生活。

    41. ☐ 以神的旨意（或超自然的力量）生活，找寻生命的意义。

    ☐ 其他：＿＿＿＿＿＿＿＿＿＿＿＿＿＿＿＿

（接下页）

☐ J. 有安全感：

    42. ☐ 过有安全感的生活。

    43. ☐ 身体健康且安适。

    44. ☐ 有一份满足生活基本之需的工作。

    ☐ 其他：_____

☐ K. 认定很多人与事出发点是好的：

    45. ☐ 平等待人，机会均等。

    46. ☐ 接纳各种性格的人。

    47. ☐ 关心自然与环境。

    ☐ 其他：_____

☐ L. 给更多的人带来福祉：

    48. ☐ 给需要的人以更多的帮助；带给他人以幸福；服务社会。

    49. ☐ 对朋友忠诚，竭尽全力帮助周围的人；加入具有相同信念、价值观和道德原则的团体。

    50. ☐ 融入与自己目标接近的团体。

    51. ☐ 愿意为他人奉献自己。

    ☐ 其他：_____

☐ M. 致力于自我发展：

    52. ☐ 以自己的生活理念生活。

    53. ☐ 面对挑战，积极学习并深入，慢慢成长与成熟。

    ☐ 其他：_____

☐ N. 成为有操守的人：

    54. ☐ 对于自己的生活信念，要承认并坚持。

    55. ☐ 勇于承担责任，信守承诺。

    56. ☐ 直面生活。

    57. ☐ 敢于忏悔、努力修正过错。

    58. ☐ 勇于接纳自己、他人与生活，少些抱怨。

    ☐ 其他：_____

☐ O. 其他：_____

_____

_____

_____

_____

# 培养自我掌控与提前应对技能

---

## B：建立自我掌控

1. 每天至少做一件有意义的事，慢慢累积成就感。

   例如：_____

2. 以成功为宗旨而去计划。

   · 做一些有难度但可行的事。

3. 随着时间，逐步增加难度。

   · 如果感觉难度较高，可以适当增加一些难度较低的事情。

4. 主动面对挑战。

   · 如果难度较低，可以适当做点难度大的事情。

---

## C：提前应对困难

1. 详细描述有可能产生问题行为的情境。

   · 核对事实。描述问题情境。

   · 找出极有可能干扰技能使用的情绪及情绪冲动。

2. 找出在此情境下自己的适应方法，以及合理应对问题的技能。

   · 要具体。认真记下自己的适应方法，以及你的情绪和行为冲动。

3. 尽可能在心中详细描述情境。

   · 想象自己"在"此情境中，而非旁观者。

4. 在心中先预演一遍。

   · 精确演练，想想自己如何去适应。

   · 在脑中演练你的行动、想法，想想你会如何说、如何做。

   · 演练一遍有效的应对方法。

   · 演练一遍有效的应对灾难性后果的方法。

5. 演练后，练习放松。

## 要照顾你的心，先照顾你的身体

记住这些PLEASE技能。

**P**
**L**
　　**1. 治疗身体疾病**
　　　（Treat PhysicaL
　　　illness）

照顾你的身体，身体有疾患时及时就医，遵医嘱服药。

**E**　**2. 均衡饮食**
　　　（balance Eating）

规律饮食，切勿吃得过多或过少，少吃会使情绪失控的食物。

**A**　**3.远离改变情绪的物质**
　　　（avoid mood-Altering
　　　substances）

适量饮酒，远离违禁药物。

**S**　**4. 均衡睡眠**
　　　（balance Sleep）

每晚睡七至九个小时，或者维持自然睡醒的状态。如果有睡眠问题，请规律作息。

**E**　**5. 适当运动**
　　　（get Exercise）

每天适当运动，试着每天坚持二十分钟的运动。

# 逐步讲解噩梦应对步骤

## 当噩梦让你睡不着

1. 首先练习放松，对美好事物的想象以及应对技能，确保你已经准备好去改变你的噩梦了。

   进行渐进式放松、均匀呼吸及／或智慧心念练习；听音乐或引导式观想；复习痛苦忍受危机生存技能。

2. 找出反复出现的噩梦。

   这个噩梦是目前的你可以应对的。至于创伤噩梦，你需要等到你具备实力时再处理。如果创伤噩梦反复出现，请忽略步骤三。

3. 写出总是萦绕在心头的噩梦。

   需要用感官去描述，如影像、气味、声音、味道等，还可以写下和梦境有关的想法、感受和假设。

4. 改写噩梦的结局。

   在灾难发生之前改写是有效的。从本质上来说，需要改变的是阻止噩梦产生灾难性后果，给它一个温和的结局。

   注意：结局可以与往常有所不同（例如：你可能会成为无所不能的人，能够安全逃离或击退袭击者）。改写的结局，也可包含不同以往的想法、感受或假设。

5. 写下改变后的整个噩梦。

6. 每晚睡前演练并放松。

   每晚睡前演练改变后的噩梦，然后再做放松练习。

7. 在一天之中演练并放松。

   以上过程也可以白天练习，然后做放松练习。

# 睡眠卫生指南

## 辗转反侧之时，除了苦思冥想外，还可以做什么

**有助于休息／睡眠的事项：**

1. 严格按照睡眠时间表作息，周末也不例外。每天按时入睡，并避免在白天贪睡。

2. 白天**不要过多贪恋床**，例如：在床上看电视、讲手机或看书。

3. 睡前忌喝含有咖啡因、尼古丁、酒精的食物，忌吃得太饱，或太晚运动。

4. 睡前关灯，室内安静、温度适宜和相对凉爽。感觉冷可以盖毯子；感觉热可以把脚伸出毯子，或打开电风扇；也可以戴上眼罩、耳塞或打开"白色噪音机"。

5. 给自己预留半小时到最多一个小时的入睡时间。如果还是无法入睡，查看下自己的情绪是否平静，或者自己是不是有些焦虑，总是在想事情。

6. 告诫自己失眠不是一场灾难。大脑需要放空时间，睡不着没关系，暂时让大脑休息一下也可以的。但不要起床工作。

**如果情绪很平和但仍然无法入睡：**

7. **可以起身读书**，或者做点让自己有困意的事情。累了自然会有睡意。

8. 吃点小零食（如苹果）。

**如果焦虑或者无法停止思考而睡不着：**

9. 使用TIP用冷水改变脸的温度技能。之后马上回到床上使用TIP调节呼吸技能。（见痛苦忍受讲义6：TIP技能——改变身体化学状况）。记住，如果你有任何医疗问题，在使用冷水之前要确认是否经医生许可。

10. 尝试9—0冥想练习。慢慢地深呼吸，默念"9"，吐气时，默念"8"；在下一个吐气时默念"7"；直到念到"0"，然后重复这个过程，但这次要从"8"开始（而不是"9"）。这个过程可以反复进行，直到入睡。如果突然忘记数到几，就从记得的数字继续。

11. 如果总是**反复思考问题，感受下身体的感觉**，专注在那一时刻（反复思考通常是要逃离困难的情绪）。

12. 告诫自己，半夜睡不着想的问题只是"半夜时分的想法"，睡一觉醒来你会发现自己的想法变了。

13. 看一本好看的小说，累了就合上书，闭上眼睛，在大脑中想想这本小说。

14. **如果还是无法停止思考**，请按照以下方法解决问题："如果可以解决，就解决它；如果无法解决，那就想象最坏的结果，然后想象你会如何应对（见情绪调节讲义19：自我掌控与提前应对）。"

**如果这些方法都不管用，那就闭上眼睛，收听广播，并调低音量（也可以使用耳机）。**

这是睡不着时的绝佳选择，因为它的语调或音量波动都比较小。

# 管理极端情绪
## 讲义

# 概论——管理极端情绪

## 对当下的情绪保持正念

压抑情绪会增加痛苦。

对当下的情绪保持正念是通往情绪自由的道路。

## 管理极端情绪

有时情绪太过激动，以至于忘记了所有技能，

尤其是当技能很复杂或者需要思考才能使用。

这就是技能崩溃点。

这时就需要使用危机生存技能。

## 针对情绪调节技能进行疑难解答

改善情绪的方法有很多。

列出重要技能清单有助于找到改善情绪的技能。

当你需要调节情绪却又忘记技能时，

可以拿来看一看。

# 对当下的情绪保持正念——放下受苦情绪

## 关注你的情绪

· 退一步，只是关注你的情绪。

· 感受你的情绪，感受它像**波浪**一样来来回回。

· 想象你正在情绪波浪上冲浪。

· 尽量让情绪**倾泻**出来，而不是**压制**它。

· 不要试着去**摆脱**或**推开**情绪。

· 不要总是**沉浸**在情绪中。

· 不要**克制**情绪。

· 不要**夸大**情绪。

## 运用身体感觉练习正念

· 注意你身体的**哪个部位**有情绪感受。

· **全然感觉**你的情绪。

· 观察**多长时间**情绪才会消解。

## 记住："你"不是"你的情绪"

· 不必按照你的情绪**行事**。

· 想想你有**不同感觉**的时刻。

## 尝试接纳你的情绪

· **尊重**自己的情绪。

· 对情绪不加**评判**。

· 练习"**我愿意**"。

· **全然接纳**你的情绪。

# 管理极端情绪

当情绪处于崩溃边缘，甚至无法使用任何技能时，请试试下列方法：

首先，观察和描述你的**技能崩溃点**（Skills breakdown point）：

☐ 你感觉十分痛苦。

☐ 你感觉受不了，要失控了（情绪上）。

☐ 除了发泄情绪，你什么也做不了。

☐ 整个人乱糟糟的，大脑乱哄哄的。

☐ 你无法解决问题或使用复杂的技能。

**现在，核对事实**，问问自己：你真的"崩溃"了吗？

如果没有的话，**请练习技能**。

如果真的崩溃了，跳到步骤一：你正处在**技能崩溃点**。

**步骤一**，使用危机生存技能来降低情绪的强烈程度（见痛苦忍受讲义6—9a）

· TIP技能——改变身体化学状况。

· 将注意力从情绪事件中移开。

· 借助五感来自我安抚。

· 改善当下。

**步骤二**，对当下的情绪保持正念（见情绪调节讲义22）。

**步骤三**，尝试其他情绪调节技能（需要时）。

# 情绪调节技能的疑难解答

**1**

> ### 检查你的生理易感性
>
> · **问自己**：我在生理上比较脆弱吗？
>
> 我有哪些尚未治愈的身体疾病或痛苦？
>
> 我的饮食、用药、睡眠与运动等方面是否失衡了？
>
> 我遵循医嘱服药了吗？
>
> · **练习PLEASE技能**。
>
> 1.照顾好身体。
>
> 2.按时服药。检查是否有其他需要。
>
> 3.再次尝试。

**2**

> ### 检查你的技能
>
> · **回想**练习过的技能。
>
> 你尝试过可能有效的技能了吗？
>
> 你是否按照指导语去练习技能？
>
> · **提升**你的技能。
>
> 1.回顾并尝试其他技能。
>
> 2.如有必要找治疗师来当教练。
>
> 3.再次尝试。

**3**

> ### 检查强化物
>
> · **问自己**：我的情绪是在传达一个重要的信息，还是干扰了别人？
>
> 我的情绪**促使**我去做更重要的事吗？
>
> 我的情绪跟我的信念符合吗？
>
> 我能接纳我的情绪吗？
>
> · 如果回答"**是**"：
>
> 1.在沟通时使用人际效能技能。
>
> 2.尽量寻找新的强化物来激励自己。
>
> 3.练习自我认可。
>
> 4.情绪如果发生改变，有什么**利弊**？请**分析**一下。（见情绪调节练习单1）

（接下页）

## 检查你的心情

**4**

- **问自己：**是否有充足的时间与精力来解决问题？
- **如果回答"否"：**
  1. 想想是否需要更加努力练习技能？有什么**利弊**？
  2. 练习**全然接纳**与**我愿意**技能。
  3. 练习正念的"**参与**"及"**有效地做**"技能（见正念讲义4和5）。

## 检查情绪是否超负荷

**5**

- 问自己：是否情绪太过低落而无法使用复杂一点的技能？
- 如果回答"**是**"，问自己：我担心的问题以我目前的能力可以轻松化解吗？
  - 如果"**可以**"，请使用问题解决技能（见情绪调节讲义9、12）。
  - 如果"**不可以**"，练习对当下的情绪保持正念技能（见情绪调节讲义22）。
- 如果情绪失控，头脑发懵：
  - **使用TIP技能**——改变身体化学状况（见痛苦忍受讲义6）。

## 检查是否有情绪困扰

**6**

- 检查：
  是否有情绪困扰（例如：有些情绪很愚蠢，在每个情境都有一个正确的感受）？
  是否有情绪跟自己的观点是一致的（例如：我的情绪代表我）？
- 如果回答"**是**"：
  1. 核对事实。
  2. 挑战对情绪的误解。
  3. 练习不评判地思考。

# 复习情绪调节技能

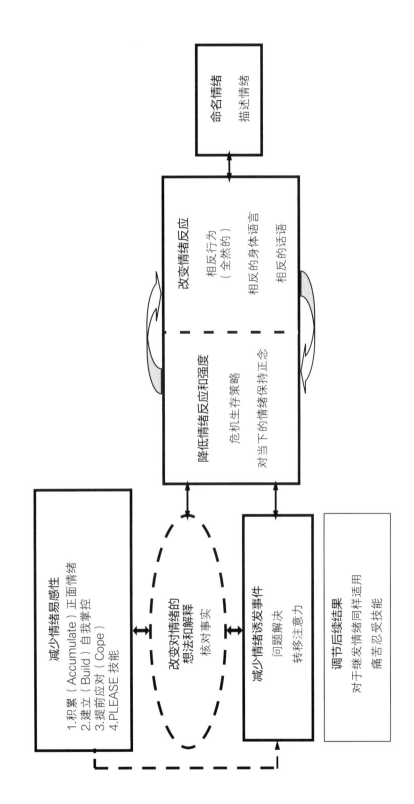

减少情绪易感性
1.积累（Accumulate）正面情绪
2.建立（Build）自我掌控
3.提前应对（Cope）
4.PLEASE 技能

改变对情绪的
想法和解释
核对事实

减少情绪诱发事件
问题解决
转移注意力

降低情绪反应和强度
危机生存策略
对当下的情绪保持正念

改变情绪反应
相反行为
（全然的）
相反的身体语言
相反的话语

命名情绪
描述情绪

调节后续结果
对于继发情绪同样适用
痛苦忍受技能

# 情绪调节练习单

# 改变情绪的利弊分析

截止日期：＿＿＿＿＿＿＿＿　姓名：＿＿＿＿＿＿＿＿　开始日期：＿＿＿＿＿＿＿＿

情绪名称：＿＿＿＿＿＿　强度（0—100）练习前：＿＿＿＿　练习后：＿＿＿＿

当你遇到以下问题时，试着填写此练习单：
- 是否决定改变无效的情绪。
- 无法放下情绪之时。
- 打算减少自己的情绪反应。
- 想要放下情绪却无法放下。
- 不想采取有效行动时。

同时，请思考以下问题：
- 依照情绪心念生活是否是你的最佳选择（有效或无效）？
- 拒绝调节情绪是否会导致新问题的产生？
- 情绪表现得越平缓，是否内心越自由？
- 在特定情境下，沉浸在情绪中无法自拔是否有助于问题的解决？
- 调节情绪是否让你感到疲惫？

如果情绪得到改变，有何利弊？请列出。

反之会怎样？请列出。

| | 留在情绪中，带着情绪行事 | 调节情绪后 |
|---|---|---|
| 利 | ＿＿＿＿＿＿＿＿＿＿＿＿<br>＿＿＿＿＿＿＿＿＿＿＿＿<br>＿＿＿＿＿＿＿＿＿＿＿＿<br>＿＿＿＿＿＿＿＿＿＿＿＿ | ＿＿＿＿＿＿＿＿＿＿＿＿<br>＿＿＿＿＿＿＿＿＿＿＿＿<br>＿＿＿＿＿＿＿＿＿＿＿＿<br>＿＿＿＿＿＿＿＿＿＿＿＿ |
| | 留在情绪中，带着情绪行事 | 调节情绪后 |
| 弊 | ＿＿＿＿＿＿＿＿＿＿＿＿<br>＿＿＿＿＿＿＿＿＿＿＿＿<br>＿＿＿＿＿＿＿＿＿＿＿＿<br>＿＿＿＿＿＿＿＿＿＿＿＿ | ＿＿＿＿＿＿＿＿＿＿＿＿<br>＿＿＿＿＿＿＿＿＿＿＿＿<br>＿＿＿＿＿＿＿＿＿＿＿＿<br>＿＿＿＿＿＿＿＿＿＿＿＿ |

你决定如何安置你的情绪？＿＿＿＿＿＿＿＿＿＿＿＿＿＿＿＿＿＿＿＿＿＿＿＿

这是符合智慧心念的决定吗？＿＿＿＿＿＿＿＿＿＿＿＿＿＿＿＿＿＿＿＿＿＿＿

# 了解并命名情绪
## 练习单

# 情绪可以为我们做什么

截止日期：＿＿＿＿＿＿　　姓名：＿＿＿＿＿＿　　开始日期：＿＿＿＿＿＿

以当下或最近的某种情绪反应为例填写这张练习单。如果是先前的情绪引发了你现在的情绪（例如：感到害怕而诱发你对自己的愤怒），那就填写两张练习单。如果写不下，可写在练习单背面。记得使用正念中的描述技能填写每个问题。

情绪名称：＿＿＿＿＿＿　　强度（0—100）：＿＿＿＿

### 诱发事件

什么事情诱发了你现在的情绪？

### 行为动机

情绪促使我想采取什么行动？

（情绪的引发促使我解决、克服或回避什么问题？）

我发泄这样的情绪是为了什么？

### 我如何与他人沟通

通过脸部表情？姿势？手势？言语？行动？

不管我是否愿意，我的情绪传达出某种信息，具体是什么样的信息？

我的情绪对他人有什么影响？对于我的情绪表达或行为，对方说了什么？做了什么？

### 我如何与自己沟通

我的情绪告诉了我什么？

如何知道我的情绪是正确的？

事实和我的感受有多远的距离？

# 范例——指出情绪可以为我做什么

截止日期：＿＿＿＿＿＿　　姓名：＿＿＿＿＿＿　　开始日期：＿＿＿＿＿＿

以当下或最近的某种情绪反应为例填写这张练习单。如果是先前的情绪引发了你现在的情绪（例如：感到害怕而诱发你对自己的愤怒），那就填写两张练习单。如果写不下，可写在练习单背面。记得使用正念中的描述技能填写每个问题。

**情绪名称：** 羞愧和内疚　**强度（0—100）：** ＿＿80＿＿

## 诱发事件

什么事情诱发了你现在的情绪？

　我把室友的锅放在火炉上烧水，水开后忘记关火烧坏了锅，我扔了锅但却未告知室友。

## 行为动机

情绪促使我想采取什么行动？（情绪的引发促使我解决、克服或回避什么问题？）

　我发泄这样的情绪是为了什么？

　情绪使我在朋友面前变得胆怯，不敢表露自己。重视情绪的功能可能让我以后不这样做，但也可能让我学会掩饰烧毁锅子的事实，让朋友不再对我发脾气。

## 我如何与他人沟通

通过我的脸部表情？姿势？手势？言语？行动？

　我的眼角低垂，双唇紧闭，畏缩着转身离开。我沉默不语，把手放在额头上。

不管我是否愿意，我的情绪传达出某种信息，具体是什么样的信息？

　朋友肯定能看出我的抑郁。

我的情绪对他人有什么影响？对于我的情绪表达或行为，对方说了什么做了什么？

　朋友试图让我开口。我的行为让她不会对我大发雷霆从而变得比较友善。

## 我如何与自己沟通

我的情绪告诉我了什么？

　我做了一件错误的事情。我感觉自己让朋友失望了，所以心情很低落。生活让我搞得一团糟，同时也失去了朋友的信任。

如何知道我的情绪是正确的？

　问问自己，这样做朋友是否会把我赶出房间或从此失去一个朋友。我的行为是否超越了我的智慧心念／澄明心、道德规范、价值观？我可以问问朋友：我们的情谊从此改变了吗？他会把我赶走吗？不再和我做朋友吗？也可以问问朋友：该怎么做才能再次重建友谊。

事实和我的感受有多远？

　锅被烧坏使我有些心情低落，但这件事和道德无关。我想掩盖事实才是和智慧心念相背离。我询问室友现在是否讨厌我，她否认了。我询问我应该怎么做，她要求我买个新锅，而我照做了。

# 情绪日记

截止日期：＿＿＿＿＿＿　　姓名：＿＿＿＿＿＿　　开始日期：＿＿＿＿＿＿

记录一天中最强烈、持续最久，或最痛苦、最麻烦的情绪。对它进行分析。如有必要，填写观察与描述情绪的练习单（情绪调节练习单4或4a），再加上这份日记表格。

| 情绪 | 动机 | 与他人沟通 | | 与自己沟通 | |
|---|---|---|---|---|---|
| 情绪名称 | 情绪促使我采取什么行动？（即我的情绪目标是什么？） | 我如何对他人表达情绪（我的脸部表情、肢体语言、语言、行动）？ | 我的情绪传达出什么信息？ | 我的情绪对他人有什么影响？ | 我的情绪告诉我了什么？ | 事实和感受的距离有多远？ |
| | | | | | | |
| | | | | | | |
| | | | | | | |

# 范例——情绪日记

姓名：　　　　　　　　　　开始日期：

截止日期：

记录一天中最强烈、持续最久、最棘手或最痛苦、最烦恼的情绪。对它进行分析。如有必要，填写观察与描述情绪的练习单（情绪调节练习单4或4a），再加上这份日记表格。

| 情绪名称 | 动机 情绪促使我采取什么行为？（即我的情绪目标是什么？） | 与他人沟通 我如何对他人表达情绪（我的脸部表情、言语、肢体语言、言语、行动）？ | 我的情绪传达出什么信息？ | 我的情绪对他人有什么影响？ | 与自己沟通 我的情绪告诉我了什么？ | 事实和感受的距离有多远？ |
|---|---|---|---|---|---|---|
| 恐惧／焦虑 | 缺席技能训练。 | 我缺席技能训练。 | 那个训练真的不是很重要。 | （1）朋友打电话鼓励我去。（2）他们不确定我是否真的履行承诺愿意去。（3）他们有些担心。 | 那个训练让我感觉有点担心。 | 事实和我的感受之间的距离我没有估算。我凭我的生活、健康或幸福来评估自己以分析出是否有必要参加训练。 |
| 羞愧 | 自己明白就好，不必让其他人也明白。我不想参加办公室聚会，我想先回家。 | 我坐在那里不说话，甚至没有眼神交流。 | 有几种可能：（1）我想独处。（2）我的情绪很低落。 | 大部分的同事都离开了，只剩下我自己。有个同事试着跟我聊天，但最后还是离开了。 | 我一事无成，感觉人生毫无意义。 | 我试着回想当我说话时别人耐心倾听的样子。我试着倾听对方聊天，并随时把注意力放到对方的注意力。（相反行为） |
| 悲伤 | 躲到角落，哭泣。 | 失落。嘴角下垂。不停地哭泣。我告诉某人我好难过。 | 我好难过。 | （1）男朋友过来，拍着我的肩膀，拉我坐在他身旁。（2）有些人见到我就离开了。 | 很难过，好孤单。这世界真的很孤独。 | 我寻求帮助，看看是否会有人回应；回想不伤心的时光。（相反行为） |

# 关于情绪的误区

截止日期: _____ 姓名: _____ 开始日期: _____

对于每个误区，写下一个对你来说有意义的挑战。你可能同意已给出的挑战，但试着再写一个或用你自己的话重写一遍。

1. 每个情境都有一个对应的正确的感受。
   挑战: 人们面对同一个情境会有不同的反应，没有唯一正确的方式。
   我的挑战: _____

2. 让别人知道自己抑郁是软弱的表现。
   挑战: 说出自己的软肋，其实对沟通来说是有好处的。
   我的挑战: _____

3. 负面情绪是不好的，会摧毁一个人。
   挑战: 负面的情绪是很自然的，这有助于我更好地理解当下的情境。
   我的挑战: _____

4. 情绪化是一种失控。
   挑战: 表现出情绪化，意味着你是个普通人，有自己所谓的情绪。
   我的挑战: _____

5. 有些情绪根本就是愚蠢的。
   挑战: 每种情绪都传递出了人的感受。所有情绪都有助于我了解自己。
   我的挑战: _____

6. 所有痛苦的情绪都是因为我的态度出了问题。
   挑战: 所有的痛苦都是一种自然反应。
   我的挑战: _____

7. 如果周围人都不认可我的感受，显然我的感受是错误的。
   挑战: 不管别人怎么看，我都有权利以我的方式表达感受。
   我的挑战: _____

8. 我的感受是否正确，取决于其他人。
   挑战: 我的感受我来评判，别人只是看客。
   我的挑战: _____

9. 痛苦无关紧要，应该被忽略。
   挑战: 痛苦提醒我自己处于一种很糟糕的状态。
   我的挑战: _____

10. 比起花时间调节情绪，极端情绪会让你收获更多。
    挑战: 极端情绪会使我和周围的人陷入麻烦。如果某个情绪是无效的，最好进行情绪调节。
    我的挑战: _____

（接下页）

11. 创造力都是在强烈的、失控的情绪中产生的。

    挑战：情绪平和的状态下照样可以有创造力。

    我的挑战：＿＿＿＿＿＿＿＿＿＿＿＿＿＿＿＿

12. 戏剧化看上去很酷。

    挑战：我可以戏剧化地处理事情的同时调节我的情绪。

    我的挑战：＿＿＿＿＿＿＿＿＿＿＿＿＿＿＿＿

13. 改变情绪其实是不可能的。

    挑战：改变也是生活的常态。

    我的挑战：＿＿＿＿＿＿＿＿＿＿＿＿＿＿＿＿

14. 能感受到的才是事实，客观事实不是事实。

    挑战：感受和事实都很重要。

    我的挑战：＿＿＿＿＿＿＿＿＿＿＿＿＿＿＿＿

15. 只要我喜欢，做什么都无所谓。

    挑战：做我想做的事有可能行不通。

    我的挑战：＿＿＿＿＿＿＿＿＿＿＿＿＿＿＿＿

16. 我任性，说明我才是自由的。

    挑战：真正自由的人是能调节自己的情绪。

    我的挑战：＿＿＿＿＿＿＿＿＿＿＿＿＿＿＿＿

17. 我的情绪就是我。

    挑战：情绪是你的一部分，但不是全部。

    我的挑战：＿＿＿＿＿＿＿＿＿＿＿＿＿＿＿＿

18. 正因为我任性，所以别人才爱我。

    挑战：如果我能调整情绪，大家都会爱我。

    我的挑战：＿＿＿＿＿＿＿＿＿＿＿＿＿＿＿＿

19. 情绪会出其不意地出现。

    挑战：万物皆有因。

    我的挑战：＿＿＿＿＿＿＿＿＿＿＿＿＿＿＿＿

20. 要相信自己的情绪。

    挑战：有时候情绪是靠谱的，有时则不靠谱。

    我的挑战：＿＿＿＿＿＿＿＿＿＿＿＿＿＿＿＿

21. 其他误区：＿＿＿＿＿＿＿＿＿＿＿＿＿＿＿＿

    挑战：＿＿＿＿＿＿＿＿＿＿＿＿＿＿＿＿＿＿

    我的挑战：＿＿＿＿＿＿＿＿＿＿＿＿＿＿＿＿

**情绪调节练习单4**（情绪调节讲义5、6）

**观察与描述情绪**

截止日期：　　　　　　　　　姓名：　　　　　　　　　开始日期：

以当下或最近的某种反应为例填写这张练习单。如果是先前的情绪引发了你现在的情绪（例如：感到害怕而诱发你对自己的愤怒），那就填写两张练习单。使用情绪调节讲义6的概念，如果写不下，可以写在练习单背面。

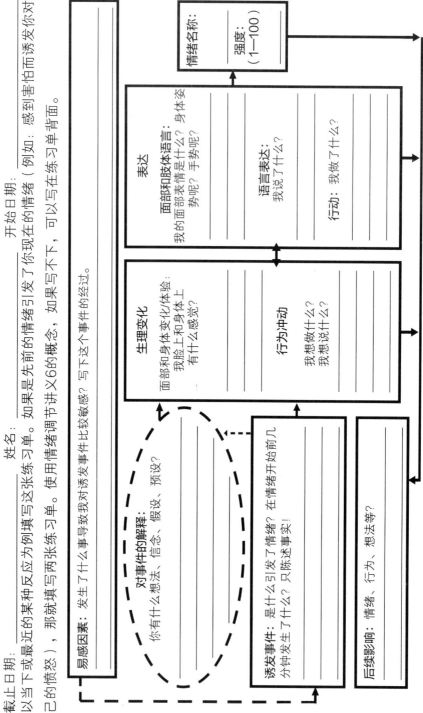

**易感因素**：发生了什么事导致我对诱发事件比较敏感？写下这个事件的经过。

**对事件的解释**：你有什么想法、信念、假设、预设？

**诱发事件**：是什么引发了情绪？在情绪开始前几分钟发生了什么事？只陈述事实！

**后续影响**：情绪、行为、想法等？

**生理变化**
面部和身体变化体验：我脸上和身体上有什么感觉？

**行为冲动**
我想做什么？
我想说什么？

**表达**
面部和肢体语言：我的面部表情是什么？身体姿势呢？手势呢？

语言表达：我说了什么？

行动：我做了什么？

情绪名称：

强度：（1—100）

# 观察与描述情绪

截止日期：＿＿＿＿＿＿＿　姓名：＿＿＿＿＿＿＿　开始日期：＿＿＿＿＿＿＿

以当下或最近的某种反应为例填写这张练习单。如果是先前的情绪引发了你现在的情绪（例如：感到害怕而诱发你对自己的愤怒），那就填写两张练习单。如果写不下，可以写在练习单背面。

情绪名称：＿＿＿＿＿＿＿　强度（0—100）：＿＿＿＿

**诱发事件**（人、事、时、地）：是什么诱发了这种情绪？

_____

**易感因素**：在这之前，发生了什么事使我变得比较敏感？

_____

**对此情境的解释**（信念、假设、预设）？

_____

**脸部和身体变化与感受**：我的脸部和身体有何感受？

_____

**行为冲动**：我想做什么？想说什么？

_____

**脸部和肢体语言**：我的脸部表情、姿势、手势有什么变化？

_____

在此情境下**我说了**什么（要具体明确）：

_____

在此情境下**我做了**什么（要具体明确）：

_____

这种情绪带给我什么**后续影响**（心的状态、其他情绪、行为、想法、记忆、身体状态等）？

_____

改变情绪反应
练习单

# 核对事实

截止日期：＿＿＿＿＿＿ 姓名：＿＿＿＿＿＿ 开始日期：＿＿＿＿＿＿

不弄清事实就很难面对诱发情绪的情境。在解决问题之前，先弄清具体的问题是什么。这份练习单有助于你找出是"事件"，还是"你对事件的解释"，还是两者同时导致了你的情绪。使用正念的观察及描述技能，先观察事实，然后描述你观察到了什么。

**步骤一** 问自己：我想改变哪种情绪？
情绪名称：＿＿＿ 强度（0—100）练习前：＿＿＿ 练习后：＿＿＿

**步骤二** 问自己：**是什么事件诱发了我的情绪反应？**
描述诱发事件：是什么导致了你的情绪反应？谁对谁做了什么？什么导致了什么？具体哪个环节困扰了你？请详细回答。

＿＿＿＿＿＿＿＿＿＿＿＿＿＿＿＿＿＿＿＿＿＿＿＿＿＿＿＿

＿＿＿＿＿＿＿＿＿＿＿＿＿＿＿＿＿＿＿＿＿＿＿＿＿＿＿＿

### 核对事实!

找出你的描述中过于偏激、妄加评判的地方。
如果可能，**重新描述**事实。

事实
→

＿＿＿＿＿＿＿＿＿＿＿＿＿＿＿＿＿＿＿＿＿＿＿＿＿＿＿＿

＿＿＿＿＿＿＿＿＿＿＿＿＿＿＿＿＿＿＿＿＿＿＿＿＿＿＿＿

**步骤三** 问自己：关于这件事，我是怎么理解的（想法、信念等）？我有什么假设？我有没有删减或增加事实呢？

＿＿＿＿＿＿＿＿＿＿＿＿＿＿＿＿＿＿＿＿＿＿＿＿＿＿＿＿

＿＿＿＿＿＿＿＿＿＿＿＿＿＿＿＿＿＿＿＿＿＿＿＿＿＿＿＿

### 核对事实!

尽可能多地列出你对事实的理解。

＿＿＿＿＿＿＿＿＿＿＿＿＿＿＿＿＿＿＿＿＿＿＿＿＿＿＿＿

＿＿＿＿＿＿＿＿＿＿＿＿＿＿＿＿＿＿＿＿＿＿＿＿＿＿＿＿

如果可能，**重新描述事实**，直到你的理解完整正确。如果你无法核对事实，写出一个令人信服的理解。

事实
→

＿＿＿＿＿＿＿＿＿＿＿＿＿＿＿＿＿＿＿＿＿＿＿＿＿＿＿＿

＿＿＿＿＿＿＿＿＿＿＿＿＿＿＿＿＿＿＿＿＿＿＿＿＿＿＿＿

**步骤四** 问自己：**我的假设是不是不太能站住脚？**具体哪个地方站不住脚？这个事件或情境对我有什么威胁？我最担心的是什么？

_____

_____

**核对事实！**

列出所有基于事实的结果。

_____

_____

如果可能，**重新描述**。尽量精准地预测结果。如果做不到，尽可能描述一个不那么糟糕的后果。

**事实**

**→**

_____

_____

**步骤五** 问自己：**最让人担心的后果是什么呢？**详细描述所能预见的最坏的结果。

_____

_____

**描述**发生最糟情况的应对方式。

_____

_____

**步骤六** 问自己：**我的情绪（或其强度或持续性）和事实符合吗？**
（0=一点也不符合；5=非常符合）：
如果无法确定你的情绪和事实是否符合（例如：你打2分、3分或4分），可以继续核对事实。用最开放的心态，询问他人的意见，或者做个实验来验证预测或诠释的正确性。
**你是如何核对事实的：**

_____

_____

_____

# 找出如何改变不想要的情绪

截止日期：＿＿＿＿＿＿＿　　姓名：＿＿＿＿＿＿＿　　开始日期：＿＿＿＿＿＿＿

核对完事实后，使用这张练习单开始下一步。在此之前，先评估在此情境下你的行动是否有效（以及是否是你实际想改变的情绪）。（如果你不确定是否想改变，回到情绪调节练习单1：改变情绪的利弊分析。）在下图的每一层圈选"是"或"否"，选择最符合情况的技能。

情绪名称：

**问问自己：**
情绪是否符合
当前的事实
**核对事实**

是　　　　　　　　　　　　　　　　　否

**问问自己：**
按照情绪冲动行动是
有效的吗？
**问问你的智慧心念**

**问问自己：**
按照情绪冲动行动是
有效的吗？
**问问你的智慧心念**

是　　　　否　　　　　　　是　　　　否

**对当下的
情绪保持正念**
（情绪调节讲义22）

**行动**
按照情绪/
行为冲动行动

**问题解决**
不想要的情绪
（情绪调节讲义12）

**不采取行动**
不按照情绪
/行为冲动行动

考虑
**相反行为**
（情绪调节
讲义10—11）

**不采取行动**
不按照情绪
/行为冲动行动

**改变想法**
以适应现实
（情绪调节讲义8）

**采取相反行为**
（情绪调节
讲义10-11）

**对当下的情绪
保持正念**
（情绪调节
讲义22）

**采取行动，**
但坦然接纳后果

重新考虑
**相反行为**

描述你做了什么来管理情绪：

# 用相反行为改变情绪

截止日期：_____ 姓名：_____ 开始日期：_____

找出你想改变的情绪反应，或者你为之感到痛苦的情绪反应。评估这种情绪反应是否和事实符合。如果不是，请关注因情绪而来的行为冲动。然后找出与这种情绪相反的行为，并采取这个相反行为。记住，要练习完全相反的行为。描述所发生的事。

情绪名称：_____ 强度（0—100）练习前：_____ 练习后：_____

**诱发事件（人、事、时、地）：** 是什么引发了情绪？

_____

**我的情绪（或其强度或持续度）是否正确的？是否和事实符合？它是有效的吗？**

列出情绪中的合理和不合理的地方。确认这个回答是最正确的。

| 我的情绪合理之处 | 我的情绪合理之处 |
|---|---|
| _____ | _____ |

   □　合理：解决问题　　　　　□　不合理：继续完成此练习单
　　（情绪调节练习单8）

**行为冲动：** 我想做什么或说什么？

**相反行为：** 我的冲动的相反行为是什么？因为处于这种情绪中，我不会去做什么？同时描述在此情境下你可能会做什么及如何采取完全相反的行为。

_____

**我做了什么：** 具体描述。

**我如何做：** 描述肢体语言、面部表情、姿势、手势和想法。

**相反行为会导致什么后果**（心理状态、其他情绪、行为、想法、记忆、身体状态等）？

_____

# 用问题解决改变情绪

截止日期：＿＿＿＿＿＿　　姓名：＿＿＿＿＿＿　　开始日期：＿＿＿＿＿＿

找出引发你痛苦情绪的诱发事件。选择一个可以改变结局的事件，把它转变为可以解决的问题。按照下面的步骤并描述所发生的事。

情绪名称：＿＿＿＿　　强度（0—100）练习前：＿＿＿＿　　练习后：＿＿＿＿

1. **问题是什么？** 描述诱发情绪所引发的问题。是什么导致了问题？

   ＿＿＿＿＿＿＿＿＿＿＿＿＿＿＿＿＿＿＿＿＿＿＿＿＿＿＿＿＿＿＿＿＿＿＿

   ＿＿＿＿＿＿＿＿＿＿＿＿＿＿＿＿＿＿＿＿＿＿＿＿＿＿＿＿＿＿＿＿＿＿＿

2. **核对事实以确认真正的问题所在。** 描述你做了什么，以对照实际情况。

   （如果需要协助，请参考情绪调节练习单6。）

   ＿＿＿＿＿＿＿＿＿＿＿＿＿＿＿＿＿＿＿＿＿＿＿＿＿＿＿＿＿＿＿＿＿＿＿

   ＿＿＿＿＿＿＿＿＿＿＿＿＿＿＿＿＿＿＿＿＿＿＿＿＿＿＿＿＿＿＿＿＿＿＿

   如果有需要，根据事实重新写下问题。

   ＿＿＿＿＿＿＿＿＿＿＿＿＿＿＿＿＿＿＿＿＿＿＿＿＿＿＿＿＿＿＿＿＿＿＿

   ＿＿＿＿＿＿＿＿＿＿＿＿＿＿＿＿＿＿＿＿＿＿＿＿＿＿＿＿＿＿＿＿＿＿＿

3. **如果要解决问题，短期目标是什么？** 如果要达到目标，你认为必须怎么做？

   ＿＿＿＿＿＿＿＿＿＿＿＿＿＿＿＿＿＿＿＿＿＿＿＿＿＿＿＿＿＿＿＿＿＿＿

   ＿＿＿＿＿＿＿＿＿＿＿＿＿＿＿＿＿＿＿＿＿＿＿＿＿＿＿＿＿＿＿＿＿＿＿

4. **头脑风暴出问题的方案：** 列出你想得到的所有问题解决方式及应对策略。不要加以评价！

   ＿＿＿＿＿＿＿＿＿＿＿＿＿＿＿＿＿＿＿＿＿＿＿＿＿＿＿＿＿＿＿＿＿＿＿

   ＿＿＿＿＿＿＿＿＿＿＿＿＿＿＿＿＿＿＿＿＿＿＿＿＿＿＿＿＿＿＿＿＿＿＿

   ＿＿＿＿＿＿＿＿＿＿＿＿＿＿＿＿＿＿＿＿＿＿＿＿＿＿＿＿＿＿＿＿＿＿＿

   ＿＿＿＿＿＿＿＿＿＿＿＿＿＿＿＿＿＿＿＿＿＿＿＿＿＿＿＿＿＿＿＿＿＿＿

   ＿＿＿＿＿＿＿＿＿＿＿＿＿＿＿＿＿＿＿＿＿＿＿＿＿＿＿＿＿＿＿＿＿＿＿

（接下页）

5. 两种方案相比，哪种最适合你？

①_____ ②_____

| | 解决方案 1 | 解决方案 2 |
|---|---|---|
| 利 | _____<br>_____<br>_____<br>_____ | _____<br>_____<br>_____<br>_____ |
| | 解决方案 1 | 解决方案 2 |
| 弊 | _____<br>_____<br>_____<br>_____ | _____<br>_____<br>_____<br>_____ |

6. 以一个解决方案为例，按照下面的方式来尝试。

| 步骤 | 描述 | √ 执行与否 | 发生了什么？ |
|---|---|---|---|
| ① | _____ | _____ | _____ |
| ② | _____ | _____ | _____ |
| ③ | _____ | _____ | _____ |
| ④ | _____ | _____ | _____ |
| ⑤ | _____ | _____ | _____ |
| ⑥ | _____ | _____ | _____ |
| ⑦ | _____ | _____ | _____ |

7. 目标是否达到？如果有，请描述。如果没有，你该怎么办？

_____

_____

是否有新的问题需要解决？如果有，请描述并解决。

_____

_____

_____

# 减少情绪心念的易感性
## 练习单

# 减少情绪心念易感性的步骤

截止日期：＿＿＿＿＿＿＿＿　姓名：＿＿＿＿＿＿＿＿　开始日期：＿＿＿＿＿＿＿＿

这周你使用下列情绪调节技能了吗？如何使用的？请记录下来。写不下，可写到背面。

**A** {

**积累正面情绪（短期）**
增加每天的正面活动（圈选）：周一　二　三　四　五　六　日
描述：＿＿＿＿＿＿＿＿＿＿＿＿＿＿＿＿＿＿＿＿＿＿＿＿＿＿＿＿＿
＿＿＿＿＿＿＿＿＿＿＿＿＿＿＿＿＿＿＿＿＿＿＿＿＿＿＿＿＿＿＿＿＿

**积累正面情绪（长期）：建立值得过的人生**
在设定目标时，考虑你的价值观（见情绪调节讲义18）：
＿＿＿＿＿＿＿＿＿＿＿＿＿＿＿＿＿＿＿＿＿＿＿＿＿＿＿＿＿＿＿＿＿
＿＿＿＿＿＿＿＿＿＿＿＿＿＿＿＿＿＿＿＿＿＿＿＿＿＿＿＿＿＿＿＿＿

长期目标（描述）：
＿＿＿＿＿＿＿＿＿＿＿＿＿＿＿＿＿＿＿＿＿＿＿＿＿＿＿＿＿＿＿＿＿
＿＿＿＿＿＿＿＿＿＿＿＿＿＿＿＿＿＿＿＿＿＿＿＿＿＿＿＿＿＿＿＿＿

避免回避（描述）：
＿＿＿＿＿＿＿＿＿＿＿＿＿＿＿＿＿＿＿＿＿＿＿＿＿＿＿＿＿＿＿＿＿
＿＿＿＿＿＿＿＿＿＿＿＿＿＿＿＿＿＿＿＿＿＿＿＿＿＿＿＿＿＿＿＿＿

**对发生的正面体验保持觉察力**
聚焦（及重新聚焦）在正面体验上：＿＿＿＿＿＿＿＿＿＿＿＿＿＿＿
转移注意力，减少担忧：＿＿＿＿＿＿＿＿＿＿＿＿＿＿＿＿＿＿＿＿＿

**B** {

**建立自我掌控**
安排活动以增加成就感（圈选）：周一　二　三　四　五　六　日
描述：＿＿＿＿＿＿＿＿＿＿＿＿＿＿＿＿＿＿＿＿＿＿＿＿＿＿＿＿＿
＿＿＿＿＿＿＿＿＿＿＿＿＿＿＿＿＿＿＿＿＿＿＿＿＿＿＿＿＿＿＿＿＿

做有难度但是可能达成的事情（圈选）：
周一二三四五六日
描述：＿＿＿＿＿＿＿＿＿＿＿＿＿＿＿＿＿＿＿＿＿＿＿＿＿＿＿＿＿
＿＿＿＿＿＿＿＿＿＿＿＿＿＿＿＿＿＿＿＿＿＿＿＿＿＿＿＿＿＿＿＿＿

（接下页）

**提前应对**
描述有可能产生问题行为的情境（如有必要，填写情绪调节练习单5的步骤一和二来核对事实）：

C

_____

_____

想象有效的应对方式（描述）：

_____

_____

想象可能发生的新问题的应对方式（描述）：

_____

_____

# PLEASE 技巧

我已经……
治疗身体疾病？ _____

_____

均衡饮食？ _____

_____

远离改变情绪的物质？ _____

_____

均衡睡眠？ _____

_____

适当运动？ _____

_____

# 正面活动日记

截止日期：　　　　　　　　　　　开始日期：

姓名：

填写一张观察与描述情绪的练习单（情绪调节练习单4或4a）。如有必要，加上这份日记表格。

| 日期 | 正面活动计划 | 实际进行的正面活动 | 对正面活动进行正念的程度（0—5） | 放下担忧的程度（0—5） | 感到愉快的程度（0—100） | 感想 |
|---|---|---|---|---|---|---|
| | | | | | | |
| | | | | | | |
| | | | | | | |
| | | | | | | |
| | | | | | | |

# 从价值观展开特定的行动步骤

截止日期：＿＿＿＿＿＿　姓名：＿＿＿＿＿＿　开始日期：＿＿＿＿＿＿

**步骤一，避免回避。**为你想逃避去建立值得过的人生的程度评分：

过去（＿＿＿）现在（＿＿＿）（0=不回避；100=完全回避，甚至逃避想到它）

审视回避的原因：□无望感　□执意任性　□太困难　□其他：＿＿＿＿＿

> 运用你的提前应对技能，并写下避免回避的方法。

**步骤二，确认心目中至关重要的价值观。**什么对你最重要？复习情绪调节讲义以便找到灵感。列出对你来说最重要的价值观。

我的重要价值观：＿＿＿＿＿＿＿＿＿＿＿＿＿＿＿＿＿＿＿＿＿＿＿＿＿＿

＿＿＿＿＿＿＿＿＿＿＿＿＿＿＿＿＿＿＿＿＿＿＿＿＿＿＿＿＿＿＿＿＿＿＿

**步骤三，确认一个目前可行的重要生活价值观或优先顺序。**

长期目标取决于智慧心念的价值观与优先顺序。对于你来说，现在需要更努力去达成的价值观是什么？

列出现在在你生命中可以努力实现的两个最重要的价值观。

　　　　　　　　　　　　　　　　　　　　　　　　重要性　优先顺序

价值观：＿＿＿＿＿＿＿＿＿＿＿＿＿＿＿＿＿＿（　　）　（　　）

价值观：＿＿＿＿＿＿＿＿＿＿＿＿＿＿＿＿＿＿（　　）　（　　）

为每个价值观对你"值得过的人生"的重要程度评分（1=稍微重要；5=极度重要）。然后，为这个价值观的重要性评分（1=低优先；5=最高优先）。

**仔细修改你的选择。**重新审核上面的列表和评分，以及你目前努力实现的价值观。核对事实。确定你决定实现的价值观和优先顺序真的符合自己的情况，而不是其他人的、其他人认为你应该实现的内在价值观。需要的话，重新列表。

**选择一个现在要遵循的价值观。**选择对你来说最重要或优先顺序最高的价值观，现在就着手去做（如果超出一个，可以多填一张练习单）。

现在要遵循的价值观：＿＿＿＿＿＿＿＿＿＿＿＿＿＿＿＿＿＿＿＿＿＿

（接下页）

### 步骤四，根据自己的价值观，确认行动目标。

可以列出两三个目标。你如何让自己的价值观体现在日常生活中？（如果无法想出自己的目标，可以进行一次头脑风暴，列出自己所有想到的目标，然后从中选出最符合你价值观的目标。）

目标：_____

目标：_____

目标：_____

### 步骤五，选择一个可行的目标。

选择一个合理可行的目标。如果其他目标必须建立在一个目标之上，就将该目标作为目前自己的目标。要具体、明确。如果目标一次不止一个，可填写两张练习单。

可行的目标：_____

### 步骤六，确认具体行动步骤。

把目标分解成具体步骤，每个步骤都是一个小目标。尽量使自己的每个行动步骤和总体目标更关联一些。如果拆分不出任何步骤，可以试着发散思维，写下出现在大脑中的想法。

如果其中的一个步骤让你感觉要做的太多，可以将它拆分为更小的步骤。

然后，你需要更改自己的行动步骤，并规划出自己的行动步骤。如果步骤太多无法进行下去，停止写下新步骤，将注意力集中在一个步骤上。

行动步骤一：_____

行动步骤二：_____

行动步骤三：_____

行动步骤四：_____

### 步骤七，现在采取一个行动步骤。描述你做了什么：_____

_____

_____

描述接下来发生了什么：_____

_____

_____

（接下页）

## 记住：处理人际关系

"处理人际关系"（情绪调节讲义18的A项）和"成为团体的一分子"（B项）对每个人来说都很重要。即便不需要从下面清单中选择价值观，也可以重新检视它们，看看前十个价值观中是否有一个对你而言重要且想马上采取行动。选好了就先写下来，等想开始了再填写这张练习单剩下的部分。


描述你想要努力改善的关系或关系问题：_____

_____

_____


你最想实现的目标是什么？_____

_____


哪些小行动可以帮你达成目标？

行动步骤一：_____

行动步骤二：_____

行动步骤三：_____

行动步骤四：_____


**现在采取一个行动步骤**。描述你做了什么：_____

_____


描述接下来发生了什么：_____

_____

# 从价值观展开特定的行动步骤

截止日期：＿＿＿＿＿＿　姓名：＿＿＿＿＿＿　开始日期：＿＿＿＿＿＿

找到自己认可的价值观后，接着需要采取行动，让价值观落实在生活的每个环节。目标一旦确定，拆分出步骤就变得容易起来。

**举例：我的价值观**——成为团体的一分子。

可能的目标：

· 与老朋友取得联络。

· 找一份具有外联性质的工作。

· 加入一个社团。

挑选一个可以马上采取**行动的目标**。

· 加入一个社团。

制定行动步骤。

· 在网站上寻找社团。

· 到附近书店问问看有没有读书会。

· 加入一个可以互动的在线游戏或聊天室。

1. 挑选一个你的价值观：＿＿＿＿＿＿＿＿＿＿

2. 找出与其相关的三个目标：

＿＿＿＿＿＿＿＿＿＿＿＿

＿＿＿＿＿＿＿＿＿＿＿＿

＿＿＿＿＿＿＿＿＿＿＿＿

3. 选出一个可以马上采取行动的目标。

4. 确定为了实现目标需要**实施哪些步骤**。

＿＿＿＿＿＿＿＿＿＿＿＿＿＿＿＿＿＿＿＿＿＿＿＿＿＿＿＿＿＿＿

＿＿＿＿＿＿＿＿＿＿＿＿＿＿＿＿＿＿＿＿＿＿＿＿＿＿＿＿＿＿＿

5. 选择一个**步骤**，现在就行动起来。描述你做了什么：

＿＿＿＿＿＿＿＿＿＿＿＿＿＿＿＿＿＿＿＿＿＿＿＿＿＿＿＿＿＿＿

＿＿＿＿＿＿＿＿＿＿＿＿＿＿＿＿＿＿＿＿＿＿＿＿＿＿＿＿＿＿＿

描述接下来发生了什么：

＿＿＿＿＿＿＿＿＿＿＿＿＿＿＿＿＿＿＿＿＿＿＿＿＿＿＿＿＿＿＿

# 价值观与优先顺序日记

姓名：_____ 开始日期：_____

截止日期：_____

这个日记是进度跟踪表，据此你可以确定你是否依据价值观来生活。每个价值观或目标填写一张表；也可以每天都填写，不管你当天的目标是什么。要详细而具体。核对情绪调节练习练习单11或11a的重要价值观和目标。

| 日期 | 价值观 | 目标 | 今天符合价值观和优先顺序的行动 | 下一步行动 |
|---|---|---|---|---|
| | 我希望遵循的价值观是什么？ | 与这个价值观相关的目标是什么？ | 我今天是如何达成我的目标的？ | 为了达成这个目标我的下一步行动是什么？ |
| | | | | |
| | | | | |
| | | | | |
| | | | | |
| | | | | |
| | | | | |
| | | | | |

# 建立自我掌控与提前应对

截止日期：　　　　　姓名：　　　　　开始日期：

表格的最左边一列中，写下练习当天的日期。在"自我掌控"栏目的首列写下建立自我掌控的计划。在一天结束时，在第二列写下你实际做了什么来建立自我掌控。在"提前应对"栏目下的首列描述可能遇到的问题，然后在第二列描述你会如何有效应对，并且检查它是否有帮助。

| 日期 | 自我掌控 | | 提前应对 | |
|---|---|---|---|---|
| | 建立自我掌控的计划 | 实际做了什么来建立自我掌控 | 可能遇到的问题 | 我会如何有效应对（请描述） |
| | | | 1. | |
| | | | | 有帮助吗？□有　□没有 |
| | | | 2. | |
| | | | | 有帮助吗？□有　□没有 |

# 每天练习ABC组合技能

姓名：_____ 开始日期：_____

截止日期：_____

使用这份练习单可以查看看每天你的积累正面情绪（A）建立自我掌控（B）且提前应对（C）。每天早上首要之事就是写下一天的计划，睡前记下实际做过的事。你会慢慢发现自己已经学会了按计划行事，并且提升了抗拒负面情绪的能力。

评分：一天刚开始的负面心情或情绪强度（0—100）：_____ 一天结束后的负面心情或情绪强度（0—100）：_____

| 时间 | 计划的活动 | | | 实际做的事 | | |
|---|---|---|---|---|---|---|
| | A. 积累正面情绪 | B. 自我掌控 | C. 提前应对 | A. 积累正面情绪 | B. 自我掌控 | C. 提前应对 |
| 8:00前 | | | | | | |
| 8:00—12:00 | | | | | | |
| 12:00—16:00 | | | | | | |
| 16:00—20:00 | | | | | | |
| 20:00后 | | | | | | |
| 活动总数 | | | | | | |

# 练习PLEASE技能

截止日期：＿＿＿＿＿＿　　姓名：＿＿＿＿＿＿　　开始日期：＿＿＿＿＿＿

在表格最左边一列里写下练习日期，然后写下你对每个PLEASE技能的练习的情况。在每列的底部，检查练习对你是否有帮助。

| 日期 | 描述治疗身体疾病（PL） | 描述自己为均衡饮食所做的努力（E） | 列出自己使用过的会改变情绪的物质（A） | 睡眠时数（S）（上床时间/起床时间） | 适当运动（E）（小时及/或分钟） |
|---|---|---|---|---|---|
| | | | | | |
| | | | | | |
| | | | | | |
| | | | | | |
| | | | | | |
| | 有帮助吗？<br>□有 □没有 | 有帮助吗？<br>□有 □没有 | 有帮助吗？<br>□有 □没有 | 有帮助吗？<br>□有 □没有 | 有帮助吗？<br>□有 □没有 |

# 噩梦体验表格

截止日期：_____　　姓名：_____　　开始日期：_____

在下面的横线上，试着调动自己的视觉、嗅觉、听觉、味觉，尽量详细描述

你为之痛苦的梦境。注意与这个梦相关的感受、影像和想法，包括梦境中的

自己。注意梦境的起始时间（如果需要，可以使用这张练习单的背面）。

在我的梦境中，_____

_____

_____

_____

_____

_____

_____

_____

_____

_____

_____

_____

_____

_____

_____

_____

_____

_____

_____

_____

_____

_____

_____

（接下页）

# 改变梦境体验表格

截止日期：＿＿＿＿＿＿　姓名：＿＿＿＿＿＿　开始日期：＿＿＿＿＿＿

在下面的横线上，试着调动自己的视觉、嗅觉、听觉、味觉，尽量详细描述你改变后的梦的梦境。注意与这个梦相关的感受、影像和想法，包括梦境中的自己，尽可能具体。确保你所做的改变，出现在噩梦中任何创伤或糟糕的事情发生在你或其他人身上之前。注意梦境的起始时间（如果需要，可以使用这张练习单的背面）。

在我的梦境中，＿＿＿＿＿＿＿＿＿＿＿＿＿＿＿＿＿＿＿＿＿＿＿＿＿＿＿

＿＿＿＿＿＿＿＿＿＿＿＿＿＿＿＿＿＿＿＿＿＿＿＿＿＿＿＿＿＿＿＿＿＿

＿＿＿＿＿＿＿＿＿＿＿＿＿＿＿＿＿＿＿＿＿＿＿＿＿＿＿＿＿＿＿＿＿＿

＿＿＿＿＿＿＿＿＿＿＿＿＿＿＿＿＿＿＿＿＿＿＿＿＿＿＿＿＿＿＿＿＿＿

＿＿＿＿＿＿＿＿＿＿＿＿＿＿＿＿＿＿＿＿＿＿＿＿＿＿＿＿＿＿＿＿＿＿

＿＿＿＿＿＿＿＿＿＿＿＿＿＿＿＿＿＿＿＿＿＿＿＿＿＿＿＿＿＿＿＿＿＿

＿＿＿＿＿＿＿＿＿＿＿＿＿＿＿＿＿＿＿＿＿＿＿＿＿＿＿＿＿＿＿＿＿＿

＿＿＿＿＿＿＿＿＿＿＿＿＿＿＿＿＿＿＿＿＿＿＿＿＿＿＿＿＿＿＿＿＿＿

＿＿＿＿＿＿＿＿＿＿＿＿＿＿＿＿＿＿＿＿＿＿＿＿＿＿＿＿＿＿＿＿＿＿

＿＿＿＿＿＿＿＿＿＿＿＿＿＿＿＿＿＿＿＿＿＿＿＿＿＿＿＿＿＿＿＿＿＿

＿＿＿＿＿＿＿＿＿＿＿＿＿＿＿＿＿＿＿＿＿＿＿＿＿＿＿＿＿＿＿＿＿＿

＿＿＿＿＿＿＿＿＿＿＿＿＿＿＿＿＿＿＿＿＿＿＿＿＿＿＿＿＿＿＿＿＿＿

＿＿＿＿＿＿＿＿＿＿＿＿＿＿＿＿＿＿＿＿＿＿＿＿＿＿＿＿＿＿＿＿＿＿

＿＿＿＿＿＿＿＿＿＿＿＿＿＿＿＿＿＿＿＿＿＿＿＿＿＿＿＿＿＿＿＿＿＿

＿＿＿＿＿＿＿＿＿＿＿＿＿＿＿＿＿＿＿＿＿＿＿＿＿＿＿＿＿＿＿＿＿＿

（接下页）

情绪调节练习单14a（第3—3页）

## 梦境排演和放松记录表

截止日期：＿＿＿＿＿＿＿＿＿　姓名：＿＿＿＿＿＿＿＿＿　开始日期：＿＿＿＿＿＿＿＿＿

在表格最左边一列里写下练习日期，然后写下你练习梦境排练和放松技能的过程。早晨写下你噩梦的强度（如果你没有做噩梦，就评0分）。不断练习，直到你不再做噩梦。

| 日期 | 描述白天视觉排演和放松 | 负面情绪强度（0—100） | 描述白天视觉排演和放松 | 负面情绪强度（0—100） | 描述白天视觉排演和放松 | 噩梦强度（0—100） |
|---|---|---|---|---|---|---|
| | | 开始：＿＿＿<br>结束：＿＿＿ | | 开始：＿＿＿<br>结束：＿＿＿ | | |
| | | 开始：＿＿＿<br>结束：＿＿＿ | | 开始：＿＿＿<br>结束：＿＿＿ | | |
| | | 开始：＿＿＿<br>结束：＿＿＿ | | 开始：＿＿＿<br>结束：＿＿＿ | | |
| | | 开始：＿＿＿<br>结束：＿＿＿ | | 开始：＿＿＿<br>结束：＿＿＿ | | |
| | | 开始：＿＿＿<br>结束：＿＿＿ | | 开始：＿＿＿<br>结束：＿＿＿ | | |

# 睡眠卫生指南

姓名：＿＿＿＿＿＿＿＿＿＿＿＿　　开始日期：＿＿＿＿＿＿＿＿＿＿

截止日期：＿＿＿＿＿＿＿＿＿＿

在表格最左边一列里写下练习日期，然后把睡觉/起床的时间、一天睡眠的时间，以及你在睡前四小时做了什么写下来接下来的三栏里。在描述你使用的技能的同时，请评价你在使用技能之前和之后的反复思忖的强度。如果你没有反复思忖，就写写0。最后，评估你所使用的技能整体上对你有多大用处。

| 日期 | 睡觉时间/起床时间 | 一天睡眠小时/分钟 | 睡前四小时内的饮食、运动 | 开始情绪/反复思考的强度（0—100） | 有助于入睡（或重新入睡）的策略 | 结束情绪/反复思考的强度（0—100） | 技能的作用（0—100） |
|---|---|---|---|---|---|---|---|
| | | 小时：＿＿<br>分钟：＿＿ | | 小时：＿＿<br>分钟：＿＿ | | | |
| | | 小时：＿＿<br>分钟：＿＿ | | 小时：＿＿<br>分钟：＿＿ | | | |
| | | 小时：＿＿<br>分钟：＿＿ | | 小时：＿＿<br>分钟：＿＿ | | | |
| | | 小时：＿＿<br>分钟：＿＿ | | 小时：＿＿<br>分钟：＿＿ | | | |
| | | 小时：＿＿<br>分钟：＿＿ | | 小时：＿＿<br>分钟：＿＿ | | | |

# 管理极端情绪
## 练习单

# 对当下的情绪保持正念

截止日期：＿＿＿＿＿＿　姓名：＿＿＿＿＿＿　开始日期：＿＿＿＿＿＿

**情绪名称：**＿＿＿＿＿　**强度（0—100）练习前：**＿＿＿＿　**练习后：**＿＿＿＿

详细写下诱发情绪的情境（如有必要，填写情绪调节练习单5的步骤一与二）。

＿＿＿＿＿＿＿＿＿＿＿＿＿＿＿＿＿＿＿＿＿＿＿＿＿＿＿＿＿＿＿＿＿

＿＿＿＿＿＿＿＿＿＿＿＿＿＿＿＿＿＿＿＿＿＿＿＿＿＿＿＿＿＿＿＿＿

当情绪强度过强，请先使用危机生存技能，并填写痛苦忍受练习单2—6。不论是哪一种情绪、强度高低，练习全然接纳的同时使用对当下的情绪保持正念。

按以下步骤进行：

- ☐ 让一切停顿下来，只关注能感受到的情绪。
- ☐ 感受情绪的起起落落。
- ☐ 不对情绪加以评判。
- ☐ 注意身体的哪个部位感受到的情绪最强烈。
- ☐ 将注意力投放在当下的身体感觉。
- ☐ 注意情绪的削弱时间。
- ☐ 提醒自己不要太苛求情绪。
- ☐ 自己不喜欢的情绪，可以试着练习"我愿意"技能。
- ☐ 想象情绪的来来去去。
- ☐ 觉察随着情绪而来的行为冲动。
- ☐ 不要跟着情绪走。
- ☐ 告诫自己曾经的不同感受。
- ☐ 练习全然接纳自己的情绪。
- ☐ 尝试去爱自己的情绪。

其他：＿＿＿＿＿＿＿＿＿＿＿＿＿＿＿＿＿＿＿＿＿＿＿＿＿＿＿

对体验的感想与描述：

＿＿＿＿＿＿＿＿＿＿＿＿＿＿＿＿＿＿＿＿＿＿＿＿＿＿＿＿＿＿＿＿＿

# 情绪调节技能的疑难解答

截止日期：_____ 姓名：_____ 开始日期：_____

无法使用技能时，尝试使用这份练习单查找问题。依序检核每个字段，按照指示去做，直到问题解决。

情绪名称：_____ 强度（0—100）练习前：_____ 练习后：_____

列出你试图使用却似乎无用的技能：

1. 我的意志力比较脆弱吗？
   - □ 否：到下一题。
     - □ 不确定：复习PLEASE技能（见情绪调节讲义20）。
     - □ 是：继续使用PLEASE技能（见情绪调节练习单14）。考虑使用药物。
       这有帮助吗？ □ 否（到下一题） □ 是（非常好） □ 没去做

2. 我的练习方法正确吗？查阅技能说明。
   - □ 是：到下一题。
     - □ 不确定：重读技能说明或寻求个别指导。再试试看。
       这有帮助吗？ □ 否（到下一题） □ 是（非常好） □ 没去做

3. 我的情绪得到改善了吗（或许我不是真的想改变它们）？
   - □ 否：到下一题。
     - □ 不确定：复习情绪调节讲义3／练习单2、2a。
     - □ 是：改变情绪的利弊分析（见情绪调节练习单1）。
       这有帮助吗？ □ 否（到下一题） □ 是（非常好） □ 没去做

4. 我是否投入了必要的时间与精力？
   - □ 是：继续练习。
     - □ 否：练习"全然接纳"与"我愿意"（见痛苦忍受讲义11b和13）。
       练习"参与"及"有效地做"（见正念讲义4和5）。
       使用"问题解决"来促进技能的使用（见情绪调节练习单8）。
       这有帮助吗？ □ 否（到下一题） □ 是（非常好） □ 没去做

5. 当下的情绪是否太过极端，以至于无法使用技能？我的情绪是否失控，无法自拔？
   - □ 否：到下一题。
     - □ 是：可以的话，现在去解决问题（见情绪调节讲义12、练习单9）。
       如果不行，专注于身体感觉（见情绪调节讲义22）。
       如果情绪太极端以至于无法使用技能，使用TIP技能（见痛苦忍受讲义5）。
       这有帮助吗？ □ 否（到下一题） □ 是（非常好） □ 没去做

6. 情绪和情绪调节的误区是否干扰了我？
   - □ 否。
     - □ 是：练习不加以评判。核对事实并挑战误区。
       这有帮助吗？ □ 否 □ 是（非常好） □ 没去做

# 痛苦忍受技能

## 讲义及练习单介绍

痛苦忍受技能是指在不使事情变得更糟的情况下忍受和度过危机的能力。忍受和接纳痛苦的能力至关重要，原因有两点：首先，痛苦和苦难是生活的一部分，我们无法完全避免或消除它们，如果不能接纳这个不可改变的事实，会加剧痛苦和苦难；第二，至少在短期内，痛苦忍受可以帮助你朝着自己期望的方向去改变，而试图逃避痛苦和苦难将干扰你改变的进程。痛苦忍受技能的讲义和练习单主要分为两部分：**危机生存技能和全然接纳技能**。成瘾行为则有一套专门的技能讲义和练习单。以下是关于这些技能讲义和练习单的介绍：

·痛苦忍受讲义1：**痛苦忍受的目标**。痛苦忍受技能的学习目标是：（1）在危机情境中幸存而不让事情变糟，（2）接纳当下的现实，和（3）获得自由。

### 危机生存技能

·痛苦忍受讲义2：**概论——危机生存技能**。危机生存技能的目标是在不使事情进一步恶化的情况下度过危机。需要注意此处指的危机情况是短期的，因此这些技能不能一直使用。

· **痛苦忍受练习单 1、1a、1b：危机生存技能。**有 3 个不同类型的练习单可以与讲义 2 一起使用。它们也可以贯穿整个危机生存技能的练习，因为每个练习单均涵盖所有的危机生存技能。

· **痛苦忍受讲义 3：何时使用危机生存技能。**界定危机的定义，并说明使用的时机。

· **痛苦忍受讲义 4：STOP（立即停止）技能。**STOP 技能可以让你不会随着情绪冲动行事而把情况变得更糟。STOP 是指：停止动作（Stop）、退后一步（Take a step back）、客观观察（Observe）、带着觉察行事（Proceed mindfully）。与之相对应的，有两种练习单——**痛苦忍受练习单 2 和 2a：练习 STOP（立即停止）技能。**用练习单 2 可以记录一周内练习的过程，用练习单 2a 可以记录每天练习的过程。

· **痛苦忍受讲义 5：利弊分析。**利弊分析可以比较不同选择的优点和缺点。本讲义要求你在危机情况下比较按照情绪冲动行事和抵制这些冲动的利和弊。当你没有陷入危机时，找出并写下你认为的利和弊；当危机来临时，再找出你之前写下的利和弊，重新审视它们。你可以使用**痛苦忍受练习单 3 和 3a：在受危机冲动影响前，分析利弊。**这两个练习单都是针对讲义 5 的，只是不同的格式，有些人觉得 3 更好用，有些人觉得 3a 更好用。不管你用哪一个，记得四个方格都要填写。

· **痛苦忍受讲义 6：TIP 技能——改变身体化学状况。**高涨的情绪会使人难以使用大部分技能。TIP 技能是用来快速降低高强度情绪的方法，它是指：用冷水改变脸的温度（Temperature）、激烈运动（Intense exercise）、调节呼吸（Paced breathing），以及配对式肌肉放松（Paired muscle relaxation）（请注意，虽然 TIP 中只有一个 P 字母，但这里有两个 P 技能）。后面会列出针对个别 TIP 技能的讲义。**痛苦忍受练习单 4：使用 TIP 技能改变身体化学状况**囊括了所有 TIP 技能，可以用来记录你的练习。

· **痛苦忍受讲义 6a：使用冷水法，分解步骤。**本讲义详细阐述了用冷水减少情绪激发的频率的过程。

·痛苦忍受讲义 6b：配对式肌肉放松，分解步骤。这是把放松肌肉和吐气配对练习，由此在情绪激昂时变得较容易放松，有时甚至在吐气时就可自动放松。本讲义详细介绍练习配对式肌肉放松的过程。搭配**痛苦忍受练习单 4a：配对式肌肉放松**，可以记录这个技能的练习过程。

·痛苦忍受讲义 6c：有效地重新思考与配对式放松，分解步骤。这是一个迅速降低高压情境下情绪的方法。可以搭配**痛苦忍受练习单 4b：有效地重新思考与配对式放松结合的步骤**使用。

·**痛苦忍受讲义 7：转移注意力。**转移注意力可以让我们减少与任何引起痛苦的事物或其最痛苦的方面接触的机会。本讲义会详细讲解如何使用智慧心念转移注意力，可以用首字母缩略语 ACCEPTS 记住该技能。有三种不同版本的练习单可用于记录该技能的练习——**痛苦忍受练习单 5、5a 和 5b：转移注意力（ACCEPTS 技能）。**练习单 5 可以用来记录治疗期间两次的练习，练习单 5a 可以用来记录两次每个转移注意力技能，练习单 5b 可以用来记录每个技能多次练习。

·**痛苦忍受讲义 8：自我安抚。**是指做让自己觉得愉快、舒服、从压力与痛苦中解脱的事情。这是温柔且带着觉察友善地对待自己。本讲义列出了多种借助五感来自我安抚的方法，可使用**痛苦忍受练习单 6、6a 和 6b：自我安抚**记录练习过程。每个练习单都增加了练习的次数，从治疗期间两次练习（练习单 6）到每个技能练习两次（练习单 6a），再到每天多次的练习（练习单 6b）。

·**痛苦忍受讲义 8a：身体扫描冥想，分解步骤。**本讲义阐述了如何将冥想作为特殊的自我安抚形式，相匹配的练习单是**痛苦忍受练习单 6c：身体扫描冥想，分解步骤。**

·**痛苦忍受讲义 9：改善当下。**本讲义列出了改善当下的不同方法，这有助于挺过危机而不使情况恶化。相搭配的练习单是**痛苦忍受练习单 7、7a 和 7b：改善当下。**每个练习单均增加了记录练习的次数，从一周两次练习（练习单7）到每个技能练习两次（练习单7a），再到每天多次练习（练习单7b）。

·痛苦忍受讲义9a：感官觉察，分解步骤，是让你改善当下的放松行动。本讲义可作为这项练习的指南。

### 接纳现实技能

·痛苦忍受讲义10：概论——接纳现实技能。这份讲义的目标是减少痛苦，并借助接纳事实来增加自由感。本讲义简要列出了六个接纳现实技能。

·痛苦忍受练习单8、8a、8b：接纳现实技能。这三个练习单包括了所有接纳现实技能的练习，可以用来记录这个部分所有技能的练习。也有相应的特定接纳现实技能的练习单，后面会提到。

·痛苦忍受讲义11：全然接纳。这意味着对现实真相保持完全开放，而不是抗拒事实或白费力气坚持己见。本讲义讲述了需要被接纳的是什么，以及全然接纳会比不接纳更好的原因，可以搭配痛苦忍受练习单9：全然接纳一起使用，可帮你梳理出需要全然接纳的是什么。

·痛苦忍受讲义11a：干扰全然接纳的因素。本讲义阐述了在何种情况下我们并非全然接纳，以及干扰它的因素。

·痛苦忍受讲义11b：练习全然接纳，分解步骤。本讲义阐述了全然接纳的过程。可与痛苦忍受练习单9，或痛苦忍受练习单9a：练习全然接纳搭配使用。

·痛苦忍受讲义12：转念。接纳那些觉得无法接纳的现实，通常需要做出持续的努力。有时，在很长一段时间中，你必须持续选择去接纳现实。转念是选择去接纳。本讲义阐述了何谓转念及方法。可与痛苦忍受练习单10：转念、我愿意、我执意搭配使用。

·痛苦忍受讲义13：我愿意。我愿意与我执意相反，是乐意根据需求，巧妙地顺应人生境遇，并且不带怨恨。本讲义阐述了练习过程。可以和痛苦忍受讲义 12 一样，搭配**痛苦忍受练习单 10：转念、我愿意、我执意**使用。

·**痛苦忍受讲义 14：浅笑与愿意的手势**。这是两种以身体来接纳现实的方法。本讲义阐述了练习过程，**痛苦忍受讲义 14a：练习浅笑与愿意的手势**，介绍了多种练习方式，可搭配**痛苦忍受练习单 11：浅笑与愿意的手势**，或**痛苦忍受练习单 11a：练习浅笑与愿意的手势**使用。这两个练习单类似，但练习单 11 需要填写的较多。

·**痛苦忍受讲义 15：对当下的想法保持正念**。对当下的想法保持正念是指觉察到想法只是想法，把想法看作是头脑中的感觉，而不是事实。你只需让想法自由出入，关注它们但不要试图控制或改变。观察想法和观察任何其他行为很像，**痛苦忍受讲义 15** 阐述了这个技能。**痛苦忍受讲义 15a：练习对想法正念**是练习这个技能的例子。可搭配**痛苦忍受练习单 12：对当下的想法保持正念**，或**痛苦忍受练习单 12a：练习对想法正念**使用。

## 当危机是上瘾行为时的技能

·**痛苦忍受讲义 16：概论——如果危机是上瘾行为**。本讲义列出了此模块中专为处理各种成瘾行为而设计的特殊技能。**痛苦忍受练习单 13：当危机是上瘾行为时的技能**包括所有这些技能。

·**痛苦忍受讲义 16a：常见的上瘾行为**。本讲义界定了成瘾的定义，并阐述了常见的成瘾行为。当你尽了最大努力想要停止某些行为及其负面后果，但依然不能停止的时候，这些行为就是成瘾行为。

·**痛苦忍受讲义 17：辩证式戒瘾**。辩证式戒瘾是完全戒瘾（承诺停止成瘾行为）和减害取向（为不慎又落入成瘾行为预先计划，故不会演变成复发）的"综合"。

·**痛苦忍受讲义 17a：计划辩证式戒瘾**。本讲义阐述了计划戒瘾和减害取向的方法。在"计划戒瘾"字段下的项目是痛苦忍受讲义 18—21 中说明技能的简要描述。使用**痛苦忍受练习单 14：计划辩证式戒瘾**记录你练习辩证式戒瘾的过程。

·**痛苦忍受讲义 18：澄明心**。"澄明心"处于"成瘾心"（当你被成瘾掌控）和"戒瘾心"（当你觉得问题已可抛在脑后，且不需小心潜在的复发可能）的中间地带，它包括了不从事成瘾行为，同时对诱惑保持警觉，所以最安全。

·**痛苦忍受讲义 18a：成瘾心与戒瘾心的行为模式特征**。本讲义列出了其典型行为，有助于你辨识自己处在哪一边，特别是当你处于戒瘾心时要去审视你的行为。

·**痛苦忍受讲义 19：社群强化**。社群强化是指重新建构你的环境，增强戒瘾的动力。本讲义说明其重要性，并列出具体步骤，可搭配**痛苦忍受练习单 16：强化非成瘾行为**使用。

·**痛苦忍受讲义 20：斩断牵连，重建新世界**。"斩断牵连"是指积极除去生活中任何与成瘾行为相关的联结。重建新世界是指在你心中创造新的形象和氛围，来对抗成瘾渴望。可搭配**痛苦忍受练习单 17：斩断牵连，重建新世界**使用。

·**痛苦忍受讲义 21：替代性反叛与适应性否认**。当成瘾是用来反抗，可用某些替代性反叛来满足想反抗的想法，这样做不会毁掉自己，也不会妨碍目标的实现。本讲义前半部列出替代性反叛的可能形式，后半部说明适应性否认的具体步骤。可搭配**痛苦忍受练习单 18：练习替代性反判与适应性否认**使用。

# 痛苦忍受讲义

# 痛苦忍受的目标

## 在危机中求生存

让一切向良性发展

## 接纳现实

用一般的痛苦和前行的可能性

来替代苦难和停滞不前

## 拥有自由

摆脱欲望、冲动和强烈的情绪对你的控制

其他：＿＿＿＿＿＿＿＿＿＿＿＿＿＿＿＿＿

# 危机生存技能
## 讲义

# 概论——危机生存技能

如果无法让事情往好的方向发展，可以用以下方法挺过那些让你为之痛苦的事情、情绪和冲动。

STOP（立即停止）技能

利弊分析

TIP改变身体化学状况

转移注意力（ACCEPTS技能）

自我安抚

改善当下

# 何时使用危机生存技能

---

## 以下情况表明你正处于危机中：

· 非常紧张。

· 是短期的（即它不会持续很长一段时间）。

· 当下的处境对你造成了巨大的压力，需要立即解决才能度过危机。

---

## 以下情况可以使用危机生存技能：

1. 极端痛苦，又无法迅速得到帮助。

2. 那样做会让情况变糟，但还是想依照情绪心念行动。

3. 情绪痛苦带来的威胁，变得难以负荷。

4. 感到难以负荷，但是任务必须要完成。

5. 情绪处于高度激发状态，但问题依旧无法解决。

---

## 危机生存技能无法用于：

· 解决日常问题。

· 解决所有的问题。

· 让你的生活更有意义。

---

# STOP（立即停止）技能

**S**top
**停止动作**

不要表现出自己的反应。要停下来！不要动！哪里都不要动！来自情绪的冲动可能会使你马上做出反应。控制自己！

**T**ake a step back
**退后一步**

将自己从当下抽离出去。休息片刻。放手。深呼吸。不要让你的情绪控制你的行为。

**O**bserve
**客观观察**

关注你的内在和外在。有什么情况发生？你感觉到了什么？有什么话想说？其他人的反应呢？

**P**roceed mindfully
**带着觉察行事**

带着觉察行事。在决定行动时，要想想你的想法和感受、具体情境及其他人的想法与感受。想想自己的目标。问智慧心念：什么样的行为会使事情变得更好或者更糟？

# 利弊分析

当你需要在两个方案之间做决定时，就要使用利弊分析技能。

☐ 当情绪很冲动，且任由其发展下去会让事情越来越糟糕，冲动就暗含着危机。

☐ 举出在危机中冲动行事的利弊分析。有可能你会发现危险、成瘾或有伤害性的行为，也有可能你会发现自己容易放弃目标。

☐ 写出冲动行事的利弊，也就是忍受痛苦而不向冲动屈服。

☐ 评估两方的利弊（这类表格也在痛苦忍受练习单3中使用），或者痛苦忍受练习单3a中的表格，以及其他技能模块的利弊分析练习单。

|  | 利 | 弊 |
|---|---|---|
| **按照危机冲动行事** | 顺应危机冲动行事，屈服、放弃或逃避一些需要做的事情的利处。<br>_____<br>_____<br>_____ | 顺应危机冲动行事，屈服、放弃或逃避一些需要做的事情的弊端。<br>_____<br>_____<br>_____ |
| **抗拒危机冲动** | 做应做之事且不放弃的利处。<br>_____<br>_____<br>_____ | 做应做之事且不放弃的弊端。<br>_____<br>_____<br>_____ |

### 压倒性危机冲动来临之前：

分析自己的利弊，并写下来随身携带。

反复阅读你的利弊清单。

### 压倒性危机冲动来临之时：

回顾你的利弊列表，反复阅读。

· 抗拒这个冲动有什么正面后果，请想象一下。

· 屈服于危机有什么负面影响，请想象一下。

· 回想以往顺应危机冲动行事的后果。

# TIP技能——改变身体化学状况

## 降低你的情绪激发状态。

用TIP记住这些技能：

**T**

### 用冷水洗脸改变脸的温度*
### （Temperature）
### （让你马上恢复冷静）

- 屏住呼吸，将脸浸入冷水，或用冰袋（或装着冰水的夹链袋）敷在眼睛和脸颊上。
- 持续三十秒。水温在十摄氏度以上。

**I**

### 激烈运动*（Intense exercise）
### （当身体被情绪激发时，使它平静下来）

- 进行激烈运动，片刻也可。
- 可以借助跑步、快走、跳跃、打篮球、举重等来消耗身体内的能量。

**P**

### 调节呼吸（Paced breathing）
### （借助减缓呼吸来调节）

- 深吸一口气，将之吸到腹部。
- 放慢吸气和吐气的速度（平均每分钟呼吸五至六次）。
- 慢慢吐气，稍快吸气（例如吸五秒而吐七秒）

### 配对式肌肉放松（Paired muscle relaxafion）
### （肌肉放松配合吐气，会让人平静）

- 当气息吸到腹部时，身体绷紧（只要不抽筋就行）。
- 关注身体肌肉的紧绷感。
- 吐气时，默念"放松"。
- 释放紧张感。
- 注意这两种状态的不同。

**\* 注意**：水温太低会使心率快速降低，激烈运动则会使心率升高。如果有心脏方面或其他的医疗状况、因用药所导致的基础心率低、服用β-阻断剂、对低温有过敏反应或有饮食疾患，请在使用前咨询医生。

## 使用冷水法，分解步骤

---

**冷水效果奇佳\***

· 用冷水冰脸……或把装着冷水的夹链袋敷放在眼睛和上脸颊，并**屏住呼吸**，大脑会认为你正在潜水。

· 这将引发**"潜水反应"**（大概需要十五到三十秒才会发生）。

· 你的心跳会慢下来，流向非生存必要器官的血液将会减少，血流会重新导向脑跟心脏。

· 这个反应有助于**调节你的情绪**。

· 如果你的**情绪很激烈**，或者**冲动地想搞破坏**，将这个动作视为痛苦忍受策略是极其有用的。

（做这个动作时如果周围非常安静，效果会特别好，假使稍微活动或者注意力不是那么集中，效果会大打折扣。）

# 试试看吧！

---

**\* 注意：**水温过低会使心率降低。如果你有任何心脏方面或其他的医疗问题、因用药所导致的基础心率低、服用β–阻断剂，练习这个技能前请先咨询医生。如果你对低温会起过敏反应，请切勿使用冷水。

# 配对式肌肉放松，分解步骤

如果打算练习配对式肌肉放松，请先练习放松每块肌肉。

最初练习时最好选择安静的处所练习以免被打扰，并确保有足够的时间练习。随着动作的熟练，可随时练习。

**谨记**，越熟练越有效。如果心中出现评判性想法，关注它们，试着从中抽离，并返回练习中。如果出现焦虑情绪，试着专注于呼吸调整，吸气数到5，呼气数到7（或为了调节呼吸而定的次数），持续把气吸到腹部，直到你可以回到练习中。

**现在**，请准备好开始⋯⋯

1. 让你的身体调整到一个可以使你放松舒服的姿势。衣服太紧可以解开。躺着或坐下都可以，尽量各个部位不交叉也不靠着。
2. 绷紧肌肉让身体更有张力。将注意力集中在紧绷感。保持张力吸气五到六秒，然后放松并吐气。
3. 肌肉放松时在心中缓慢地说"放——松——"。
4. 放松身体有什么感觉？关注一下。持续放松十到十五秒，然后换到下一块肌肉，先从以下十六个小肌肉群开始。

　　　　一旦感觉可以，接着练习中肌肉群，然后是大肌肉群。

　　　　当上面的步骤练习效果不错以后，接着练习同时绷紧整个身体。

　　　　绷紧整个身体时，你看起来就像机器人，全身僵硬——所有的部位都停止不动。

　　　　放松整个身体时，你看起来就像布娃娃——所有肌肉都垂下来。

　　　　随着练习的进行，当可以一次放松所有肌肉时，持续每天练习三到四次，直到可以快速放松身体。

　　　　通过练习把吐气和"放松"这个词与放松肌肉配对，最终你会很自然地或者默念"放松"这个词就可以放松。

大　中　小

1. 手和手腕：握拳，将拳头往手腕处拉紧。
2. 下臂和上臂：握拳，弯曲双臂向上够到肩膀。
3. 肩膀：双肩往耳朵处靠近。
4. 额头：眉毛往中间聚拢，皱起眉头。
5. 眼睛：眼睛紧闭。
6. 鼻子和上脸颊：皱起鼻子；上唇和脸颊向眼睛处靠拢。
7. 嘴唇和脸部下方：抿起双唇；把唇角朝后向耳朵处伸展。
8. 舌头和嘴巴：牙齿咬合；舌头用力抵住上颚。
9. 颈部：将头向后倒向椅子、地板或床，或把下巴抵到胸部。
10. 胸部：深深吸一口气，屏住气。
11. 背部：挺胸后仰，两侧肩胛骨往中间靠紧。
12. 腹部：绷紧腹部。
13. 臀部：缩紧臀部。
14. 大腿：双腿前伸；大腿绷紧。
15. 小腿：双腿前伸；脚趾头向下压。
16. 脚踝：双腿前伸；把脚趾头并拢，脚后跟推出，脚趾弯曲在下。

**请注意**，配对式放松的练习需要时间。借助练习，你将会逐渐了解它的好处。

# 有效地重新思考与配对式放松，分解步骤

**步骤一，** 有些诱发事件往往与痛苦的情绪和你想改变的情绪有关，请写下这样的诱发事件。

**步骤二，** 问自己："我是否暗示了自己和这件事有关联（也就是自己对这件事进行解释），才会如此痛苦和激动？"例如："他恨我""我受不了了！""我做不到""我永远无法达成""我失控了！"写下来。

**步骤三，** 对抗则会导致压力，继而让人陷入痛苦之中。以此为基础，我们来思考当下和它代表的意义。结束以后，尽可能多写一些有效的想法来缓解压力。

**步骤四，** 心绪平缓时，请试着**练习想象**这个充满压力的事件：

　　a. **吸气**的同时，以求实的态度进行自我陈述。

　　b. **吐气时，** 默念"放松"且有意地放松你的肌肉。

**步骤五，** 抓住时机**持续练习**，直到你已精通这项策略。

**步骤六，** 在压力下，练习有效地重新思考和配对式放松。

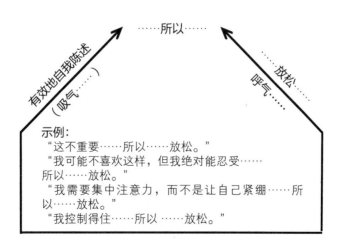

# 转移注意力

可用"智慧心念接纳"（Wise Mind ACCEPTS）一词来记住这些技能。

## 进行活动（Acfivities）：

- ☐ 专注于当下的任务。
- ☐ 看电影或看电视。
- ☐ 整理房间。
- ☐ 参加活动。
- ☐ 玩电动。
- ☐ 散步、运动。
- ☐ 上网、发邮件。
- ☐ 打球。

- ☐ 外出用餐或吃喜欢的食物。
- ☐ 打电话或拜访朋友。
- ☐ 听iPod或下载音乐听。
- ☐ 建造一些东西。
- ☐ 花时间陪孩子。
- ☐ 玩牌。
- ☐ 阅读杂志、书籍、漫画。
- ☐ 玩填字游戏。
- ☐ 其他：＿＿＿＿＿＿＿＿＿

## 贡献（Contributing）：

- ☐ 做义工。
- ☐ 帮助朋友或家人。
- ☐ 用善意——比如贺卡、善意的行为、拥抱——给人以惊喜。
- ☐ 把无用之物捐出去。

- ☐ 给某人以鼓励，打电话或发即时消息，甚至打个招呼都可以。
- ☐ 帮助别人。
- ☐ 做事周全。
- ☐ 其他：＿＿＿＿＿＿＿＿＿

## 比较（Comparisons）：

- ☐ 对比当下和以往，看看有什么不同的感觉。
- ☐ 在同样的情况下，是不是有人比你更无法应对？
- ☐ 跟不幸的人做对比。

- ☐ 同样的情况下，别人遇到了哪些困难。阅读有关灾难、有人受苦的故事或报道。
- ☐ 其他：＿＿＿＿＿＿＿＿＿

## 情绪（Emotions）：

- ☐ 阅读情感丰富的书籍、故事或旧信件。
- ☐ 看引人思考的电视节目或电影。
- ☐ 听富含情感的音乐。（要确定这些事能创造出截然不同的情绪。）

**比如**：恐怖电影、笑话、喜剧片、搞笑的生活片断、音乐、轻柔音乐或鼓舞人心的音乐、去书店看有趣的贺卡。
- ☐ 其他：＿＿＿＿＿＿＿＿＿

## 推开（Pushing away）：

- ☐ 先把事情放下，从当下抽离出去。
- ☐ 在心理上抽离当下的情境。
- ☐ 想象有一道墙把你跟具体场景隔离开。
- ☐ 从心中隔绝想法和影像。
- ☐ 察觉到反复出现的思绪，大声喊："不！"

- ☐ 将令你痛苦的情境从心中强行拉走。
- ☐ 把痛苦放入箱中打包，摆在一边。
- ☐ 否认问题的存在。
- ☐ 其他：＿＿＿＿＿＿＿＿＿

## 想法（Thoughts）：

- ☐ 从1数到10，数图画中、海报中或窗户外的颜色，数任何东西。
- ☐ 在心中重复哼唱一句歌词。

- ☐ 玩益智游戏。
- ☐ 看电视或看书。
- ☐ 其他：＿＿＿＿＿＿＿＿＿

## 感觉（Sensations）：

- ☐ 使劲挤压橡皮球。
- ☐ 听快节奏的音乐。
- ☐ 手握冰块或嘴含冰块。

- ☐ 下雨或下雪时外出。
- ☐ 洗热水或冷水澡。
- ☐ 其他：＿＿＿＿＿＿＿＿＿

# 自我安抚

用五感来抚慰自己，有助于记住这些技能。

**视觉：**

☐ 仰望星空。
☐ 翻看喜爱的图案。
☐ 买一束漂亮的花。
☐ 布置一个自己喜欢的角落。
☐ 点一盏蜡烛，凝视烛光。
☐ 布置餐桌，摆上最好的餐具。
☐ 静静看着匆匆而来的人群，
　以及商店的橱窗。
☐ 在博物馆或艺品店欣赏美丽的工艺品。
☐ 坐在一家古老的饭店的大厅里。

☐ 认真观察四周的自然景色。
☐ 在喜欢的地方散步。
☐ 观看日出或日落。
☐ 在现场或电视上观看舞蹈表演。
☐ 留意眼前的一切。
☐ 到公园散步，或去景色优美的
　地方走走。
☐ 逛逛并看看不同店家的东西。
☐ 其他：＿＿＿＿＿＿＿＿＿＿

**听觉：**

☐ 听令人心静或欢快的音乐。
☐ 仔细聆听大自然的天籁之音，如浪涛
　声、鸟叫声、瀑布声、树叶沙沙声。
☐ 仔细聆听城市里的声音，如车辆往来
　的声音、喇叭声、城市音乐。
☐ 唱首喜欢的歌。
☐ 哼唱一个平缓的调子。

☐ 学习弹奏某种乐器。
☐ 把可以帮助你度过艰难时刻的音乐录成
　CD或制作成iPod mix，播放出来。
☐ 留意身旁的任何声音，并快速摆脱其干扰。
☐ 打开收音机。
☐ 其他：＿＿＿＿＿＿＿＿＿＿

**嗅觉：**

☐ 使用你最喜欢的香皂、洗发精、润肤
　液、古龙水、乳液，或去店里试用。
☐ 点熏香或香氛蜡烛。
☐ 闻闻咖啡的香味。
☐ 在衣柜中放点柠檬精油。
☐ 在房间放碗干燥花瓣或尤加利精油。

☐ 乘坐一辆新车并闻闻它的气味。
☐ 熬肉桂，烤饼干、面包或做爆米花。
☐ 闻玫瑰的香气。
☐ 走进森林并带着觉察呼吸大自然的
　清新气味。
☐ 打开窗户，闻闻空气的味道。
☐ 其他：＿＿＿＿＿＿＿＿＿＿

**味觉：**

☐ 吃喜欢的食物。
☐ 喝自己喜欢且有益身心的饮料，比如花
　草茶、热巧克力、拿铁或冰沙。
☐ 给自己来点甜点。
☐ 吃通心粉、奶酪或其他小时候爱吃的食物。
☐ 去冰激凌店试吃。
☐ 含颗薄荷糖。

☐ 嚼喜欢的口香糖。
☐ 吃一点你通常不买的特别食物，例如
　现榨的柳橙汁或你喜欢的糖果。
☐ 吃的时候要细细品尝。带着觉察一次只
　吃一样东西。
☐ 其他：＿＿＿＿＿＿＿＿＿＿

**触觉：**

☐ 享受一个长时间的热水澡或淋浴。
☐ 抚摸你的宠物狗或猫。
☐ 泡泡脚，做个按摩。
☐ 将乳液涂满全身。
☐ 在额上做冷敷。
☐ 窝在家中一个舒适的椅子里。
☐ 穿一件让你感觉愉快的上衣。

☐ 开车时把车窗打开。
☐ 用手抚摸光滑的木头或皮革。
☐ 拥抱他人。
☐ 换一床干净的床单。
☐ 裹在毯子里。
☐ 留意舒缓的触感。
☐ 其他：＿＿＿＿＿＿＿＿＿＿

# 身体扫描冥想，分解步骤

选择一个舒适的坐姿，坐在椅子上或躺在地板上，两腿平放。手臂放松，手放在腹部或（如果坐着的话）手心向上放在大腿上。双眼稍稍睁开。如果选择躺在地上，可以在膝盖下放一个垫子。想象呼吸随着注意力从身体的每个部位缓缓流过，用充满好奇的心将注意力集中在身体的每个部位。专注于呼吸，注意气流进出身体的方式。

- 深呼吸几下，以便身体达到放松状态。
- 将注意力流向左脚趾。
- 注意身体部位的感受，同时对呼吸保持觉察。
- 想象呼吸到达脚趾的感觉。
- 带着好奇觉察这种感觉，并问自己："感觉到了什么？"
- 在左边的脚趾上停留上几分钟。
- 接着，将注意力移至左脚的足弓和脚跟，然后停留一两分钟，与此同时觉察自己的呼吸。
- 注意皮肤的冷热感，注意你的脚放在地板上的重量。
- 想象每一次呼吸都流向左脚的足弓和脚跟。
- 问自己："左脚足弓和脚跟有什么感觉？"
- 依据上述步骤，将注意力转向其他部位，左边的脚踝、小腿、膝盖、大腿及臀部。
- 接着按照同样的方法，做右脚趾的练习。
- 然后将注意力转移到骨盆、下背及腹部周围。
- 注意腹部随着呼吸起伏的状态。
- 接着把注意力移到胸部，左手、手臂和肩膀，右手、手臂与肩膀，颈部、下巴、舌头、口腔、嘴唇和脸的下半部及鼻子。
- 呼吸时注意气流从鼻孔进出。
- 然后把注意力放在上脸颊、眼睛、额头和头皮。
- 最后，将注意力集中在头发的最顶端。
- 然后将身体完全打开。

如果你发现大脑中浮现了其他想法、声音或其他感觉，不必介意，只需关注，然后将注意力慢慢拉回。如果你发现自己开始分心，在想杂事，不用过于担心，只需要把注意力再次拉回即可。几乎每个人在练习时都会出现这种情况。反复、不断地将注意力拉回，并且在这个过程中不随意评判，正是冥想的要义。

# 改善当下

可以用IMPROVE这个词来记住这些技能。

### 想象（Imagery）：

☐ 想象一个让你非常放松的场景。
☐ 想象心中有一个私密空间，你用自己的方式来布置它。将其他一切挡在门外，让伤害通通放置门外。
☐ 想象一切都很顺利。
☐ 在心中创造一个平静的世界。

☐ 想象受伤的感觉像从排水管被水冲走一样。
☐ 回想曾经的快乐时光，重温那段时光。
☐ 其他：＿＿＿＿＿＿＿＿＿＿＿

### 意义（Meaning）：

☐ 在痛苦中找寻当下的目标或意义。
☐ 在痛苦中将注意力集中于积极的方面。

☐ 在脑海里重复这些积极的事物。
☐ 回忆、倾听或阅读有关心灵或信仰的事物。
☐ 其他：＿＿＿＿＿＿＿＿＿＿＿

### 祷告（Prayer）：

☐ 相信世界上有一个拥有很多智慧的智者。
☐ 恳求他给予你面对痛苦的力量。

☐ 把一切托付给他。
☐ 其他：＿＿＿＿＿＿＿＿＿＿＿

### 放松活动（Relaxing actions）：

☐ 洗个热水澡或在浴缸里泡澡。
☐ 喝杯热的牛奶。
☐ 给脖子和头皮来个按摩。
☐ 练习瑜伽或其他伸展动作。

☐ 深呼吸。
☐ 改变脸部表情。
☐ 其他：＿＿＿＿＿＿＿＿＿＿＿

### 一次做一件事（One thing in the moment）：

☐ 将注意力集中于手边的事。
☐ 关注当下。
☐ 不要想其他事，只想手边的事。

☐ 将注意力放在身体的感觉上。
☐ 听感官觉察录音（或使用痛苦忍受讲义9a）
☐ 其他：＿＿＿＿＿＿＿＿＿＿＿

### 假期（Vacafion）：

☐ 放空一切，给自己来个假期。
☐ 躺在床上，用被单蒙着头。
☐ 到海边或山林里度一天假。
☐ 边吃巧克力边读杂志。
☐ 手机关机一天。

☐ 在公园里铺张毯子，坐一下午。
☐ 从工作中抽离一小时。
☐ 放下一切休息一下。
☐ 其他：＿＿＿＿＿＿＿＿＿＿＿

### 鼓励（Encouragemenf）：

☐ 自我鼓励："做得好！""赞！"
☐ "我能放下的。"
☐ "我已竭尽全力。"
☐ 反复暗示自己："我可以的。"

☐ "这件事会结束的。"
☐ "一切都会好的。"
☐ "事情会有转圜的。"
☐ 其他：＿＿＿＿＿＿＿＿＿＿＿

对你来说，危机之下换个思路会怎样？请陈述这一过程（例如："他没来接我并不意味着他不爱我。"）

☐ ＿＿＿＿＿＿＿＿＿＿＿＿    ☐ ＿＿＿＿＿＿＿＿＿＿＿＿

# 感官觉察，分解步骤

选择一个舒服的坐姿，接着查看下面的每一个问题，然后静静地倾听你的反应。可以录下你对每个问题的回答，每个问题间隔五秒钟。

1. "你能感觉到头发与头皮之间的接触吗？"
2. "你能感觉到胸部随着呼吸一起一伏吗？"
3. "你能感觉到眼睛之间的空间吗？"
4. "你能感觉到两个耳朵之间的距离吗？"
5. "你能感觉到呼吸时双眼后面的区域吗？"
6. "你能说出很遥远的事物吗？"
7. "你能注意到自己的手臂接触到了身体吗？"
8. "你能感觉到脚底板的感觉吗？"
9. "你能想象在海边一天的感觉吗？"
10. "你能注意到嘴巴里的空间吗？"
11. "你能注意到舌头在嘴巴里的位置吗？"
12. "你能感觉到吹过脸颊的微微细风吗？"
13. "你能感觉到一只手臂比另外一只更沉重吗？"
14. "你能感觉到手微微颤抖或麻木吗？"
15. "你能感觉到一只手臂比另外一只手臂更放松吗？"
16. "你能感觉到温度的变化吗？"
17. "你能感觉到左手臂比右手臂更温暖吗？"
18. "假如你是一个布娃娃，你能感受到它的感觉吗？"
19. "你能感觉到自己左上臂紧绷的感觉吗？"
20. "你能想象令自己开心的事物吗？"
21. "你能想象站在云端的感觉吗？"
22. "你能想象被黏在糖蜜里的感觉吗？"
23. "你能感觉到腿部的沉重吗？"
24. "你能想象漂在温水上面的感觉吗？"
25. "你能感觉到肉体挂在骨架之上的感觉吗？"
26. "你允许自己一副懒洋洋的模样吗？"
27. "你能感觉到自己的脸部曲线变得柔和吗？"
28. "你能想象到一朵漂亮的花吗？"
29. "你能感觉到一边的手臂和腿比另外一边的手臂和腿更沉重吗？"

# 接纳现实技能
## 讲义

# 概论——接纳现实技能

本部分是教授关于如何度过不想要的生活的技能。

| 全然接纳 |
| :---: |

| 转念 |
| :---: |

| 我愿意 |
| :---: |

| 浅笑和愿意的手势 |
| :---: |

| 允许你的心：<br>对当下的想法保持正念 |
| :---: |

# 全然接纳

（当你不能阻止痛苦的事件和情绪袭来时。）

---

### 什么是全然接纳?

1. 全然意味着完全、彻底和全部。

2. 意味着理智、情感和身体的接纳。

3. 意味着你结束了与现实的抗争，放下了想要发泄的情绪，放下怨气。

---

### 需要被接纳的是什么?

1. 一切现实本身，曾经的、现在的、不喜欢的现实。

2. 每个人都生活在有限空间里，但唯有有限空间才需要被接纳。

3. 所有的事情都有因由（包括你为之痛苦的事情）。

4. 即使生活中有令人痛苦的事情，但生活依然是值得的。

---

### 为什么要接纳现实?

1. 抗拒现实也无法改变现实。

2. 改变现实的前提是接纳现实。

3. 痛苦无法回避，它是一种自然的信号，告诉你有些地方出问题了。

4. 拒绝现实会让痛苦变得更加难以承受。

5. 拒绝接纳现实会让你变得不快乐，时常沉浸在苦涩、愤怒、悲伤、羞愧的情绪中无法自拔。

6. 接纳也许会带来苦痛，但也会让人平静。

7. 从地狱中走出来需要历经苦难，假若回避由之而来的苦难你会重返地狱。

# 干扰全然接纳的因素

---

## 全然接纳并不意味着:

赞同、怜悯、喜爱、被动或者抗拒改变。

---

## 干扰接纳的因素

☐ 1. 你没有接纳现实的技能；面对痛苦你毫无办法。

☐ 2. 你认为，接纳痛苦就意味着你对此事漠不关心，在痛苦面前你束手无策。

☐ 3. 我沉浸在情绪中无法自拔，比如无法忍受随之而来的悲愤、对导致痛苦事件的人很是生气、觉得世界不公、感到羞愧、为自己的行为感到内疚。

☐ 其他: _____

# 练习全然接纳，分解步骤

☐ 察觉到自己处于质疑或抗拒的状态（"不应该如此"）。

☐ 告诫自己现实就是不尽如人意，也无法改变（"事实已然发生"）。

☐ 提醒自己事出有因。一切皆是过去的延续。每个人的生活背后都是一连串复杂的事件。目前的现实是过去的一个关键因子导致的，现在的一切都是注定的（"这就是现在一片残局的原因"）。

☐ 练习身心接纳。竭尽全力找到适合自己的方法。可以使用自我对话，也可以考虑使用放松、正念呼吸、浅笑和愿意的手势（当你想到那些感觉无法接纳的事时）、祈祷、去一个能引导你迈向接纳的地方，或借助想象。

☐ 练习相反行为。接纳事实后你会如何行动，请记录下来，然后脚踏实地去行动。

☐ 提前应对那些似乎不容易被接纳的事。想象去相信那些你不喜欢的事情。在心中演练接纳之后的行动。

☐ 当你想着所需要接纳的事件时，关注身体的感受。

☐ 接纳自己因此而来的失望、悲伤或哀恸。

☐ 承认即使生活中有时会有痛苦，但依然值得去体验。

☐ 在练习中如发现自己有抗拒情绪，可以做利弊分析。

# 转念

转念就像是站在十字路口，有两条路可以选择——接纳之路和拒绝之路，你必须反复提醒自己要选择接纳的路，远离拒绝之路。

转念意味着选择接纳之路。

选择接纳并不等同于接纳本身，只是让你朝那个方向前进。

拒绝　　接纳

若你站在这里，
会选择哪个方向？

## 转念的步骤

1. 觉察到自己有抗拒的情绪，如愤怒、苦涩、不耐烦、回避情绪，总是抱怨"为什么是我""为什么会变成这样""我已经崩溃了""不应该是这样"。
2. 平静下来，许诺自己要去接纳。
3. 再试一次。每当面临接纳还是抗拒的选择，持续将心念转向接纳。
4. 制订计划，有助于偏离接纳之路时将自己拉回来。

# 我愿意

"我愿意"是愿意全然投入及参与目前的生活。

---

### 对每个情境说"我愿意"

对每个情境说"我愿意"：
- 在每个情境中都这样说。
- 全身心地，没有丝毫犹豫。

**我愿意**意味着仔细倾听自己的**智慧心念**，依照智慧心念的指示行动。

**我愿意**意味着**带着觉察开始行动**，认识到自己和宇宙万物（星辰、喜欢与不喜欢的人，或者脚下同踏的地面等）的联结。

---

### 以我愿意来取代我执意

- **我执意**意味着**拒绝**当下的苦痛。
- **我执意**意味着拒绝做必要的改变。
- **我执意**意味着**放弃**。
- **我执意**与"做可行的事情"相反。
- **我执意**意味着尝试修正真实的情境。
- **我执意**意味着每件事都要在控制之内。
- **我执意**意味着坚守在"我、我、我"及"我现在就要的事物"上。

---

### 我愿意的步骤

1. **关注**自己的执意。给它贴标签并认真体会它。
2. **全然接纳**当下的这种执意，你是无法以执意来战胜执意的。
3. 将你的心转向接纳与"我愿意"。
4. 尝试调整面部表情，试着浅笑与摆出愿意的手势。
5. 当感觉到自己的坚持还是放不下时，问自己：为什么无法放下？威胁来自哪里？

---

### 我注意到的情境：

我执意：＿＿＿＿＿＿＿＿＿＿＿＿＿＿＿＿＿＿＿＿＿＿＿＿

我愿意：＿＿＿＿＿＿＿＿＿＿＿＿＿＿＿＿＿＿＿＿＿＿＿＿

# 浅笑与愿意的手势

## 接纳现实的肢体语言

---

### 浅笑

1. 脸部表情放松，从头到下巴保持放松状态。放松每一块脸部肌肉（前额、眼睛与眉毛、脸颊、嘴与舌头、上下齿稍稍分开）。如果做起来有困难，先试试绷紧脸部肌肉再放松。

   露齿而笑，不是放松，而是紧张。大脑由此得知你是在隐藏自己，或者假装。

2. 嘴唇轻扬，稍微能感觉到即可。

   别人不必看出来，浅笑意味着嘴角上扬，脸部放松。

3. 尝试着让脸部的表情变得平静。

   切记，脸部与大脑是相通的，身体与心灵也是连接在一起的。

---

### 摆出愿意的手势动作

**站着：**让手臂轻垂，可以伸直，也可以手肘稍弯。掌心摊开，手掌朝前。大拇指翻向外侧，手指放松。

**坐着：**双手放在大腿上，双手摊开，手掌朝上，手指放松。

**躺着：**两手臂放在两侧，双手摊开，手掌朝上，手指放松。

切记，脸部与大脑是想通的，身体与心灵也是连接在一起的。

---

# 练习浅笑与愿意的手势

**1. 当你早晨醒来的那一刻，浅笑并摆出愿意的手势。**

在天花板或墙上挂一根树枝或者标识，也可以挂个"笑"字，放在一眼就能看见的地方。只要能起到提醒作用就行。利用起身前的片刻调整呼吸。慢慢地吸气及吐气，反复做三次，同时保持浅笑。随着呼吸，辅以浅笑和摆出愿意的手势动作，或只练习愿意的手势动作。

**2. 当你有空时，浅笑。**

随时随地记得浅笑。看着一个小孩、一片叶子、一幅墙上的画或任何相对来说静止的事物，保持浅笑。轻轻地吸气及吐气，反复做三次。

**3. 当你听音乐时，浅笑并摆出愿意的手势。**

用两三分钟时间听一段音乐。将注意力集中在歌词、曲调、旋律及音乐氛围上，而不是胡思乱想上。关注你的呼吸，并保持浅笑和摆出愿意的手势动作。

**4. 当你发怒时，浅笑并摆出愿意的手势。**

察觉到自己在发怒之后，要马上浅笑并摆出愿意的手势动作，反复吸气及吐气三次。

**5. 当你躺下来时，浅笑并摆出愿意的手势。**

平躺，不要垫床垫或枕头。双臂置于两侧，保持放松，双脚保持距离，微微分开，向外伸展。保持浅笑并摆出愿意的手势动作。慢慢地吸气及吐气，将注意力集中于你的呼吸。每一块肌肉都保持放松状态，既沉重又顺畅。身心完全放松，注意力全部集中在自己的呼吸和浅笑上。想象自己是一只猫，温柔地躺在温暖的炉火旁边，任何人抚摸你都不会拒绝。继续这样的过程，持续呼吸十五次。

**6. 当你坐着时，浅笑。**

坐在地板上，背部保持竖直；或坐在椅子上，两脚着地。浅笑，吸气及呼气，保持浅笑。放松。

（接下页）

7. **当你想到一个怨恨或讨厌的人时，浅笑并摆出愿意的手势。**

- 安静地坐着，呼吸并浅笑。手掌朝上。

- 想象那个最让你讨厌的人出现在你面前的画面。

- 想象你最讨厌或厌恶的行为。

- 试着观察在日常生活中什么事情会让这个人快乐、什么事情会让他备受折磨。

- 想象这个人的知觉怎样；试着观察并思考这个人的思考模式和逻辑模式。

- 深度思考这个人的具体目标和行动。

- 最后，想想这个人的意识形态；看看他的观点和看法是开放的还是封闭的，是否带有偏见、憎恨或愤怒的情绪。

- 看看他是否能主宰自己。

- 继续以上步骤，直到心中生出怜悯与富足，而你的愤怒和怨恨则消失殆尽。对同样的人反复做这种练习。

**备注／其他浅笑及／或愿意的手势的时机：**

_____

_____

_____

_____

_____

_____

_____

_____

_____

_____

_____

_____

_____

_____

# 对当下的想法保持正念

## 1. 静观你的想法

· 所有的想法像海浪一样起伏。   · 不要去探寻究竟。

· 让想法自然流溢出来。   · 不要试着去分析。

· 不要妄加评判。   · 练习我愿意的手势动作。

· 承认这些想法的存在。   · 后退一步，思考想法不断变化的原因。

## 2. 保持好奇心

· 问自己："这个想法从何而来？"只需要观察，不需要行动。

· 你会注意到想法会出现也会消失。

· 关注想法，但不评判。

## 3. 记住，你不等于你的想法

· 不一定要按照你的想法来行事。

· 告诫自己很多时候你的想法不是这样的。

· 提醒自己有时想到后果很严重是"情绪心念"在作祟。

· 想想，当你放松时遇到同样的事情你是怎么想的。

## 4. 不要试图阻止或压抑想法

· 问自己："这些想法意味着你在回避什么吗？"将你的心转向你的感受，然后再拉回想法上，反复这样做几次。

· 后退一步，在观察呼吸时，容许你的想法的涌出和消失。

· 和想法玩游戏：大声说出你的想法，并尽可能唱出你的想法，将你的想法比作小丑说唱的台词、缠在一起的录音带、一只你想抱在怀里的可爱动物、闪过你心里的明亮的颜色或只是声音。

· 试着去爱你的想法。

# 练习对想法正念

## 通过观察练习对想法进行正念

☐ 1. 当察觉到有想法出现时，就说"我的心中有个想法"，并为它贴标签"这是一个想法"，并以温和的语调对自己说："我想描述这个想法。"

☐ 2. 当察觉到有想法出现时，问自己："这个想法从何而来？"接着，查看自己的内心，找到想法的来源。

☐ 3. 后退一步，站得高点，仿佛站在山顶上，而你的心如同滚落的石头。关注自己的心，注意心中出现的想法，将你的心拉回原位。

☐ 4. 闭上眼睛，从上到下为身体做个全身检查，注意第一时间出现的身体感觉和想法。在感觉和想法之间来去。接着，以身体感觉替代想法，在感觉与想法间来去。

## 借着语言与声调练习对想法的正念

☐ 5. 不带评判，反复讲出自己的想法与信念：

　　☐ 快速说出想法，反复这样说出，直到你的想法不带任何评判。

　　☐ 一字一句，字正腔圆，以非常非常慢的速度说出。

　　☐ 用跟以往完全相反的语调，比如要么比较高要么比较低，就像卡通人物那样讲话。

　　☐ 像喜剧人物那样讲话。

　　☐ 用歌唱的语调，用和想法吻合的语调，戏剧化地将想法唱出来。

## 通过相反行为练习对想法的正念

☐ 6. 脸部肌肉及身体放松，承认想法只是想法而已，想法只是大脑的感受。

☐ 7. 如果你的想法完全相反，会怎样？想象一下。

☐ 8. 不将想法视为事实，看看自己会采取什么行动。

☐ 9. 练习喜欢心中这些不断出现又不断消失的想法。

（接下页）

## 通过想象练习对想法的正念

☐ 10. 想象你的想法和感受是传送带上的货物。把每种想法或感受放进一个贴着标明类型的盒子（如担忧的想法、关于过去的想法、关于母亲的想法、计划）。仅仅是保持觉察，然后把想法归入贴着标签的盒子里。

☐ 11. 将想法和感受视为顺流而下的船只，而你坐在河边看着它们经过，但不会跳到船上。

☐ 12. 将想法和感受视为火车车厢，而你看着一节节车厢从身边经过但不跳上火车。

☐ 13. 将这些想法视为凋零的树叶，它们飘落在小溪中，随着溪流流走。每当想法涌现，就将它变成树叶上的图案或纹路，注意它的出现又消失。

☐ 14. 想象想法生出一对翅膀，它可以在天上飞，关注它们的离去。

☐ 15. 想象想法如同天空中的云，让它飘出你的心。

☐ 16. 想象现在房间有两个门，想法从一个门进来，从另一个门出去。当想法进到房间时关注它，不要评判它，不要试图分析，并指出其符合事实的部分。当想法出现时对自己说："我的心中出现了一个想法。"

其他：_____

其他：_____

其他：_____

其他：_____

其他：_____

# 当危机是上瘾行为时的技能
## 讲义

# 概论——如果危机是上瘾行为

上瘾发生时，这些技能可提供有效的帮助，简称DCBA。

**D**

辩证式戒瘾

（Dialectical Absfinence）

**C**

澄明心

（Clear Mind）

社群强化

（Community Reinforcement）

**B**

斩断牵连，重建新世界

（Burning Bridges and Building New Ones）

**A**

替代性反叛

（Alternate Rebellion）

适应性否认

（Adaptive Denial）

# 常见的上瘾行为

可以依据下面的成瘾清单，对照自己看有无上瘾行为。

当竭尽全力仍无法断绝行动的念头或者无法戒掉某种物质时，

就是上瘾了。

☐ 饮酒
☐ 寻求关注
☐ 避免：＿＿＿＿＿＿＿＿＿＿＿＿＿
☐ 飙车
☐ 买彩票
☐ 暴饮暴食
☐ 出轨
☐ 喝咖啡
☐ 喝可乐
☐ 搜集：
　　☐ 艺术品
　　☐ 钱币
　　☐ 回收废弃物
　　☐ 衣服
　　☐ 鞋子
　　☐ 音乐
　　☐ 其他：＿＿＿＿＿＿＿＿＿
　　☐ 其他：＿＿＿＿＿＿＿＿＿
☐ 电子产品
☐ 犯罪活动
☐ 节食
☐ 药物（非法的和处方的）
☐ 利尿剂
☐ 电子邮件
☐ 嗜吃某种食物
　　☐ 碳水化合物
　　　（面包、白米饭、蛋糕）
　　☐ 巧克力
　　☐ 特殊食物：＿＿＿＿＿＿＿
☐ 赌博
☐ 游戏／猜谜游戏
☐ 讲八卦
☐ 幻想／做白日梦
☐ 网络

☐ 网络游戏
☐ 偷窃
☐ 说谎
☐ 色情片
☐ 危险驾驶
☐ 冒险行为
☐ 自伤／自残行为
☐ 性行为
☐ 购物
☐ 睡觉
☐ 智能手机APP软件
☐ 抽烟
☐ 网络社交
☐ 竞速
☐ 宗教活动
☐ 运动
　　☐ 自行车
　　☐ 健身
　　☐ 徒步旅行／攀岩
　　☐ 慢跑
　　☐ 力量训练
　　☐ 其他：＿＿＿＿＿＿＿＿
　　☐ 其他：＿＿＿＿＿＿＿＿
☐ 看电视
☐ 发短信
☐ 破坏公物
☐ 看影片
☐ 电视游戏
☐ 工作
☐ 其他：＿＿＿＿＿＿＿＿＿＿＿
☐ 其他：＿＿＿＿＿＿＿＿＿＿＿
☐ 其他：＿＿＿＿＿＿＿＿＿＿＿

# 辩证式戒瘾

<table>
<tr>
<td>

**完全戒瘾**

（承诺停止成瘾行为）

利：成果保持的时间更持久。

弊：一旦失败，想回到正轨花的时间更多。

</td>
<td>

**vs.**

</td>
<td>

**减害取向**

（承认失败的可能性。不追求完美，但会竭尽全力减少伤害）

利：一旦开始上瘾，能很快戒除。

弊：很容易再次上瘾。

</td>
</tr>
</table>

**两者综合=辩证式戒瘾**

目标是不再进行成瘾行为，也就是达到完全的戒瘾。

一旦再次上瘾，能将伤害减到最低，并快速戒除。

利：真的有效！

弊：有效果，但仍需警钟高悬。

（你要么在戒除，要么正想办法戒除。）

在戒瘾的过程中，你必须像奥运选手一样，即便失败过，或者以后还可能遭遇失败，也仍然相信自己能赢。

# 计划辩证式戒瘾

## 戒瘾计划

- ☐ 1. 对戒瘾的成功保持清醒，并制订预案提前应对可能复发的情况。
- ☐ 2. 多花时间跟可以增强戒瘾的人相处或联络。
- ☐ 3. 用更多的强化活动取代原来的成瘾行为。
- ☐ 4. 斩断牵连：远离可能让自己成瘾的环境。
- ☐ 5. 重建新世界：创造一些能刺激想象力、嗅觉刺激的活动、心理活动，以抵御成瘾的诱惑。
- ☐ 6. 找到替代方式。
- ☐ 7. 公开戒瘾的消息：将可能会让自己成瘾的想法拒之门外。

## 计划减害取向

- ☐ 1. 致电个体治疗师、支持者或技能训练师。
- ☐ 2. 致电可能提供帮助的亲朋好友。
- ☐ 3. 跟可能支援你的亲朋好友保持联系（例如：朋友、家人、团体成员等）。
- ☐ 4. 复习DBT技能与讲义。
- ☐ 5. 对抗内疚或羞愧时，可以读一读"相反行为"（情绪调节讲义10），如果无效，可以去戒瘾小组公开自己的问题。
- ☐ 6. "自我掌控与提前应对"（情绪调节讲义19）以及"核对事实"（情绪调节讲义8），可用来对抗失控感。
- ☐ 7. 用人际效能技能（人际效能讲义5—7）向周遭亲友或治疗师寻求帮助，如果你处于孤立状态，也可以在网络上寻求团体帮助。
- ☐ 8. 行为链锁分析记录会记录复发的原因（通用讲义7、7a）。
- ☐ 9. 用问题解决技能戒瘾，修复伤害（情绪调节讲义12）。
- ☐ 10. 转移注意力，自我安抚，并进行改善。
- ☐ 11. 给自己打气。
- ☐ 12. 对于停止成瘾行为做利弊分析（痛苦忍受讲义5）。
- ☐ 13. 勿陷入极端，别让小错误酿成大灾祸。
- ☐ 14. 重新承诺要完全戒掉。

# 澄明心

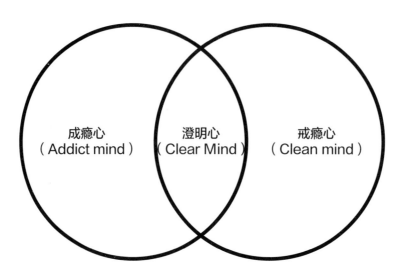

成瘾心是：

冲动的

执拗的

执意去做一切事

有成瘾心意味着陷入成瘾状态，很冲动，情绪化，有可能会冲动行事。

戒瘾心是：

天真的

有点冒险

无视危险

戒瘾心意味着戒瘾但警惕性不足，自我约束力差，以为自己的成瘾习惯不会复发。

**两个极端都危险！**

澄明心：最安全的地方。

你成功戒瘾了，但需谨记成瘾心。

清醒地意识到复发是**很有可能的**。

接纳当下的**成功**，但仍要有预案应对未来的诱惑。

# 成瘾心与戒瘾心的行为模式特征

## 成瘾心

☐ 陷入成瘾状态。

☐ 总认为："我没有成瘾问题。"

☐ 总认为："有一点不会有问题。"

☐ 总认为："周末休息时可以放纵一下我的爱好。"

☐ 总觉得："我真的受不了了！"

☐ 美化成瘾问题。

☐ 在网上参与成瘾行为

☐ 购买与成瘾行为相关的物品（食品、药品、视频等）。

☐ 卖或交换与成瘾行为有关的物品。

☐ 为满足自己偷窃。

☐ 为满足自己卖淫。

☐ 说谎。

☐ 躲藏。

☐ 远离人群。

☐ 忙于满足自己。

☐ 说话不算数。

☐ 做出犯罪行为。

☐ 肉身还在，灵魂已死。

☐ 毫无价值地活着。

☐ 抛弃一切／强迫性的行动。

☐ 眼里没有别人。

☐ 个人卫生很差。

☐ 回避就医。

☐ 其他：＿＿＿＿＿＿＿＿＿＿

☐ 其他：＿＿＿＿＿＿＿＿＿＿

☐ 其他：＿＿＿＿＿＿＿＿＿＿

## 戒瘾心

☐ 远离与成瘾相关的行为。

☐ 认为："教训已经够了。"

☐ 认为："我可以控制自己。"

☐ 认为："我已经戒瘾了。"

☐ 戒瘾药物中断或减少。

☐ 仍处于成瘾的环境中。

☐ 没有完全和有成瘾问题的朋友断交。

☐ 和有成瘾行为的朋友同住。

☐ 还保留着那些与成瘾相关的物品。

☐ 身上有余钱。

☐ 不合理消费。

☐ 从外表看起来很像瘾君子。

☐ 远离聚会。

☐ 不面对会助长成瘾行为的问题。

☐ 认为意志力已足够。

☐ 独自一人。

☐ 相信靠自己的力量就可以做到。

☐ 认为："当有人建议或劝我使用止痛药／节食／或从事成瘾行为，我不需要跟他们说明自己过去的成瘾经历。"

☐ 想着："我受不了了！"

☐ 其他：＿＿＿＿＿＿＿＿＿＿

☐ 其他：＿＿＿＿＿＿＿＿＿＿

☐ 其他：＿＿＿＿＿＿＿＿＿＿

# 社群强化

社群强化是指用戒断强化物取代成瘾强化物。

---

### 强化对于戒瘾至关重要

环境中的强化物在鼓励或阻止成瘾行为中扮演着重要的角色。

为了停止成瘾的行为，你必须明白如何使没有成瘾行为的生活方式变得更有价值，超越有成瘾行为的生活方式。

你必须在生活中找到另一种与成瘾不相容的行为，并得到周围人的奖励。

只有意志力是不够的，如果它足够的话，那么每个人应该都是完美的！！

---

### 以强化戒断来取代强化成瘾

采取一系列的行动，使得心中积聚正面的力量，以取代成瘾行为。

□ 多与没有成瘾问题的亲友接触。

□ 多参加快乐的活动，减少成瘾活动。

□ 如果不能决定自己的喜好，就多尝试，多接触不同的人。

---

### 尝试戒瘾

1. 自我承诺，戒瘾_____天，并关注戒瘾的好处。

2. 远离与成瘾相关的事物，以积极的替代行为度过戒瘾的过程。

3. 留意戒瘾过程中出其不意的好事。

# 斩断牵连，重建新世界

---

### 斩断牵连

接纳戒瘾最基本的就是你不会再进行成瘾行为，然后选择停止所有成瘾行为。

☐ 1. 我决意戒瘾，那是一种＿＿＿＿＿＿＿＿＿＿的行为（描述成瘾行为）。如同关上车库门，我会将成瘾拒之门外（就是最小的车库也可以关住一只大象）。

☐ 2. 找出任何可能会导致成瘾行为的事物。

☐ 3. 尝试抛弃这些事物：

    ☐ 删除纵容你的人的联系方式。

    ☐ 清除任何与成瘾有关的线索或诱惑。

☐ 4. 列出所有让成瘾行为变得困难和不可能的事物。

    ☐ 反复提醒自己真相的残酷性。

    ☐ 对亲朋好友广而告之：我已戒瘾。

---

### 重建新世界

创造视觉或嗅觉的刺激，与出现成瘾渴望时大脑视觉和嗅觉系统生成的信息相对抗。

当心中十分渴望时，人需要与本能做斗争。内心越渴望，脑中就越有可能出现与成瘾相关的事物，闻到成瘾的味道，反之亦然。

☐ 将这些画面影像和气味与不同的事物关联起来。当有想法浮现时，试着回想当时能想到的事物。比如，当烟瘾来临时，想象自己坐在海边，海水的味道和相关的画面，从而戒掉抽烟的冲动。

☐ 当想法出现时，分散注意力，多关注与成瘾无关的活动影像或味道上，这些会跟你内心的欲求相互竞争。

☐ 冲动冲浪：想象自己正站在冲浪板上冲浪，注意它们过来了，升起，又降下，最后离开。

# 替代性反叛与适应性否认

## 替代性反叛

成瘾行为常被视为对权威、社会规范和习惯法规的反叛，可以以另外一种形式的反叛做替代。

举例：

- ☐ 剃光头。
- ☐ 穿件很夸张的内衣。
- ☐ 穿两只不同的鞋子。
- ☐ 有秘密的想法。
- ☐ 表达不受欢迎的观点。
- ☐ 随时随地保持善意。
- ☐ 和家人一起参加裸体度假。
- ☐ 把心里话写成一封信。
- ☐ 将头发染成狂野的颜色。
- ☐ 刺青或穿洞。
- ☐ 内衣外穿。
- ☐ 一星期不洗澡。
- ☐ 在T恤上印标语。
- ☐ 脸部彩绘。
- ☐ 突然将自己打扮得很叛逆。

## 适应性否认

当你无法忍受对成瘾行为的渴望时，试着练习适应性否认。

- ☐ 把理智放一边，不要和自己辩论。
- ☐ 当欲望很强烈时，否认自己极度想拥有的东西，告诫自己世界上还有比这更重要的东西。比如，将想抽烟的冲动替换为想用牙签，将想喝酒的冲动替换为想吃甜品，或将想赌博的冲动替换为其他叛逆行为（见上文）。

  其他：_____

  其他：_____

  坚持这样做，投入到替代行为中。

- ☐ 暂停成瘾行为，暂停五分钟，再暂停五分钟，反复告诉自己"只要再忍耐五分钟就可以了"。每天告诉自己，过了今天就好了（或跟自己说只要撑过这个小时），跟自己说："事情会有转机的，我现在可以忍受。"

# 痛苦忍受练习单

## 危机生存技能练习单

# 危机生存技能

截止日期：＿＿＿＿＿＿　姓名：＿＿＿＿＿＿　开始日期：＿＿＿＿＿

练习两遍危机生存技能。详细陈述危机事件，确定要使用的技能，然后描述使用方法及后果。

**危机事件1：**评分痛苦程度（0—100）练习前：＿＿＿＿　练习后：＿＿＿＿

| **引发痛苦情绪的事件**（人、事、时、地）：危机状态是如何导致的？ |
|---|

| ☐ STOP（立即停止）技能<br>☐ 利弊分析<br>☐ 改变身体化学状况（TIP技能）<br>☐ 转移注意力（ACCEPTS技能）<br>☐ 自我安抚<br>☐ 改善当下 | 勾选左边你尝试的技能，并在此描述： |
|---|---|

| 描述使用技能的结果： |
|---|

利用下列量尺圈出一个数字，代表使用技能的有效程度：

| 我不能忍受这种情况了，一分钟都受不了。 | 多少可以适应点，练习是有用的。 | 我可以使用技能忍受痛苦并抗拒行为冲动。 |
|---|---|---|

　　　1　　　　　2　　　　　3　　　　　4　　　　　5

**危机事件2：**评分痛苦程度（0—100）练习前：＿＿＿＿　练习后：＿＿＿＿

| **引发痛苦情绪的事件**（人、事、时、地）：危机状态是如何导致的？ |
|---|

| ☐ STOP（立即停止）技能<br>☐ 利弊分析<br>☐ 改变身体化学状况（TIP技能）<br>☐ 转移注意力（ACCEPTS技能）<br>☐ 自我安抚<br>☐ 改善当下 | 勾选左边你尝试的技能，并在此描述： |
|---|---|

| 描述使用技能的结果： |
|---|

圈出技能的有效程度：

| 我不能忍受这种情况了，一分钟都受不了。 | 多少可以适应点，练习是有用的。 | 我可以使用技能忍受痛苦并抗拒行为冲动。 |
|---|---|---|

　　　1　　　　　2　　　　　3　　　　　4　　　　　5

**痛苦忍受练习单1a（痛苦忍受讲义2—9a）**

# 危机生存技能

截止日期：＿＿＿＿＿　姓名：＿＿＿＿＿　开始日期：＿＿＿＿＿

一周中至少练习每个危机生存技能两次，在表中记录你的练习体验。

| 练习时间、练习内容 | 危机事件（诱发需要技能的事件） | 所花费的时间 | 使用技能前／后评分 | | | 结论或问题 |
| --- | --- | --- | --- | --- | --- | --- |
| | | | 痛苦忍受程度（0＝完全无法忍受；5＝肯定可以承受） | 情绪 | | |
| | | | | 负面情绪强度（0—100） | 正面情绪强度（0—100） | |
| STOP（立即停止）技能： | | | ／ | ／ | ／ | |
| 利弊分析： | | | ／ | ／ | ／ | |
| 改变身体化学状况（TIP技能） | | | ／ | ／ | ／ | |
| 转移注意力（ACCEPTS技能）： | | | ／ | ／ | ／ | |
| 自我安抚： | | | ／ | ／ | ／ | |
| 改善当下： | | | ／ | ／ | ／ | |

# 危机生存技能

截止日期：＿＿＿＿＿＿＿　姓名：＿＿＿＿＿＿＿　开始日期：＿＿＿＿＿＿＿
写下一周中你练习了什么技能，然后利用量尺圈出一个数字，代表使用技能
的有效程度。

| 我不能忍受这种情况了，一分钟都受不了。 | 多少可以适应点，练习是有用的。 | | 我可以使用技能忍受痛苦并抗拒行为冲动。 |
|---|---|---|---|
| 1 | 2 | 3 | 4 | 5 |

日期　　　　　　　STOP（立即停止）技能

＿＿＿＿＿ / ＿＿＿＿＿＿＿＿＿＿＿＿＿　有效程度：＿＿＿＿＿＿

＿＿＿＿＿ / ＿＿＿＿＿＿＿＿＿＿＿＿＿　有效程度：＿＿＿＿＿＿

＿＿＿＿＿ / ＿＿＿＿＿＿＿＿＿＿＿＿＿　有效程度：＿＿＿＿＿＿

日期　　　　　　　利弊分析

＿＿＿＿＿ / ＿＿＿＿＿＿＿＿＿＿＿＿＿　有效程度：＿＿＿＿＿＿

＿＿＿＿＿ / ＿＿＿＿＿＿＿＿＿＿＿＿＿　有效程度：＿＿＿＿＿＿

＿＿＿＿＿ / ＿＿＿＿＿＿＿＿＿＿＿＿＿　有效程度：＿＿＿＿＿＿

日期　　　　改变身体化学状况（TIP技能）

＿＿＿＿＿ / ＿＿＿＿＿＿＿＿＿＿＿＿＿　有效程度：＿＿＿＿＿＿

＿＿＿＿＿ / ＿＿＿＿＿＿＿＿＿＿＿＿＿　有效程度：＿＿＿＿＿＿

＿＿＿＿＿ / ＿＿＿＿＿＿＿＿＿＿＿＿＿　有效程度：＿＿＿＿＿＿

日期　　　转移注意力（ACCEPTS技能）

＿＿＿＿＿ / ＿＿＿＿＿＿＿＿＿＿＿＿＿　有效程度：＿＿＿＿＿＿

＿＿＿＿＿ / ＿＿＿＿＿＿＿＿＿＿＿＿＿　有效程度：＿＿＿＿＿＿

＿＿＿＿＿ / ＿＿＿＿＿＿＿＿＿＿＿＿＿　有效程度：＿＿＿＿＿＿

日期　　　　　　　自我安抚

＿＿＿＿＿ / ＿＿＿＿＿＿＿＿＿＿＿＿＿　有效程度：＿＿＿＿＿＿

＿＿＿＿＿ / ＿＿＿＿＿＿＿＿＿＿＿＿＿　有效程度：＿＿＿＿＿＿

＿＿＿＿＿ / ＿＿＿＿＿＿＿＿＿＿＿＿＿　有效程度：＿＿＿＿＿＿

日期　　　　　　　改善当下

＿＿＿＿＿ / ＿＿＿＿＿＿＿＿＿＿＿＿＿　有效程度：＿＿＿＿＿＿

＿＿＿＿＿ / ＿＿＿＿＿＿＿＿＿＿＿＿＿　有效程度：＿＿＿＿＿＿

＿＿＿＿＿ / ＿＿＿＿＿＿＿＿＿＿＿＿＿　有效程度：＿＿＿＿＿＿

# 练习STOP（立即停止）技能

截止日期：_____ 姓名：_____ 开始日期：_____

详细描述两个危机情况，并陈述你的STOP（立即停止）技能。

**危机事件1**：评分痛苦程度（0—100）练习前：_____ 练习后：_____

| **诱发事件（人、事、时、地）**：危机状态是如何导致的？ |
| --- |

你尝试停止的行为是：_____

□ **停止动作**（Stop）

□ **退后一步**（Take a step back）

□ **客观观察**（Oserve）

□ **带着觉察行事**（Proceed mindfully）

勾选左边你尝试的技能，并在此描述：

| 描述使用技能的结果： |
| --- |

利用下列量尺圈出一个数字，代表使用技能的有效程度：

| 我不能忍受这种情况了，一分钟都受不了。 | 多少可以适应点，练习是有用的。 | 我可以使用技能忍受痛苦并抗拒行为冲动。 |
| --- | --- | --- |

    1          2          3          4          5

**危机事件2**：评分痛苦程度（0—100）练习前：_____ 练习后：_____

| **诱发事件（人、事、时、地）**：危机状态是如何导致的？ |
| --- |

你尝试停止的行为是：_____

□ **停止动作**（Stop）

□ **退后一步**（Take a step back）

□ **客观观察**（Oserve）

□ **带着觉察行事**（Proceed mindfully）

勾选左边你尝试的技能，并在此描述：

| 描述使用技能的结果： |
| --- |

圈出技能的有效程度：

| 我不能忍受这种情况了，一分钟都受不了。 | 多少可以适应点，练习是有用的。 | 我可以使用技能忍受痛苦并抗拒行为冲动。 |
| --- | --- | --- |

    1          2          3          4          5

痛苦忍受练习单2a（痛苦忍受讲义4）

**练习STOP（立即停止）技能**

截止日期：_____ 姓名：_____ 开始日期：_____

描述使用STOP（立即停止）技能的场景，抓住练习的机会。

| 日期 | 危机情境 | 如何练习技能？ | 停止什么行为？ | 技能使用前／后评分 | | | 结论或问题 |
|---|---|---|---|---|---|---|---|
| | | | | 痛苦忍受程度（0=完全无法忍受；5=肯定可以承受） | 情绪 | | |
| | | | | | 负面情绪强度（0—100） | 正面情绪强度（0—100） | |
| | | | | ／ | ／ | ／ | |
| | | | | ／ | ／ | ／ | |
| | | | | ／ | ／ | ／ | |
| | | | | ／ | ／ | ／ | |
| | | | | ／ | ／ | ／ | |
| | | | | ／ | ／ | ／ | |
| | | | | ／ | ／ | ／ | |

# 在受危机冲动影响前，分析利弊

截止日期：_____ 姓名：_____ 开始日期：_____

1. 描述你想中止的问题行为：_____

2. 分析在危机时刻冲动行事的利弊，另外列一张可用来抵抗危机行为的痛苦忍受技能清单。如果写不下，可以写在背面。

3. 当冲动引来问题时，读一读这些利弊。

| 问题行为 | 利 | 弊 |
|---|---|---|
| 按照问题行为冲动行事 | 1. | 1. |
| | 2. | 2. |
| | 3. | 3. |
| | 4. | 4 |
| | 5. | 5. |
| 抵抗问题行为冲动 | 1. | 1. |
| | 2. | 2. |
| | 3. | 3. |
| | 4. | 4. |
| | 5. | 5. |

确定哪些利弊带来的影响是短期的，哪些是长期的。接着问问智慧心念：自己要的是愉快的一天还是愉快的人生？对你的行为做出正念的抉择。

如果这份练习单对你有帮助，就放在手边，以便你遇到危机行为时再次复习。

# 在受危机冲动影响前，分析利弊

截止日期：_____　　姓名：_____　　开始日期：_____

1. 描述你想中止的问题行为：_____

2. 分析在危机时刻冲动行事的利弊，另外列一张可用来抵抗危机行为的痛苦忍受技能清单。如果写不下，可以写在背面。

3. 当冲动引来问题时，读一读这些利弊。

| 问题行为 | 按照问题行为冲动行事 | 抵抗问题行为冲动 |
|---|---|---|
| 利 | 1. | 1. |
|  | 2. | 2. |
|  | 3. | 3. |
|  | 4. | 4 |
|  | 5. | 5. |
| 弊 | 1. | 1. |
|  | 2. | 2. |
|  | 3. | 3. |
|  | 4. | 4. |
|  | 5. | 5. |

确定哪些利弊带来的影响是短期的，哪些是长期的。接着问问智慧心念：自己要的是愉快的一天还是愉快的人生？对你的行为做出正念的抉择。

如果这份练习单对你有帮助，就放在手边，以便你遇到危机行为时再次复习。

# 使用TIP技能改变身体化学状况

截止日期：_____ 姓名：_____ 开始日期：_____

描述练习的每种情境，记录使用TIP技能前后情绪激发的程度及痛苦忍受程度。描述你实际的过程。如果写不下，可以写在练习单背面。

**T**（改变温度）

**用冷水改变脸部的温度**（Temperature）
用冷水擦脸改变情绪
情境：_____
情绪激发的程度（0—100）使用前____ 使用后____
痛苦忍受程度（0=完全无法忍受；100=肯定可以承受）
使用前____ 使用后____
我做了什么：_____

**I**（激烈运动）

**激烈运动**（Infense Exercise）
情境：_____
情绪激发的程度（0—100）使用前____ 使用后____
痛苦忍受程度（0=完全无法忍受；100=肯定可以承受）
使用前____ 使用后____
我做了什么：_____

**P**（调节呼吸）
（肌肉放松）

**调节呼吸**（Paced breathing）
情境：_____
情绪激发的程度（0—100）使用前____ 使用后____
痛苦忍受程度（0=完全无法忍受；100=肯定可以承受）
使用前____ 使用后____
我做了什么：_____

**配对式肌肉放松**（Paired muscle relaxation）
情境：_____
情绪激发的程度（0—100）使用前____ 使用后____
痛苦忍受程度（0=完全无法忍受；100=肯定可以承受）
使用前____ 使用后____
我做了什么：_____

# 配对式肌肉放松

截止日期：＿＿＿＿＿＿＿　姓名：＿＿＿＿＿＿＿　开始日期：＿＿＿＿＿＿＿

练习配对式肌肉放松。绷紧身体，然后呼气，让紧绷感彻底消失。在开始阶段，一天多练习几次，直到练完身体可以放松自如。呼吸和肌肉放松达到紧密结合后，持续练习，但练习频率可以降低一些。如果条件允许，一天可多练习几次，用下表记录你练习的部位。

| 日期 | 练习次数 | 练习前／后的平均放松程度（0—100） | 身体僵硬或崩溃时使用的次数 | 练习前／后的平均放松程度（0—100） | 哪些肌肉绷紧或放松了（必要的话多确认几次） |
|---|---|---|---|---|---|
| | | / | | / | ☐ 单一肌肉<br>☐ 肌肉群<br>☐ 全身肌肉 |
| | | / | | / | ☐ 单一肌肉<br>☐ 肌肉群<br>☐ 全身肌肉 |
| | | / | | / | ☐ 单一肌肉<br>☐ 肌肉群<br>☐ 全身肌肉 |
| | | / | | / | ☐ 单一肌肉<br>☐ 肌肉群<br>☐ 全身肌肉 |
| | | / | | / | ☐ 单一肌肉<br>☐ 肌肉群<br>☐ 全身肌肉 |
| | | / | | / | ☐ 单一肌肉<br>☐ 肌肉群<br>☐ 全身肌肉 |

描述你的感受：

这个技能的结论及／或问题：

# 有效地重新思考与配对式放松

截止日期：＿＿＿＿＿＿　　姓名：＿＿＿＿＿＿　　开始日期：＿＿＿＿＿＿

**步骤一，**列出引发痛苦的典型诱发事件及其原因。这件事给你带来了什么影响？运用描述技能，核对事实，以获取详细答案。

**步骤二，**问自己：到底是什么念头让我觉得这件事很有压力？将它写下来。

**步骤三，**重新对让自己痛苦的事情进行思考，再次评估情境及意义，以减轻压力。尽可能列出有效策划以替代引发压力的想法。

**步骤四，**这一周在压力情境下有没有练习新的思考方式？是＿＿＿＿　否＿＿＿＿
如果重新思考，压力会不会减少？（0—5，0＝一点用也没有；5=很有效）：＿＿＿＿
用什么有效的想法替代引发压力的想法？

评分平均放松程度（0—100）：练习前：＿＿＿＿＿＿　练习后：＿＿＿＿＿＿

**步骤五，你重新思考并加上配对式放松吗？是＿＿＿＿　否＿＿＿＿**
如果重新思考并配以配对式放松，压力会减轻吗？（0—5，0＝一点用也没有；5=很有效）：＿＿＿＿
用什么方法可以替代引发压力的想法？

建议：

# 转移注意力（ACCEPTS技能）

截止日期：＿＿＿＿＿＿　姓名：＿＿＿＿＿＿　开始日期：＿＿＿＿＿＿

描述两个危机事件，并描述使用ACCEPTS技能的过程。

**危机事件1：** 评分痛苦程度（0—100）练习前：＿＿＿＿　练习后：＿＿＿＿

| **诱发事件（人、事、时、地）：危机状态是如何导致的？** |
|---|

| □ 进行活动（Activities） | 勾选左边你尝试的技能，并在此描述： |
|---|---|
| □ 贡献（Contributions） | |
| □ 比较（Comparisons） | |
| □ 情绪（E-motions） | |
| □ 推开（Pushing away） | |
| □ 想法（T-houghts） | |
| □ 感觉（Sensafions） | |

| 描述使用技能的结果： |
|---|

利用下列量尺圈出一个数字，代表使用技能的有效程度：

我不能忍受这种情
况了，一分钟都无
法忍受。

多少可以应对当
下的情况，练习
是有用的。

我可以使用技能
忍受痛苦并抗拒
行为冲动。

1　　　　2　　　　3　　　　4　　　　5

**危机事件2：** 评分痛苦程度（0—100）练习前：＿＿＿＿　练习后：＿＿＿＿

| **诱发事件（人、事、时、地）：危机状态是如何导致的？** |
|---|

| □ 进行活动（Activities） | 勾选左边你尝试的技能，并在此描述： |
|---|---|
| □ 贡献（Contributions） | |
| □ 比较（Comparisons） | |
| □ 情绪（E-motions） | |
| □ 推开（Pushing away） | |
| □ 想法（T-houghts） | |
| □ 感觉（Sensafions） | |

| 描述使用技能的结果： |
|---|

圈出技能的有效程度：

我不能忍受这种情
况了，一分钟都无
法忍受。

多少可以应对当
下的情况，练习
是有用的。

我可以使用技能
忍受痛苦并抗拒
行为冲动。

1　　　　2　　　　3　　　　4　　　　5

# 痛苦忍受练习单5a（痛苦忍受讲义7）

## 转移注意力（ACCEPTS技能）

截止日期：＿＿＿＿＿ 姓名：＿＿＿＿＿ 开始日期：＿＿＿＿＿

练习两次，并描述过程。

| 练习时间、练习内容 | 危机事件（诱发需要技能的事件） | 所花费的时间 | 使用技能前／后评分 | | | 结论或问题 |
| --- | --- | --- | --- | --- | --- | --- |
| | | | 痛苦忍受程度（0=完全无法忍受；5=肯定可以承受） | 情绪 | | |
| | | | | 负面情绪强度（0—100） | 正面情绪强度（0—100） | |
| 进行活动： | | | ／ | ／ | ／ | |
| 贡献： | | | ／ | ／ | ／ | |
| 比较： | | | ／ | ／ | ／ | |
| 情绪： | | | ／ | ／ | ／ | |
| 推开： | | | ／ | ／ | ／ | |
| 想法： | | | ／ | ／ | ／ | |
| 感觉： | | | ／ | ／ | ／ | |

# 转移注意力（ACCEPTS技能）

截止日期：_____ 姓名：_____ 开始日期：_____

写下本周你的练习情况，利用下列量尺圈出一个数字，代表使用技能的有效程度：

| 我不能忍受这种情况了，一分钟都无法忍受。 | 多少可以应对当下的情况，练习是有用的。 | | 我可以使用技能忍受痛苦并抗拒行为冲动。 |
|---|---|---|---|
| 1 | 2 | 3 | 4 | 5 |

日期　　　　　　　　　　进行活动

_____ / _____ 有效程度：_____

_____ / _____ 有效程度：_____

_____ / _____ 有效程度：_____

日期　　　　　　　　　　贡献

_____ / _____ 有效程度：_____

_____ / _____ 有效程度：_____

_____ / _____ 有效程度：_____

日期　　　　　　　　　　比较

_____ / _____ 有效程度：_____

_____ / _____ 有效程度：_____

_____ / _____ 有效程度：_____

日期　　　　　　　　　　情绪

_____ / _____ 有效程度：_____

_____ / _____ 有效程度：_____

_____ / _____ 有效程度：_____

日期　　　　　　　　　　推开

_____ / _____ 有效程度：_____

_____ / _____ 有效程度：_____

_____ / _____ 有效程度：_____

日期　　　　　　　　　　想法

_____ / _____ 有效程度：_____

_____ / _____ 有效程度：_____

_____ / _____ 有效程度：_____

日期　　　　　　　　　　感觉

_____ / _____ 有效程度：_____

_____ / _____ 有效程度：_____

_____ / _____ 有效程度：_____

# 自我安抚

截止日期：＿＿＿＿＿＿　　姓名：＿＿＿＿＿＿　　开始日期：＿＿＿＿＿＿

描述两个危机事件，并描述使用自我安抚技能的过程。

**危机事件1：** 痛苦程度（0—100）练习前：＿＿＿＿　　练习后：＿＿＿＿

| **诱发事件**（人、事、时、地）：危机是如何导致的？ |
| --- |

| □ 视觉<br>□ 听觉<br>□ 嗅觉<br>□ 味觉<br>□ 触觉 | 勾选左边你尝试的技能，并在此描述： |
| --- | --- |

| 描述使用技能的结果： |
| --- |

利用下列量尺圈出一个数字，代表使用技能的有效程度：

| 我不能忍受这种情况了，一分钟都受不了。 | | 多少可以适应点，练习是有用的。 | | 我可以使用技能忍受痛苦并抗拒行为冲动。 |
| --- | --- | --- | --- | --- |
| 1 | 2 | 3 | 4 | 5 |

**危机事件2：** 痛苦程度（0—100）练习前：＿＿＿＿　　练习后：＿＿＿＿

| **诱发事件**（人、事、时、地）：危机是如何导致的？ |
| --- |

| □ 视觉<br>□ 听觉<br>□ 嗅觉<br>□ 味觉<br>□ 触觉 | 勾选左边你尝试的技能，并在此描述： |
| --- | --- |

| 描述使用技能的结果： |
| --- |

圈出使用技能的有效程度：

| 我不能忍受这种情况了，一分钟都受不了。 | | 多少可以适应点，练习是有用的。 | | 我可以使用技能忍受痛苦并抗拒行为冲动。 |
| --- | --- | --- | --- | --- |
| 1 | 2 | 3 | 4 | 5 |

## 自我抚慰

截止日期：＿＿＿＿＿　姓名：＿＿＿＿＿　开始日期：＿＿＿＿＿

每个自我抚慰技能练习两次，并描述过程。

| 练习时间、练习内容 | 危机事件（诱发需要技能的事件） | 所花费的时间 | 痛苦忍受程度（0=完全无法忍受；5=肯定可以承受） | 使用技能前／后评分 | | 结论或问题 |
|---|---|---|---|---|---|---|
| | | | | 情绪 | | |
| | | | | 负面情绪强度（0—100） | 正面情绪强度（0—100） | |
| 视觉： | | | ／ | ／ | ／ | |
| 听觉： | | | ／ | ／ | ／ | |
| 嗅觉： | | | ／ | ／ | ／ | |
| 味觉： | | | ／ | ／ | ／ | |
| 触觉： | | | ／ | ／ | ／ | |

# 自我安抚

截止日期:＿＿＿＿＿＿＿＿  姓名:＿＿＿＿＿＿＿＿  开始日期:＿＿＿＿＿＿＿＿

写下你在本周进行的练习,为练习的有效程度打分:

| 我不能忍受这种情况了,一分钟都无法忍受。 | | 多少可以应对当下的情况,练习是有用的。 | | 我可以使用技能忍受痛苦并抗拒行为冲动。 |
|---|---|---|---|---|
| 1 | 2 | 3 | 4 | 5 |

日期　　　　　　　　视觉

＿＿＿＿＿＿ / ＿＿＿＿＿＿＿＿＿＿＿＿＿＿＿＿ 有效程度:＿＿＿＿＿＿

＿＿＿＿＿＿ / ＿＿＿＿＿＿＿＿＿＿＿＿＿＿＿＿ 有效程度:＿＿＿＿＿＿

＿＿＿＿＿＿ / ＿＿＿＿＿＿＿＿＿＿＿＿＿＿＿＿ 有效程度:＿＿＿＿＿＿

日期　　　　　　　　听觉

＿＿＿＿＿＿ / ＿＿＿＿＿＿＿＿＿＿＿＿＿＿＿＿ 有效程度:＿＿＿＿＿＿

＿＿＿＿＿＿ / ＿＿＿＿＿＿＿＿＿＿＿＿＿＿＿＿ 有效程度:＿＿＿＿＿＿

＿＿＿＿＿＿ / ＿＿＿＿＿＿＿＿＿＿＿＿＿＿＿＿ 有效程度:＿＿＿＿＿＿

日期　　　　　　　　嗅觉

＿＿＿＿＿＿ / ＿＿＿＿＿＿＿＿＿＿＿＿＿＿＿＿ 有效程度:＿＿＿＿＿＿

＿＿＿＿＿＿ / ＿＿＿＿＿＿＿＿＿＿＿＿＿＿＿＿ 有效程度:＿＿＿＿＿＿

＿＿＿＿＿＿ / ＿＿＿＿＿＿＿＿＿＿＿＿＿＿＿＿ 有效程度:＿＿＿＿＿＿

日期　　　　　　　　味觉

＿＿＿＿＿＿ / ＿＿＿＿＿＿＿＿＿＿＿＿＿＿＿＿ 有效程度:＿＿＿＿＿＿

＿＿＿＿＿＿ / ＿＿＿＿＿＿＿＿＿＿＿＿＿＿＿＿ 有效程度:＿＿＿＿＿＿

＿＿＿＿＿＿ / ＿＿＿＿＿＿＿＿＿＿＿＿＿＿＿＿ 有效程度:＿＿＿＿＿＿

日期　　　　　　　　触觉

＿＿＿＿＿＿ / ＿＿＿＿＿＿＿＿＿＿＿＿＿＿＿＿ 有效程度:＿＿＿＿＿＿

＿＿＿＿＿＿ / ＿＿＿＿＿＿＿＿＿＿＿＿＿＿＿＿ 有效程度:＿＿＿＿＿＿

＿＿＿＿＿＿ / ＿＿＿＿＿＿＿＿＿＿＿＿＿＿＿＿ 有效程度:＿＿＿＿＿＿

＿＿＿＿＿＿ / ＿＿＿＿＿＿＿＿＿＿＿＿＿＿＿＿ 有效程度:＿＿＿＿＿＿

# 身体扫描冥想，分解步骤

截止日期：＿＿＿＿＿＿＿　　姓名：＿＿＿＿＿＿＿　　开始日期：＿＿＿＿＿＿＿

尽可能多做练习，并勾选是单独练习、听录音、看视频，或由他人指导练习。

| 日期 | 描述你的感受 | 所花费的时间 | 使用技能前／后评分 | | |
| --- | --- | --- | --- | --- | --- |
| | | | 痛苦忍受程度（0=完全无法忍受；5=肯定可以承受） | 情绪 | |
| | | | | 负面情绪强度（0—100） | 正面情绪强度（0—100） |
| 1 | ☐ 单独练习<br>☐ 听录音<br>☐ 他人指导<br>☐ 看视频 | | / | / | / |
| 2 | ☐ 单独练习<br>☐ 听录音<br>☐ 他人指导<br>☐ 看视频 | | / | / | / |
| 3 | ☐ 单独练习<br>☐ 听录音<br>☐ 他人指导<br>☐ 看视频 | | / | / | / |
| 4 | ☐ 单独练习<br>☐ 听录音<br>☐ 他人指导<br>☐ 看视频 | | / | / | / |
| 5 | ☐ 单独练习<br>☐ 听录音<br>☐ 他人指导<br>☐ 看视频 | | / | / | / |

练习这个技能的结论或问题：

# 改善当下

截止日期：_____ 姓名：_____ 开始日期：_____

列出两个危机事件，并描述使用改善当下（IMPROVE）技能的过程。

**危机事件1：** 痛苦程度（0—100） 练习前：_____ 练习后：_____

| 诱发事件（人、事、时、地）：危机状态是如何导致的？ |
| --- |

| | 勾选左边你尝试的技能，并在此描述： |
| --- | --- |
| □ 想象（Imagery） | |
| □ 意义（Meaning） | |
| □ 祷告（Prayer） | |
| □ 放松活动（Relaxation） | |
| □ 一次做一件事（One thing） | |
| □ 假期（Vacation） | |
| □ 鼓励（Encouragement） | |

| 描述使用技能的结果： |
| --- |

利用下列量尺圈出一个数字，代表使用技能的有效程度：

| 我不能忍受这种情况了，一分钟都无法忍受。 | | 多少可以应对当下的情况，练习是有用的。 | | 我可以使用技能忍受痛苦并抗拒行为冲动。 |
| --- | --- | --- | --- | --- |
| 1 | 2 | 3 | 4 | 5 |

**危机事件2：** 痛苦程度（0—100） 练习前：_____ 练习后：_____

| 诱发事件（人、事、时、地）：危机状态是如何导致的？ |
| --- |

诱发事件（人、事、时、地）：危机是如何导致的？

| | 勾选左边你尝试的技能，并在此描述： |
| --- | --- |
| □ 想象（Imagery） | |
| □ 意义（Meaning） | |
| □ 祷告（Prayer） | |
| □ 放松活动（Relaxation） | |
| □ 一次做一件事（One thing） | |
| □ 假期（Vacation） | |
| □ 鼓励（Encouragement） | |

| 描述使用技能的结果： |
| --- |

圈出技能的有效程度：

| 我不能忍受这种情况了，一分钟都无法忍受。 | | 多少可以应对当下的情况，练习是有用的。 | | 我可以使用技能忍受痛苦并抗拒行为冲动。 |
| --- | --- | --- | --- | --- |
| 1 | 2 | 3 | 4 | 5 |

截止日期：
每个自我安抚技能练习两次，并描述过程。

姓名：＿＿＿＿＿＿＿＿

开始日期：＿＿＿＿＿＿＿＿

# 改善当下

| 练习时间、练习内容 | 危机事件（诱发需要技能的事件） | 所花费的时间 | 痛苦忍受程度（0＝完全无法忍受；5＝肯定可以承受） | 使用技能前／后评分 | | 结论或问题 |
|---|---|---|---|---|---|---|
| | | | | 情绪 | | |
| | | | | 负面情绪强度（0—100） | 正面情绪强度（0—100） | |
| 想象： | | | ／ | ／ | ／ | |
| 意义： | | | ／ | ／ | ／ | |
| 祷告： | | | ／ | ／ | ／ | |
| 放松活动： | | | ／ | ／ | ／ | |
| 一次做一件事： | | | ／ | ／ | ／ | |
| 假期： | | | ／ | ／ | ／ | |
| 鼓励： | | | ／ | ／ | ／ | |

# 改善当下

截止日期：＿＿＿＿＿＿＿　　姓名：＿＿＿＿＿＿＿　　开始日期：＿＿＿＿＿＿＿

写下你在本周的练习情况，并为其有效程度打分：

| 我不能忍受这种情况了，一分钟都无法忍受。 | | 多少可以应对当下的情况，练习是有用的。 | | 我可以使用技能忍受痛苦并抗拒行为冲动。 |
|:---:|:---:|:---:|:---:|:---:|
| 1 | 2 | 3 | 4 | 5 |

日期　　　　　　　　　　想象

＿＿＿＿＿＿ / ＿＿＿＿＿＿＿＿＿＿＿＿＿＿＿＿　有效程度：＿＿＿＿＿＿

＿＿＿＿＿＿ / ＿＿＿＿＿＿＿＿＿＿＿＿＿＿＿＿　有效程度：＿＿＿＿＿＿

＿＿＿＿＿＿ / ＿＿＿＿＿＿＿＿＿＿＿＿＿＿＿＿　有效程度：＿＿＿＿＿＿

日期　　　　　　　　　　意义

＿＿＿＿＿＿ / ＿＿＿＿＿＿＿＿＿＿＿＿＿＿＿＿　有效程度：＿＿＿＿＿＿

＿＿＿＿＿＿ / ＿＿＿＿＿＿＿＿＿＿＿＿＿＿＿＿　有效程度：＿＿＿＿＿＿

＿＿＿＿＿＿ / ＿＿＿＿＿＿＿＿＿＿＿＿＿＿＿＿　有效程度：＿＿＿＿＿＿

日期　　　　　　　　　　祷告

＿＿＿＿＿＿ / ＿＿＿＿＿＿＿＿＿＿＿＿＿＿＿＿　有效程度：＿＿＿＿＿＿

＿＿＿＿＿＿ / ＿＿＿＿＿＿＿＿＿＿＿＿＿＿＿＿　有效程度：＿＿＿＿＿＿

＿＿＿＿＿＿ / ＿＿＿＿＿＿＿＿＿＿＿＿＿＿＿＿　有效程度：＿＿＿＿＿＿

日期　　　　　　　　　　放松活动

＿＿＿＿＿＿ / ＿＿＿＿＿＿＿＿＿＿＿＿＿＿＿＿　有效程度：＿＿＿＿＿＿

＿＿＿＿＿＿ / ＿＿＿＿＿＿＿＿＿＿＿＿＿＿＿＿　有效程度：＿＿＿＿＿＿

＿＿＿＿＿＿ / ＿＿＿＿＿＿＿＿＿＿＿＿＿＿＿＿　有效程度：＿＿＿＿＿＿

日期　　　　　　　　　　一次做一件事

＿＿＿＿＿＿ / ＿＿＿＿＿＿＿＿＿＿＿＿＿＿＿＿　有效程度：＿＿＿＿＿＿

＿＿＿＿＿＿ / ＿＿＿＿＿＿＿＿＿＿＿＿＿＿＿＿　有效程度：＿＿＿＿＿＿

＿＿＿＿＿＿ / ＿＿＿＿＿＿＿＿＿＿＿＿＿＿＿＿　有效程度：＿＿＿＿＿＿

日期　　　　　　　　　　假期

＿＿＿＿＿＿ / ＿＿＿＿＿＿＿＿＿＿＿＿＿＿＿＿　有效程度：＿＿＿＿＿＿

＿＿＿＿＿＿ / ＿＿＿＿＿＿＿＿＿＿＿＿＿＿＿＿　有效程度：＿＿＿＿＿＿

＿＿＿＿＿＿ / ＿＿＿＿＿＿＿＿＿＿＿＿＿＿＿＿　有效程度：＿＿＿＿＿＿

日期　　　　　　　　　　鼓励

＿＿＿＿＿＿ / ＿＿＿＿＿＿＿＿＿＿＿＿＿＿＿＿　有效程度：＿＿＿＿＿＿

＿＿＿＿＿＿ / ＿＿＿＿＿＿＿＿＿＿＿＿＿＿＿＿　有效程度：＿＿＿＿＿＿

＿＿＿＿＿＿ / ＿＿＿＿＿＿＿＿＿＿＿＿＿＿＿＿　有效程度：＿＿＿＿＿＿

接纳现实技能
练习单

# 接纳现实技能

截止日期：＿＿＿＿＿＿＿＿＿ 姓名：＿＿＿＿＿＿＿＿＿ 开始日期：＿＿＿＿＿＿＿＿＿

选择两个接纳现实的技能，并在本周练习。

☐ 全然接纳 ☐ 愿意的手势

☐ 浅笑 ☐ 我愿意

☐ 转念 ☐ 对当下的想法保持正念

**技能1. 描述该情境及你如何练习这项技能。**

＿＿＿＿＿＿＿＿＿＿＿＿＿＿＿＿＿＿＿＿＿＿＿＿＿＿＿＿＿＿＿＿＿＿＿＿＿＿＿

＿＿＿＿＿＿＿＿＿＿＿＿＿＿＿＿＿＿＿＿＿＿＿＿＿＿＿＿＿＿＿＿＿＿＿＿＿＿＿

为使用技能的有效程度打分。

| 我不能忍受这种情况了，一分钟都无法忍受。 | | 多少可以应对当下的情况，练习是有用的。 | | 我可以使用技能忍受痛苦并抗拒行为冲动。 |
|---|---|---|---|---|
| 1 | 2 | 3 | 4 | 5 |

这项技能是否有助于你应对可能的情绪冲动，或减少冲突？请圈选**是**或否。

**描述一下这项技能对你的帮助，如果没有帮助，分析原因在哪里。**

＿＿＿＿＿＿＿＿＿＿＿＿＿＿＿＿＿＿＿＿＿＿＿＿＿＿＿＿＿＿＿＿＿＿＿＿＿＿＿

＿＿＿＿＿＿＿＿＿＿＿＿＿＿＿＿＿＿＿＿＿＿＿＿＿＿＿＿＿＿＿＿＿＿＿＿＿＿＿

**技能2. 描述该情境及你如何练习这项技能。**

＿＿＿＿＿＿＿＿＿＿＿＿＿＿＿＿＿＿＿＿＿＿＿＿＿＿＿＿＿＿＿＿＿＿＿＿＿＿＿

＿＿＿＿＿＿＿＿＿＿＿＿＿＿＿＿＿＿＿＿＿＿＿＿＿＿＿＿＿＿＿＿＿＿＿＿＿＿＿

为使用技能的有效程度打分。

| 我不能忍受这种情况了，一分钟都无法忍受。 | | 多少可以应对当下的情况，练习是有用的。 | | 我可以使用技能忍受痛苦并抗拒行为冲动。 |
|---|---|---|---|---|
| 1 | 2 | 3 | 4 | 5 |

这项技能是否有助于你应对可能的情绪冲动，或减少冲突？请圈选**是**或否。

**描述一下这项技能对你的帮助，如果没有帮助，分析原因在哪里。**

＿＿＿＿＿＿＿＿＿＿＿＿＿＿＿＿＿＿＿＿＿＿＿＿＿＿＿＿＿＿＿＿＿＿＿＿＿＿＿

＿＿＿＿＿＿＿＿＿＿＿＿＿＿＿＿＿＿＿＿＿＿＿＿＿＿＿＿＿＿＿＿＿＿＿＿＿＿＿

**痛苦忍受练习单8a**（痛苦忍受讲义10—15a）

## 接纳现实技能

截止日期：＿＿＿＿＿

姓名：＿＿＿＿＿　　　　开始日期：＿＿＿＿＿

每个接纳现实技能练习两次，并描述过程。

| 练习时间、练习内容 | 危机事件（诱发需要技能的事件） | 所花费的时间 | 痛苦忍受程度（0＝完全无法忍受；5＝肯定可以承受） | 负面情绪强度（0—100） | 正面情绪强度（0—100） | 结论或问题 |
|---|---|---|---|---|---|---|
| | | | 使用技能前／后评分 | 情绪 | | |
| | | | | | | |
| 全然接纳： | | | ／ | ／ | ／ | |
| 转念： | | | ／ | ／ | ／ | |
| 我愿意： | | | ／ | ／ | ／ | |
| 浅笑： | | | ／ | ／ | ／ | |
| 愿意的手势： | | | ／ | ／ | ／ | |
| 对当下的想法保持正念： | | | ／ | ／ | ／ | |

# 接纳现实技能

截止日期：_____ 姓名：_____ 开始日期：_____

描述你在本周的练习，并打分（0—5）：

| 我不能忍受这种情况了，一分钟都无法忍受。 | | 多少可以应对当下的情况，练习是有用的。 | | 我可以使用技能忍受痛苦并抗拒行为冲动。 |
|:---:|:---:|:---:|:---:|:---:|
| 1 | 2 | 3 | 4 | 5 |

日期　　**全然接纳**（描述你练习的内容和频率）

_____ / _____ 有效程度：_____

_____ / _____ 有效程度：_____

_____ / _____ 有效程度：_____

日期　　**转念**（描述你面临的抉择，以及你的选择）

_____ / _____ 有效程度：_____

_____ / _____ 有效程度：_____

_____ / _____ 有效程度：_____

日期　　**我愿意**（描述一下当时的情况，你愿意做什么，以及你是如何练习的）

_____ / _____ 有效程度：_____

_____ / _____ 有效程度：_____

_____ / _____ 有效程度：_____

日期　　**浅笑**（描述一下当时的情况和你是如何练习的）

_____ / _____ 有效程度：_____

_____ / _____ 有效程度：_____

_____ / _____ 有效程度：_____

日期　　**愿意的手势**（描述那个情境以及你的练习过程）

_____ / _____ 有效程度：_____

_____ / _____ 有效程度：_____

_____ / _____ 有效程度：_____

日期　　**对当下的想法保持正念**（描述进入你心里的想法，以及你如何观察它们）

_____ / _____ 有效程度：_____

_____ / _____ 有效程度：_____

_____ / _____ 有效程度：_____

# 全然接纳

截止日期：＿＿＿＿＿＿＿ 姓名：＿＿＿＿＿＿ 开始日期：＿＿＿＿＿＿＿

## 思考你需要全然接纳什么

1. 列出你现在生活中需要全然接纳的**非常重要**的两件事，并为其打分，代表你在多大程度上接纳你自己或你的生活的这部分："0"表示"完全不接纳"，"5"表示"完全接纳"。备注：若你已经完成这个部分且事件已经改变，就不需再做一次。

我需要接纳的是： （接纳的评分，0—5）

① ＿＿＿＿＿＿＿＿＿＿＿＿＿＿＿＿＿＿＿＿＿＿＿＿＿ （＿＿＿＿＿）

② ＿＿＿＿＿＿＿＿＿＿＿＿＿＿＿＿＿＿＿＿＿＿＿＿＿ （＿＿＿＿＿）

2. 列出两件不是很重要但也不容易接纳的事情，并为其打分。

我需要接纳的是： （接纳的评分，0—5）

① ＿＿＿＿＿＿＿＿＿＿＿＿＿＿＿＿＿＿＿＿＿＿＿＿＿ （＿＿＿＿＿）

② ＿＿＿＿＿＿＿＿＿＿＿＿＿＿＿＿＿＿＿＿＿＿＿＿＿ （＿＿＿＿＿）

## 重新检视你的列表

3. 回顾以上内容，并确认其真实性，确认你是否真的需要接纳这些事情。避免使用"好""坏"或任何评判性语言。若有必要，试着不加评判地描述上述内容。

## 练习全然接纳

4. 从非常重要的列表和不那么重要的列表里各挑一条来练习。

① ＿＿＿＿＿＿＿＿＿＿＿＿＿＿＿＿＿＿＿＿＿＿＿＿＿ （＿＿＿＿＿）

② ＿＿＿＿＿＿＿＿＿＿＿＿＿＿＿＿＿＿＿＿＿＿＿＿＿ （＿＿＿＿＿）

5. 专注于这些事实，让你的智慧心念全然接纳这些事实，并在下面勾选你做过的练习。

□ 能感觉我的质疑或抗拒。
□ 告诫自己，现实就是如此。
□ 思考现实原因，并对其不加评判，接纳其存在。
□ 全身心接纳。
□ 练习相反行为。
□ 提前应对不容易接纳的事情。

□ 思考需要接纳的事情，同时关注身体的感觉。
□ 允许自己有失望、悲伤或痛苦的情绪。
□ 承认即便有苦痛，生活还是有意义的。
□ 分析接纳与否认、拒绝的利弊。
□ 其他：＿＿＿＿＿＿＿＿＿＿＿

6. 练习全然接纳后，对你所接纳的程度评分（0—5）：＿＿＿＿＿＿＿＿

**痛苦忍受练习单9a**（痛苦忍受讲义11—11b）

# 练习全然接纳

截止日期：_____

姓名：_____ 开始日期：_____

每个技能练习两次，并描述过程。

| 练习时间、练习内容 | 危机事件（诱发需要技能的事件） | 所花费的时间 | 痛苦忍受程度（0=完全无法忍受；5=肯定可以承受） | 使用技能前／后评分 | | 结论或问题 |
|---|---|---|---|---|---|---|
| | | | | 情绪 | | |
| | | | | 负面情绪强度（0—100） | 正面情绪强度（0—100） | |
| 现实原因： | | | ___/___ | ___/___ | ___/___ | |
| 全身心接纳： | | | ___/___ | ___/___ | ___/___ | |
| 练习提前应对： | | | ___/___ | ___/___ | ___/___ | |
| 关注身体的感觉： | | | ___/___ | ___/___ | ___/___ | |
| 允许失望／哀痛： | | | ___/___ | ___/___ | ___/___ | |
| 承认人生是有意义的： | | | ___/___ | ___/___ | ___/___ | |
| 利弊分析： | | | | | | |

# 转念、我愿意、我执意

截止日期：_____　　姓名：_____　　开始日期：_____

在练习每个技能前后，为自己评分：从0（完全不接纳）到5（内心完全平静），在评分下面记录你是如何练习的。

**转念：** 接纳程度（0—5）　练习前：_____　练习后：_____

> **关注**自己的不接纳，你注意到了什么？为什么难以接纳？

> **做出内在承诺**，去接纳以前抗拒的事情。写出过程。

> **列出符合事实的计划**，以防在过程中偏离。

**我愿意：** 接纳程度（0—5）　　练习前：_____　练习后：_____
　　　　　 **我执意**（0—5）　　练习前：_____　练习后：_____

> 描述你以目标为导向而采取的**有效行为**。

> **留意我执意**。描述你如何无法有效融入这个世界，或当你明明清楚自己的目标，却迟迟不采取行动的原因。

> 描述练习**全然接纳你的执意的过程**。

> **做出内在承诺**，去接纳那些以前很抗拒的事情。描述过程。

> 描述你为**我愿意**所做的努力。

# 浅笑与愿意的手势

截止日期：＿＿＿＿＿＿＿ 姓名：＿＿＿＿＿＿＿ 开始日期：＿＿＿＿＿＿＿

描述过去一周自己的练习情况，一天至少练习一次。无论是否有情绪，都坚持练习。

在下面勾选你做到的事情：

☐ 1. 当你早晨醒来的那一刻，浅笑。

☐ 2. 当你有空时，浅笑。

☐ 3. 当你听音乐时，使用浅笑与愿意的手势。

☐ 4. 当你觉得烦躁时，使用浅笑与愿意的手势。

☐ 5. 躺下来的时候，浅笑。

☐ 6. 坐着的时候，浅笑。

☐ 7. 走在街上时，浅笑。

☐ 8. 当你想到一个怨恨或讨厌的人时，使用浅笑与愿意的手势。

☐ 9. 拒绝时，使用浅笑与愿意的手势。

☐ 10. 感到非常生气时，使用浅笑与愿意的手势。

☐ 11. 有负面想法时，浅笑。

☐ 12. 睡不着时，浅笑。

☐ 13. 与另一个人在一起时，浅笑。

☐ 14. 其他：＿＿＿＿＿＿＿＿＿＿

写下练习浅笑与愿意的手势的情况：

1. 情境：＿＿＿＿＿＿＿＿＿＿＿＿＿＿＿＿＿＿＿＿＿
   描述你所使用的策略或写出上面所练习的号码：＿＿＿＿＿＿
   圈选练习的有效程度：

| 1 | 2 | 3 | 4 | 5 |
|---|---|---|---|---|
| 没有效果 | | 有一点效果 | | 很有效 |

2. 情境：＿＿＿＿＿＿＿＿＿＿＿＿＿＿＿＿＿＿＿＿＿
   描述你所使用的策略或写出上面所练习的号码：＿＿＿＿＿＿
   圈选练习的有效程度：

| 1 | 2 | 3 | 4 | 5 |
|---|---|---|---|---|
| 没有效果 | | 有一点效果 | | 很有效 |

3. 情境：＿＿＿＿＿＿＿＿＿＿＿＿＿＿＿＿＿＿＿＿＿
   描述你所使用的策略或写出上面所练习的号码：＿＿＿＿＿＿
   圈选练习的有效程度：

| 1 | 2 | 3 | 4 | 5 |
|---|---|---|---|---|
| 没有效果 | | 有一点效果 | | 很有效 |

**痛苦忍受练习单11a**（痛苦忍受讲义14、14a）

# 练习浅笑与愿意的手势

截止日期：_____ 开始日期：_____

姓名：_____

每天练习浅笑／愿意的手势两次，描述其过程，以及试图想接纳的东西（可参考痛苦忍受练习单11）。

| 允许你的想法时，你做了什么？ | 什么让你对接纳感到困扰（如果有的话）？ | 所花费的时间 | 痛苦忍受程度（0=完全无法忍受；5=肯定可以承受） | 使用技能前／后评分 | | 结论或问题 |
| --- | --- | --- | --- | --- | --- | --- |
| | | | | 情绪 | | |
| | | | | 负面情绪强度（0—100） | 正面情绪强度（0—100） | |
| 星期一 | | | / | / | / | |
| 星期二 | | | / | / | / | |
| 星期三 | | | / | / | / | |
| 星期四 | | | / | / | / | |
| 星期五 | | | / | / | / | |
| 星期六 | | | / | / | / | |
| 星期日 | | | / | / | / | |

# 对当下的想法保持正念

截止日期：＿＿＿＿＿＿＿ 姓名：＿＿＿＿＿＿＿ 开始日期：＿＿＿＿＿＿

对想法保持正念技能至少每天练习一次，不要只是聚焦在痛苦、焦虑和愤怒的想法上，也要观察愉快的或者中立的想法。首先，练习对每一个想法说："这个想法（描述想法内容）已经在我的心里了。"接着，练习用至少一个技能关注自己的想法并让其离开。

选择你练习过的技能，在前面的方框里打钩：

☐ 1. 用不同于以往的方式，比如很快或者很慢的语速，或者奇特的腔调，说出自己的想法。
☐ 2. 脸部及全身放松，想象已经接纳了自己的想法。
☐ 3. 试着想象如果不相信某件事而采取的行动。
☐ 4. 如果不将想法和事实等同起来，你会采取什么行动。
☐ 5. 练习去接纳心中的各种想法。
☐ 6. 调整心态，对于你曾经的担心，试着学会直接面对。
☐ 7. 容许想法的反复改变，这就像呼吸一样进进出出。
☐ 8. 想法只是想法，告诉自己："我心中有这个想法了。"
☐ 9. 问自己："这个想法是如何产生的？"关注内心并寻求答案。
☐ 10. 从更高的层面去看待自己的想法。
☐ 11. 在感觉和想法之间来回穿梭。
☐ 12. 想象想法如同在输送带上的货物，将它们装入箱中并标上标签。可以是担心、过往、妈妈的意见、对未来的计划，对之保持关注，并将其归类贴上标签。
☐ 13. 其他：＿＿＿＿＿＿＿＿＿＿＿＿＿＿＿＿＿＿＿＿＿＿

描述本周你留意到的想法，并写下心中的想法。

---

1. 想法：＿＿＿＿＿＿＿＿＿＿＿＿＿＿＿＿＿＿＿＿＿
   描述你所使用的策略或写出上面所练习的号码：＿＿＿＿＿＿
   圈选你觉得这个技能能协助你更留心觉察或减少反应的有效程度：

   | 1 | 2 | 3 | 4 | 5 |
   |---|---|---|---|---|
   | 没有效果 | | 有一点效果 | | 很有效 |

---

2. 想法：＿＿＿＿＿＿＿＿＿＿＿＿＿＿＿＿＿＿＿＿＿
   描述你所使用的策略或写出上面所练习的号码：＿＿＿＿＿＿
   圈选你觉得这个技能能协助你更留心觉察或减少反应的有效程度：

   | 1 | 2 | 3 | 4 | 5 |
   |---|---|---|---|---|
   | 没有效果 | | 有一点效果 | | 很有效 |

---

3. 想法：＿＿＿＿＿＿＿＿＿＿＿＿＿＿＿＿＿＿＿＿＿
   描述你所使用的策略或写出上面所练习的号码：＿＿＿＿＿＿
   圈选你觉得这个技能能协助你更留心觉察或减少反应的有效程度：

   | 1 | 2 | 3 | 4 | 5 |
   |---|---|---|---|---|
   | 没有效果 | | 有一点效果 | | 很有效 |

---

# 练习对想法正念

姓名：

截止日期：    开始日期：

每天练习允许你的想法正念两次，描述你运用的策略，以及你的想法（可参考痛苦忍受练习单12），并在下方为你的体验评分：

| 练习允许你的想法正念时，你采取了哪些行动？ | 发生什么让你对接纳感到困扰（如果有的话）？ | 所花费的时间 | 使用技能前／后评分 | | | | |
|---|---|---|---|---|---|---|---|
| | | | 痛苦忍受程度<br>（0=完全无法忍受；<br>5=肯定可以承受） | 情绪 | | | 结论或问题 |
| | | | | 负面情绪强度<br>（0—100） | 正面情绪强度<br>（0—100） | | |
| 星期一 | | | | / | / | / | |
| 星期二 | | | | / | / | / | |
| 星期三 | | | | / | / | / | |
| 星期四 | | | | / | / | / | |
| 星期五 | | | | / | / | / | |
| 星期六 | | | | / | / | / | |
| 星期日 | | | | / | / | / | |

当危机是上瘾行为时的技能
练习单

# 当危机是上瘾行为时的技能

截止日期: _____ 姓名: _____ 开始日期: _____

勾选本周使用的技能:

☐ 戒瘾计划　　　　　　　　☐ 尝试戒瘾_____天
☐ 减害取向计划　　　　　　☐ 斩断牵连
☐ 练习澄明心　　　　　　　☐ 重建新世界
☐ 搜寻戒瘾的强化物　　　　☐ 练习替代性反叛
☐ 增加非成瘾的正面活动　　☐ 练习适应性否认

**技能1. 描述该情境及你如何练习这项技能:**

_____

_____

为使用技能的有效程度打分。

| 我不能忍受这种情<br>况了，一分钟都无<br>法忍受。 | | 多少可以应对当<br>下的情况，练习<br>是有用的。 | | 我可以使用技能<br>忍受痛苦并抗拒<br>行为冲动。 |
|---|---|---|---|---|
| 1 | 2 | 3 | 4 | 5 |

这项技能是否能帮助你应对强烈的情绪或者应对发生的冲突? 请圈选**是**或**否**。

**描述一下这项技能对你的帮助，如果没有帮助，分析原因在哪里。**

_____

_____

**技能2. 描述该情境及你如何练习这项技能。**

_____

_____

为使用技能的有效程度打分。

| 我不能忍受这种情<br>况了，一分钟都无<br>法忍受。 | | 多少可以应对当<br>下的情况，练习<br>是有用的。 | | 我可以使用技能<br>忍受痛苦并抗拒<br>行为冲动。 |
|---|---|---|---|---|
| 1 | 2 | 3 | 4 | 5 |

这项技能是否有助于你应对不舒服的情绪或冲动，或避免任何形式的冲突?

请圈选**是**或**否**。

**描述一下这项技能对你的帮助，如果没有帮助，分析原因在哪里。**

_____

_____

# 计划辩证式戒瘾

截止日期: _____ 姓名: _____ 开始日期: _____

检核每一项活动，并描述你做了些什么。

## 戒瘾计划

为了最大限度地戒瘾，我将停止 _____。

□ 规划活动（例如：工作、发掘兴趣、参与支持性团体、做志愿活动等）
去替代问题行为。包括：

_____

_____

□ 花时间接触能帮你强化有效行为弱化有害行为的人（例如：有效能的朋友或家人、同事、雇主、治疗师、团体成员等）。包括：

_____

_____

□ 提醒自己要坚持戒瘾与有效率的理由（例如：能达到长期目标、能维持／拥有一段关系、节省金钱、避免羞愧等）。包括：

_____

_____

□ 与那些带着诱惑的人们斩断联系（例如：删除他们的电话、断绝与他们往来、告诉他们不再联络、让他们再也不想跟你在一起等）。包括：

_____

_____

□ 避开引发问题行为的源头。包括：

_____

_____

_____

（接下页）

☐ 使用DBT技能（去做可规避冲动的事情、人际效能、痛苦忍受、情绪调节、正念练习）。对你最为有用的技能包括：

_____

_____

☐ 替代性反叛。包括：

_____

_____

☐ 公开宣示戒瘾的消息并拥抱有效行为。

### 计划减害取向

如果不小心摔倒，你一定不希望后果很严重。为了避免跌一大跤，你必须重新规划自己，并让自己的重心回到戒瘾与有效行为上。

☐ 致电你的治疗师、支持者或技能训练师。他／她的电话是： _____

☐ 跟可能支援你的亲朋好友保持联系（例如：朋友、家人、团体成员等）。这些人包括（并写下他们的联络方式）：

_____

☐ 摆脱诱惑（例如：药物、安慰性食物。）

☐ 再拿出DBT的技能与讲义来复习。对你最有用的技能／讲义为：

_____

_____

☐ 演练相反行为（情绪调节讲义10）以对抗内疚与羞愧，若实在没效果，可以去参加戒瘾小组，公开自己复发的问题。

☐ 对情绪进行自我掌控与提前应对（情绪调节讲义19）以及核对事实（情绪调节讲义8），可以用来对抗失控感。

（接下页）

☐ 人际技能（人际效能讲义5—7）亦能提供帮助，如向家人、朋友、支持者或咨询师寻求协助。若你孤身一人，也可以在网络上寻求团体帮助。这些人或团体包括：

_____

_____

☐ 进行链锁分析（通用讲义7、7a），分析再度复发的原因。

☐ 立刻使用"问题解决"（情绪调节讲义12）以找到回到戒瘾状态的方法，并修复已造成的伤害。

☐ 转移注意力，自我疗愈、自我安抚，以及改善当下。

☐ 多鼓励自己（例如"一次错误不会造成大灾难""坚持不要放弃""不要执念""我还是能回到戒瘾状态的"）。鼓励自己的语句包括：

_____

_____

☐ 再做一次戒瘾利弊分析。

☐ 远离极端想法，寻找中庸之道，勿让一次错误演变成灾难（确认每一个你正要放弃的极端想法以及正在接纳的中庸之道）。

| 极端想法： | 中庸之道： |
|---|---|
| ☐ 我还没有完全戒掉，我肯定会放弃的！ | ☐ 一次复发不代表我一辈子都戒不掉。 |
| ☐ 已经复发了，那就这样吧！ | ☐ 虽然我复发了，但不代表我会一直这样，我可以马上采取有效行动。 |
| ☐ 我错过一次会谈时间，我想治疗应该结束了！ | ☐ 虽然我错过了一次机会，但我会马上跟治疗师约时间。 |
| ☐ 其他： | ☐ 其他： |
| ☐ 其他： | ☐ 其他： |

☐ 重新承诺要百分之百戒瘾。

# 从戒瘾心到澄明心

截止日期: _____ 姓名: _____ 开始日期: _____

勾选你在本周要改变的戒瘾心行为，并列出有关澄明心的行为，来替代戒瘾心。

| 戒瘾心行为 | 替代的澄明心行为 |
|---|---|

☐ 1. 那些事情看**起来无伤大雅**，但却不可避 _____
免会导致成瘾的行为。

☐ 2. 想着: "我已经得到教训了。" _____

☐ 3. 认为: "我可以掌控成瘾行为。" _____

☐ 4. 想着: "我并不是真的存在成瘾行为。" _____

☐ 5. 中断或减少有助于戒瘾的治疗药物。 _____

☐ 6. 生活在成瘾的环境里。 _____

☐ 7. 和有成瘾问题的朋友保持来往。 _____

☐ 8. 和有成瘾行为的人一起生活。 _____

☐ 9. 还保存着那些与成瘾有关的物品。 _____

☐ 10. 随身带零钱。 _____

☐ 11. 不合理消费。 _____

☐ 12. 穿着打扮仍像个成瘾者。 _____

☐ 13. 不参加聚会。 _____

☐ 14. 孤立自己。 _____

☐ 15. 认为: "我可以依靠自己。" _____

☐ 16. 对助长成瘾行为的问题视而不见。 _____

☐ 17. 总是让人感觉你只要有意志力就可以。 _____

☐ 18. 想着: "我不需要在成瘾行为方面发 _____
表过多言论。"

☐ 19. 想着: "我受不了了！" _____

☐ 20. 其他: _____ _____

☐ 21. 其他: _____ _____

# 强化非成瘾行为

截止日期:＿＿＿＿＿＿＿ 姓名:＿＿＿＿＿＿＿ 开始日期:＿＿＿＿＿＿＿

描述将**戒瘾强化物**替代**成瘾强化物**的过程。

☐ 1. 寻找不存在成瘾的人，并学会和他们相处。描述你的努力:

＿＿＿＿＿＿＿＿＿＿＿＿＿＿＿＿＿＿＿＿＿＿＿＿＿＿＿＿＿＿＿

＿＿＿＿＿＿＿＿＿＿＿＿＿＿＿＿＿＿＿＿＿＿＿＿＿＿＿＿＿＿＿

☐ 2. 多参加充满喜乐、非成瘾性的活动。描述这些活动:

＿＿＿＿＿＿＿＿＿＿＿＿＿＿＿＿＿＿＿＿＿＿＿＿＿＿＿＿＿＿＿

＿＿＿＿＿＿＿＿＿＿＿＿＿＿＿＿＿＿＿＿＿＿＿＿＿＿＿＿＿＿＿

☐ 3. 尝试参加各种不同活动并接触不同人群。描述你所做及所发现的:

＿＿＿＿＿＿＿＿＿＿＿＿＿＿＿＿＿＿＿＿＿＿＿＿＿＿＿＿＿＿＿

☐ 4. 多参加带着正能量的活动以取代成瘾行为，并描述于下:

＿＿＿＿＿＿＿＿＿＿＿＿＿＿＿＿＿＿＿＿＿＿＿＿＿＿＿＿＿＿＿

＿＿＿＿＿＿＿＿＿＿＿＿＿＿＿＿＿＿＿＿＿＿＿＿＿＿＿＿＿＿＿

描述你尝试戒瘾的努力。

☐ 5. 承诺尝试戒瘾＿＿＿＿＿天（停留在戒瘾状态＿＿＿＿＿天）。

> 描述你的戒瘾计划以及执行步骤（参考痛苦忍受练习单14）:

☐ 6. 观察与描述那些发生在戒瘾期间的正面活动。

| 非成瘾性的活动 | 正面活动与后果 |
| --- | --- |
| ＿＿＿＿＿＿＿＿＿＿＿＿＿ | ＿＿＿＿＿＿＿＿＿＿＿＿＿ |
| ＿＿＿＿＿＿＿＿＿＿＿＿＿ | ＿＿＿＿＿＿＿＿＿＿＿＿＿ |
| ＿＿＿＿＿＿＿＿＿＿＿＿＿ | ＿＿＿＿＿＿＿＿＿＿＿＿＿ |

# 斩断牵连，重建新世界

截止日期：_____ 姓名：_____ 开始日期：_____

为你拒绝成瘾行为的强度评分，从0（完全没有意图停止成瘾行为）到100（绝对且完全地做出拒绝成瘾行为的承诺）：_____。然后，进入智慧心念，再对你拒绝成瘾行为的强度评分：_____。

列出生活中所有可能让你成瘾的事物，确认你已经放弃了哪些。

- [ ] _____
- [ ] _____
- [ ] _____
- [ ] _____
- [ ] _____
- [ ] _____

列出所有会让你持续成瘾行为的人、网站及其他相关的联络信息，看看你已经放弃了哪些。

- [ ] _____
- [ ] _____
- [ ] _____
- [ ] _____
- [ ] _____
- [ ] _____

列出所有不会让你成瘾的事物，看看你已经做了哪些。

- [ ] _____
- [ ] _____
- [ ] _____
- [ ] _____
- [ ] _____
- [ ] _____

> 描述可以帮助你减少渴望的影像：

勾选并描述用来对抗成瘾冲动的方法。

- [ ] 当冲动涌动，在心中坚持想象新的影像：_____

_____

- [ ] 观看活动的影像：_____

_____

- [ ] 让自己身处新的气味之中：_____

_____

- [ ] 冲动冲浪：_____

_____

# 练习替代性反叛与适应性否认

截止日期：＿＿＿＿＿＿＿＿ 姓名：＿＿＿＿＿＿＿＿ 开始日期：＿＿＿＿＿＿＿＿

---

勾选并描述当成瘾行为的冲动来临时，可以计划哪些替代性反叛的方式来替代：

☐ 1. ＿＿＿＿＿＿＿＿＿＿＿＿＿＿＿＿＿＿＿＿＿＿＿＿＿＿＿＿＿＿

☐ 2. ＿＿＿＿＿＿＿＿＿＿＿＿＿＿＿＿＿＿＿＿＿＿＿＿＿＿＿＿＿＿

☐ 3. ＿＿＿＿＿＿＿＿＿＿＿＿＿＿＿＿＿＿＿＿＿＿＿＿＿＿＿＿＿＿

检查并描述你实际做了哪些替代性反叛的行为，而非屈服于成瘾行为：

☐ 1. ＿＿＿＿＿＿＿＿＿＿＿＿＿＿＿＿＿＿＿＿＿＿＿＿＿＿＿＿＿＿

☐ 2. ＿＿＿＿＿＿＿＿＿＿＿＿＿＿＿＿＿＿＿＿＿＿＿＿＿＿＿＿＿＿

圈出替代性反叛能在多大程度上帮助你克服成瘾行为冲动：

| 没有效果 | | 有一点效果 | | 很有效 |
|---|---|---|---|---|
| 1 | 2 | 3 | 4 | 5 |

---

勾选并描述你用来管理冲动的适应性否认技能。

☐ 1. 将与问题行为关联的冲动重新定义为对其他事物的冲动：＿＿＿＿＿

＿＿＿＿＿＿＿＿＿＿＿＿＿＿＿＿＿＿＿＿＿＿＿＿＿＿＿＿＿＿＿＿＿＿

圈出它能在多大程度上帮助你克服成瘾行为冲动：

| 没有效果 | | 有一点效果 | | 很有效 |
|---|---|---|---|---|
| 1 | 2 | 3 | 4 | 5 |

☐ 2. 将成瘾行为放在一旁＿＿＿＿＿分钟，＿＿＿＿＿次：＿＿＿＿＿＿＿

＿＿＿＿＿＿＿＿＿＿＿＿＿＿＿＿＿＿＿＿＿＿＿＿＿＿＿＿＿＿＿＿＿＿

圈出它能在多大程度上帮助你克服成瘾行为冲动：

| 没有效果 | | 有一点效果 | | 很有效 |
|---|---|---|---|---|
| 1 | 2 | 3 | 4 | 5 |

☐ 3. 提醒自己只需要戒瘾一个小时、一天，或＿＿＿＿＿＿＿＿＿＿＿。

＿＿＿＿＿＿＿＿＿＿＿＿＿＿＿＿＿＿＿＿＿＿＿＿＿＿＿＿＿＿＿＿＿＿

圈出它能在多大程度上帮助你克服成瘾行为冲动：

| 没有效果 | | 有一点效果 | | 很有效 |
|---|---|---|---|---|
| 1 | 2 | 3 | 4 | 5 |